KB201558

# 이해를 추구하는 믿음

## 안셀무스의 신학적 체계와 연관한 신 존재 증명

Fides quaerens intellectum by Karl Barth

Copyright © of German original version
Theologischer Verlag Zürich 1981
All Rights Reserved

Korean translation Copyright © 2000 by National Research Foundation
of Korea
Korea edition is published by arrangement with TVZ Theologischer
Verlag Zürich AG, Zürich, Switzerland through Bookmark Korea Agency,
Seoul, Korea

이 책의 한국어 판권은 북마크코리아에이전시를 통한
스위스 Theologischer Verlag Zürich AG와의 독점계약으로
'한국연구재단'에 있습니다.
저작권법에 의하여 한국 내에서 보호를 받는 저작물이므로
무단 전재와 무단 복제를 금합니다.

서양편 · 709

# 이해를 추구하는 믿음

안셀무스의 신학적 체계와 연관한 신 존재 증명

**카를 바르트 (Karl Barth)** 지음
**김장생** 옮김

한국문화사

## ■ 1판 서문

　본 서문에서는 이 책의 집필 의도를 먼저 밝힌다. 얼마나 다양한 요인이 내가 이 책을 쓰도록 이끌었으며 집필을 시작하고 나서 계속 나를 자극했는지 보면, 이 물음은 나를 다소 부끄럽게 하기도 한다.

　우선 그 자체로 보면 정황상이지만 동시에 매우 내적이기도 한 이유를 언급해야겠다. 1930년 본Bohn에서 나는 안셀무스의 **인간이 되신 하나님**Cur Deus Homo에 관한 주제로 세미나를 개최하였고, 그 세미나에 참석한 이들은 질문과 비판을 가했다. 특히 뮌스터에서 온 철학자이자 나의 친구인 하인리히 숄츠Heinrich Scholz는 "안셀무스의 **프로슬로기온**Proslogion에 나타난 신 존재 증명"[1]이라는 객원 강좌를 개설하였는데, 그의 자극 덕택에 나는 안셀무스에 대한 입장을 구체적이고 명확하게 세웠다. 계속된 모임에서 나의 관점을 분명히 밝혔고, 프로슬로기온 2~4장에서 나타난 불확실한 부분들을 직접 다루어 이전과는 다르게 안셀무스를 해석하게 되었다. 하인리히 숄츠는 우리 세미나에 참석하여 프로슬로기온 2~4장에 대한 해석을 제시했고, 세미나에 참석한 이들은 나의 해석과 대비되는 또 다른 해석을 볼 수 있었다. 그의 해석이 담긴 책은 이 책이 속한 시리즈 중 한 권으로 곧 출간될 것이다.[2]

---

[1] [편주] 부록의 289~298쪽을 참고하시오.
[2] [역주] 하인리히 숄츠의 책은 2013년 현재 아직 출간되지 않았으나, 이 책의

물론 나는 이미 꽤 오랫동안 안셀무스에게 애착을 가지고 있었다. 교회 교의학Kirchliche Dogmatik[3]의 '서문'에서 나는 안셀무스를 중요하게 다루었고,[4] 이 때문에 곧바로 가톨릭 신학과 슐라이어마허주의자들에게서 비판을 받은 적이 있다.[5] 이 책은 그 비판에 응답하려고 쓴 것은 아니었지만, 여기에 다른 그 누구보다도 안셀무스에게서 더 중요한 가치를 발견한 이유를 분명하게 언급한 것은 사실이다. 내가 그 비판자 모두를 안셀무스에 대한 관심으로 이끌 수 있기를 바란다. 지금까지 그들은 안셀무스에게 큰 주의를 기울이지

---

부록에 숄츠의 「안셀무스 논증을 비평하는 기본 원칙」을 실어 놓았다.

[3] [역주] 카를 바르트, 『교회 교의학』(Kirchliche Dogmatik), I/1, 2003; IV/3-2 2005; II/2 2007; IV/4 2007; I/2 2010.
[편주] Die christliche Dogmatik im Entwurf. Erster Band: Die Lehre vom Worte Gottes. Prolegomena zur christliche Dogmatik, München 1927, bes. S. 97ff. 226ff.

[4] [역주] "현실적인 또 전적인 신학적 요청 없이 신학을 한다는 것에 대한 절박한 경고를 우리는 이미 안셀무스에게서 발견할 수 있다.(교회 교의학 I/1)" 바르트는 안셀무스의 주장이 신학적 인식의 인간화를 경고하고 있다고 본다.

[5] 하지만 그 비판들은 신학적으로 볼 때 그리 특별한 것이 아니라, 내가 그랍만(Grabmann)의 스콜라주의에 대한 책을 인용한 데서 비롯된 것이었다.
[역주] 바르트는 그의 책, '교회 교의학'에서 슐라이어마허가 안셀무스, 루터, 멜란히톤이 의미하는 참된 신학의 의미를 상실하였다고 말하고 있다. 카를 바르트, 『교회 교의학』 1권 20쪽 이하 참조
[편주] 바르트는 H. M. Müller의 서평을 언급한다. Credo, ut intelligamm. Kritische Bemerkungen zu Karl Barths Dogmatik, Theologische Blätter, Jg. 7 (1928), Sp. 167-176은 M. Grabmann의 Die Geschichte der Scholastischen Methode nach den gedruckten und ungedruckten Quellen dargestellt, Bd. 1, Freiburg im Breisgau 1909 (Neudruck: Darmstadt 1961), S. 258ff. 에서 옹호된다.

않았기 때문이다. 토마스 아퀴나스와 칸트는 모두 안셀무스 신학의 핵심을 제대로 이해하지 못한 채 그의 신학을 부정했다.[6] 안셀무스 신학에 대한 이러한 오해를 아퀴나스와 칸트의 높은 학문적 권위 때문에 사실로 받아들인 이들은 개신교와 로마 가톨릭 모두에게서 비판받아야 한다.

또한 나는 안셀무스의 신 존재 증명이 제기한 해석의 문제에서 기술적 측면에도 관심이 있다. 이미 많은 글이 그의 증명을 다루었다. 안셀무스의 신 존재 증명 해석은 가우닐로Gaunilo 이래로 전통이 되었고 토마스 아퀴나스에 의해 거의 규범이 되어버렸으며 심지어 오늘날에도 계속해서 영향을 미친다.[7] 그러나 언제나 중요한

---

[6] [편주] Thomas von Aquino, *In lirum Boethii de trinitate exposito, q. 1, a. 3, Opuscula omina III, Opusc. XVI*, ed. R. P. Mandonnet, Paris 1927, S. 34-37.
Thomas von Aquino, *Scriptum super libros Sententiarum Magistri Perti Lombardi, t. I, d. 1, a. 2*, ed. R. P. Mandonnet, Paris 1929, S. 93-95.
Thomas von Aquino, *Summae contra gentiles libri quattuor, l, 1, c. 10f.*, Texte zur Forschung 15, Darmstadt 1974, S. 30-36.
Thomas von Aquino, *Qaestiones disputatae de veritate, q. 10, a. 12, Opera omnia iussu impensaque Leonis XIII P. M. edita XXII, Rom, 1972, S. 338-343*.
Thomas von Aquino, *Summa theologica I, q. 2, a. 1, Opera omnia IV*. Rom 1888, S. 7f.
I. Kant, Kritik der reinen Vernunft, B 620ff., Akademieausgabe Bd. 3, Berlin 1911, S. 397ff.

[7] 이것의 세 가지 예를 들면 다음과 같다. F. Chr. Baur의 *Kirchengeschichte* Bd. 3, 1861, S. 287f. ([편주] Die christliche Kirche des Mottelalters in den Hauptmomenten ihrer Entwicjlung, hrsg. v. F. Fr. Baur, Tübinge)에 나오는 그의 비판과 설명.
Überweg-Baumgartner, Geschichte der Philosophie, Bd. 2([편주] Fr. Ueberweg, Grundriss der Ge-schichte der Philosophie der patristischen und

어떤 것을 간과하거나 오해하고 있는 지적인 허술함을 지닌 것으로 보인다. 다른 한편, 나는 최근 수십 년간 제기된, 안셀무스에 대한 스스로 정확하고 날카롭다고 자부하는 다양한 해석을[8] 납득할 수 없었다. 그 불만족의 원인을 찾다 보면 다음의 두 가지 중요한 질문을 하게 된다. 안셀무스의 신 존재 증명을 그의 전체적인 신학적 틀 속에서 이해하고 설명하고 읽지 않은 채로, 그 증명에 곧장 접근한다는 것이 가능한 일인가? 또한 중심 텍스트로 여겨지는 부분(프로슬로기온 2~4장)을 정확히 해석하지 않은 채, 그러니까 단어 하나하나를 해석하고 안셀무스와 가우닐로의 논쟁을 충분히 고려하지 않고서 안셀무스의 신 존재 증명으로 접근한다는 것

---

scholastischen Zeit), 10. Aufl.([편주] hrsg. v. M. Baumgartner, Berlin), 1915, S. 270f. ([편주] 11. Aufl., hrsg. v. B. Geyer, Berlin 1928, S. 199ff.)

J. Bainvel, *Dictionnaire de Théologie catholique* ([편주] hrsg. v. A. Vacant, E. Mangenot und E. Amann, $3^e$ tirage, Paris) 1923, Sp. 1351f.

[8] 몇 명을 들어 보자면, B. Adlhoch, R. Seeberg, K. Heim, A. Koyré, W. v. d. Steinen과 그들보다는 한 세대 위인 F. R. Hasse가 있다.

[편주] B. Ad1hoch, Der Gottesbeweis des hl. Anselm, in: Philosophisches Jahr-buch der Görres-Gesellschaft, Fulda, Bd. 8 (1895), S. 52~69, 372~389, Bd. 9 (1896), S. 280~297, Bd. 10 (1897), S. 261~274, 394~416.

R. Seeberg, Lehrbuch der Dogmengeschichte, Bd. 3: Die Dogmengeschichte des Mittelalters, Leipzig 1911, S. 77~85.

A. Koyré, *L'dée de Dieu dans la philosophie de St. Anselme*, Paris 1923. Ders., *Saint Anselme de Cantorbéry. Fides quaerens intellectum*, Paris 1930. W. von den Steinen, Vom heiligen Geist des Mittelalters. Anselm von Canterbury. Bernhard von Clairvaux, Breslau 1926. S. 21~55.

F. R. Hasse, Anselm von Canterbury, 2Bde., Leipzig 1843/1852, 특히 다음을 참조. Bd. 2, S. 233~286.

은 가능한 일인가? 나는 안셀무스의 비판뿐 아니라 그의 논쟁 상대의 것에서 벗어난 견해들에 대해 문제 제기를 했다. 비록 내가 안셀무스의 견해에 전적으로 동의할 수도 없고 그렇게 하지도 않겠지만, 그럼에도 〈안셀무스의 신학적 체계와 연관한 신 존재 증명〉이 대단히 통찰력 있고 훌륭하며, 그 하나하나가 우리에게 가르침을 주는 하나의 모델이 될 만한 신학임을 부정할 수는 없다. 더 나아가, 안셀무스의 신 존재 증명은 특정한 문제에 대한 태도에서 그의 신학과는 대단히 멀리 떨어져 있는 오늘날의 가톨릭과 개신교 신학이 유념해야 할 많은 것을 줄 수 있을 것이다. 이렇게 말함으로써 나는 나의 사상을 11세기 사상가에 투영했으며 안셀무스의 시대라는 허울을 쓰고 실제로는 20세기로 그의 신학을 끌고 온 것은 아닌가 하는 의심을 받을 수도 있다. 그러나 나는 어떠한 양심의 가책도 없다. 그 누가 자신의 관점이 아닌 다른 관점으로 이 책을 읽을 수 있겠는가? 다만 한 가지만 말해두자면, 나는 오직 안셀무스의 글에서 읽은 것만을 이 책에 제시했다.

　나는 이 책을 쓰면서 실로 다양한 목적을 가지고 있었으므로, 이 책에서 내가 의도한 것과 독자의 관심이 다는 아니더라도 최소한 어느 정도는 일치하기를 바란다.


1931년 8월 취리히 오버리덴 베르글리에서

# ■ 2판 서문

   이 책은 세 명의 주목할 만한 현대 신학자들인 파울 알트하우스 Paul Althaus, 카를 바르트 Karl Barth, 그리고 카를 하임 Karl Heim이 편집한 〈개신교 역사와 교리 연구 Forshungen zur Geschichte und Lehre des Protestantismus〉[9] 시리즈 중 하나로 27년 전에 처음 출간되었다. 당시 이 책에 대한 몇몇 주요한 비판이 있었는데, 그 중 로마 가톨릭의 비판은 다른 비판보다 더 분명하고 날카로웠으며 내게 더 많은 고찰을 하게 했다.[10] 초판의 서문에서 이 책과 짝을 이루는(1956년 12월

---

[9] München, Chr. Kaiser Verlag.

[10] [편주] 이러한 일반적인 회상이 개별적으로 어떤 비판과 연관이 있는지 확실하게 결정할 수는 없다. 특히 형식적인 비평들만을 염두에 둔 것이 아니라면 말이다. 칼 바르트 문서고에는 초판에 관한 다음의 비평들이 존재한다.

K. Aé, Karl Barths Anselnbuch, in: Neues Sächsisches Kirchenvlatt, Jg. 39 (22. 5. 1932), S. 327~330.

P. Brunner, in: Theologische Literaturbeilage der Reformierten, Kirchen-zeitung, März 1932, S. 1~3.

M. L. Bulst, in: Historische Vierteljahrsschrift, Jg. 27 (1932), Heft III, S. 638f.

M. C[appuyns], in: *Bulletin de théologie ancienne et médiévale* (= Suppl. zu *Recherches de théotogie ancienne et médiévale*), Bd. 2, Januar 1934, Nr. 388, S. 216~217.

D. [Alois Dempf], in: Scholastik, Jg. 7 (1932), S. 608.

Fr. Delekat, in: Deutsche Literaturzeitung, 3. Folge, Jg. 4, Heft 15 (9. 4. 1935), S. 675~685.

30일 세상을 떠난, 나의 친애하는 친구) 하인리히 숄츠의 책이 출판
될 것이라고 하였으나 불행히도 그 책은 출판할 수 없게 되었다.[11]

M. Doerne, in: Theologisches Literaturblatt, Jg. 54 (9. 6. 1933), Sp. 186~189.

E. Fischcr. Anselms Beweis der Existenz Gottes, in: Preussische Lehrer-zeituneg, Jg. 58 (16. 6. 1932)

[R. Frick,] Bemerkungen des Herausgebers (dort: Punkt 2), in: Monats-schrift für Pastoralthcologic, Jg. 28 (1932), S. 296f.

[K.] Hasselmann, in: Niederdeutsche Kirchenzeitung, Jg. 2 (15. 3. 1932), auf dem hinteren Umschlg.

H. Ke11er, in: Bencdiktimschc Monatsschnft, Jg, 14 (1932), S. 324f.

Kl[eemann], in: Christentum und Wissenschaft. Jg. 14 (1932), S. 108. G. Kuhlmann und Kirche. Neue. Folge. Jg. 13 (1932), S. 269-281.

E. Przywara S. J., Sein im Scheitern-Sein im Aufgang, in: Stimmen der F.

S. Schmitt O. S. B., Der ontologische Gottesbeweis Anselms, in: Theologische Revue, Jg. 32 (1933), Heft 6, Sp. 217-223.

E. St. [Ernst Staechelin?], in: Kirchenblatt für refonniete Schweiz, Jg. 88 (7. 4. 1932), S. 107.

A. Stolz O. S. B., in: Divus Thomas (Freiburg), Jg. 10 (1932), S. 560f.

[11] [편주] 그의 강의 《철학 입문》(1950/51)의 § 1이 「안셀무스적 신 존재증명」
이라는 제목으로 『보편수학. 엄격한 학문으로서의 철학에 대한 논문』에 유고
로 발표되었다.

거기서 그는 64쪽 이하와 73쪽 이하를 바르트와 관련짓고 있으며, 강의의 참
고문헌을 제시하면서 바르트의 연구를 토대로 삼았다(위의 책, 440쪽).

비교. 숄츠(H. Scholz), 「왜 나는 칼 바르트를 신봉하는가」, 『답변. 1956년
5월 10일 70회 생일의 칼 바르트』, 촐리콘-취리히 1956, 865~869쪽에 게재.
"내가 칼에게 늘 빚지고 있는 것은 안셀무스 논쟁에 대한 연구이다. 하지만
그 연구는 인쇄용지 2장 이하일 수는 없을 것이다. 그리고 그 연구는 비록
알아 볼 수 있을 정도로 그를 토대로 하고 있을지는 몰라도 그에게로 다시
돌아갈 수는 없을 것이다."

그의 책은 비할 바 없이 수리 논리적인 방식으로 문제를 다루어 엄밀히 해명解明하려 하였다. 한동안 그는 나와 마찬가지로, 다른 연구들에 대한 중압감 때문에 안셀무스가 중심으로 다룬 주제 이외에는 그가 독자적으로 발전시키려 했던 관점을 어느 정도 상실했다. 나는 이 책을 탈고하자마자 '교회 교의학'에 계속 매진했고 앞으로 내게 남은 시간 동안 '교회 교의학'에 집중할 것이다. 한스 우르스 폰 발타살Hans Urs von Balthasar과 같은 소수의 사람만이 안셀무스에 대한 관심이 나에게 절대 지엽적이지 않다는 것을, 그리고 (성 안셀무스에 대한 나의 역사적 관점이 어느 정도는 올바르다는 것을 전제함으로써) 그의 신학이 나에게 얼마나 큰 영향을 미쳤고 혹은 나의 사상적 지표가 있는지 인식하였다. 안셀무스를 중요하게 다루는 이 책 속에 안셀무스의 신학 그 자체가 아닌 나의 '교회 교의학'을 이해할 열쇠가 들어있다는 것을 대부분의 사람은 보지 못한다.[12] 그래서 아쉽게도 (다른 여러 상황 때문이기도 하지만) 내가 특별한 관심과 노력을 기울인 이 책이 지금까지 초판의 형태로 남아 오랫동안 개정되지 못했던 것이다. 그러나 재판하라는 요청, 특히 젊은 세대 학자들의 요청 때문에 1938년 이전까지 출간된 나의 작품에 대한 판권을 가지고 있는 에판겔리쉐 펠라크 촐리콘Evangelische Verlag Zollikon에서 재판을 찍기로 결정하였다. 이 판은 새로운 내용을 담지는 않았

---

[12] [편주] 이것은 「'파레르곤' 자기 자신에 대한 칼 바르트」, 『복음주의 신학』, 8권(1948/49, 268~282, 272쪽)에 게재. 여기서 바르트는 '나의 모든 저서 중에서 가장 커다란 애착으로 집필하였다고 생각하지만 … 나의 저서 중에서 가장 덜 읽혔던 것'이라고 한탄한다. 이처럼 비교적 적게 읽히는 사람을 예를 들면 되르네(M. Doerne)도 속한다.

다. 텍스트에 대한 새로운 내용을 다루고 분석하면서 나타날 성가신 문제를 다룰 만한 시간이 내게는 없기 때문이다. 이 책에서 한 가지 중요한 변화가 있다면, 그것은 참고문헌을 안셀무스 전집(S. Anselmi Cantuariensis Archiepiscopi Opera omnia ad fidem codicum recensuit Franciscus Salesius Schmitt O. S. B., Band I~V 1938~1951) 의 새 편집본에 실린 것에서 인용했다는 것이다.[13] 여기서 인용한 안셀무스의 글은 전판의 Migne $^{MPL}$ 판본보다는 훨씬 더 검증된 글을 싣고 있다.[14] 따라서 초판에 실린 〈원전 비평〉은 필요 없게 되었다. 이 판에 실린 글은 신학과 학생인 힌리히 슈토에프산트 $^{Hinrich}$ $^{Stoevesandt}$ 군의 노력과 헌신에 힘입은 바 크다. 그에게 감사의 뜻을 표한다.

1958년 8월 바젤

---

[13] [편주] 1968년에 자세한 편집 서문과 부록과 정정 알림을 추가하여 두 권으로 재출간하였다.

[14] [편주] 슈미트(F. S. Schmitt)는 1968년 편집 서문(Ratio editionis) 38쪽에 다음과 같이 썼다. "제5권은 단편 및 의사(擬似)작품 (유사 작품)과 함께 색인과 편집 서문을 위한 것이었다. 그러나 안셀무스가 대주교로서 쓴 서신의 규모가 한 권 분량을 넘었기 때문에 나는 제4권을 2부로 나누었다.(그 2부가 제 4권에 속한다는 것을 알게 하기 위해 제5권에서 페이지를 연속되게 표시했다.) 그래서 사진판인 제2판의 제1권 서문에서 전체 작품이 6권이 된다는 것으로 변경하였다. 거기서는 유사 작품을 더는 언급하지 않았다. 왜냐하면 유사물이 다시 진짜 작품으로 취급되지 않도록 하려면 진짜 작품만을 수용해야만 한다는 확신에 이르렀기 때문이다."

# ■ 차례

1. 이 책은 카를 바르트의 『이해를 추구하는 믿음』의 세 번째 개정판(편집 인 에베르하르트 융겔 Eberhard Jüngel, 잉골프 울리히 달페르트 Ingolf U. Dalferth, TVZ, 2002)을 번역한 것이다.
2. 안셀무스의 저작 인용구를 번역할 때는 번역본이 있을 경우, 번역본을 이용하거나 재번역을 하였다. 이용한 번역본은 다음과 같다.
    안셀무스, 박승찬 역, 『모놀로기온 & 프로슬로기온』, 아카넷, 2002.
    안셀무스, 이은재 역, 『인간이 되신 하나님』, 한들출판사, 2007.
3. 역자가 추가한 각주는 [역주]로 표시하였다.
4. 각주의 라틴어는 바르트의 원저에서는 라틴어로 그대로 남겨 두었으나 역자가 번역을 하였다.
5. 원서의 편집인이 달아놓은 각주는 [편주]로 표시하였다.
6. [편주]에서 말하는 격자체는 강조체의 일종을 말한다.
7. 본문의 [ ] 표시는 문맥에 맞게 역자가 삽입한 구절이다.
8. 본문에서 문장으로 된 라틴어 원문은 괄호 안 이탤릭체로 넣었다. 해당 번역문은 고딕체로 넣었다. 단어나 구로 된 라틴어 원문은 어깨글 이탤릭 체, 기타 외국어(독일어, 영어, 한자어) 등은 어깨글 정자체로 표시했다.
9. 중세의 라틴어 이름이 근대어로 표시된 경우에 되도록 라틴어 원형을 살 려주었다.
    예) 안셀무스 Anselmus(←Anselm), 아이기디우스 Ægidius(← Egidio)

## ■ 약어표

| | |
|---|---|
| C.D.h. | 인간이 되신 하나님<br>*Cur Deus homo* |
| C. Gaun. | 가우닐로를 반박하며<br>*Contra Gaunilonem*<br>*(Responsio editoris in Schmitt edition)* |
| Comm. op. | 교황 우르바누스 2세에게 바치는 헌사<br>*Commendatio operas ad Urbanum Papam II* |
| De casu diab. | 사탄의 타락에 대하여<br>*De casu diabolic* |
| De conc. virg. | 동정녀 탄생과 원죄에 대하여<br>*De conceptu virginali et de originali peccato* |
| De Concordia. | 예지豫知, 예정豫定 및 신의 은총과 자유의지의 일치<br>에 대하여<br>*De concordia praescientiae et praedestinationis et gratiae*<br>*dei cum libero arbitrio* |
| De lib. arb. | 자유의지에 대하여<br>*De libertate arbitrii* |
| De nuptiis consang. | 가까운 혈연 간의 결혼에 대하여<br>*De nuptiis consanguineorum* |
| De proc. Spir. | 성령의 발출에 대하여<br>*De processione Spiritus sancti* |
| De verit. | 진리론<br>*De veritate* |
| Ep. de incarn | 말씀의 성육신에 대한 편지<br>*Epistola de incarnatione verbi* |
| Medit. | 성찰록<br>*Meditationes* |
| Monol. | 모놀로기온<br>*Monologion* |
| MPL. | 미뉴 판版 라틴교부전집<br>*Patrologia Latina, J. P. Migne* |
| Pro insip. | (가우닐로의) 어리석은 자를 위하여<br>*Pro insipiente (Gaunilonis)* |
| Prosl. | 프로슬로기온<br>*Proslogion* |

| 이해를 추구하는 믿음

# 서론

안셀무스의 프로슬로기온 *Proslogion*[1]은 전반부는 짧고 후반부는 긴, 비대칭적인 두 부분(2~4장과 5~26장)으로 구성되어 있다. 전반부에서는 신의 실존에 대한 증명[2]을, 후반부에서는 신의 본질을 다룬다. 이 책이 이와 같은 [신의 실존과 본질 해명이라는] 의도에 따라 구성되었다는 것은 아주 분명하다. 저에게 우리가 믿는 것처럼 당신이 존재하시며, 당신이 바로 우리가 믿는 그분임을 이해하게 해주십시오(*Da mihi, ut quantum scis expedire intelligam, quia es sicut credimus, et hoc es quod credimus*).[3] 따라서 그 논증은 프로슬로기온 1장 도입부의 위대한 기도문 다음에 이어 나온다. 이에 앞서 이 책의 머리말은 그 저자가 오랜 시간 동안 어떻게 진리를 추구해 왔고 결국 하나님이 참으로 존재하시며 그가 최고선이심에 대한 하나의 증명 *unum argumentum ad astruendum quia Deus vere est, et quia est summum*

---

[1] 안셀무스, 박승찬 역, 『모놀로기온 & 프로슬로기온』, 아카넷, 2002.
[2] '실존'이라는 번역어를 쓴 까닭은 각주 5의 [역주] 참조
[3] *Prosl. 2*: Ⅰ 101, 3f.

*bonum*[4]을 어떻게 성공적으로 찾았는지 말한다. 여기서의 증명 *argumentum*을 프로슬로기온*Proslogion* 2~4장에서의 증명과 동일하게 보아서는 안 된다. 이 단어는 이 책의 전반부와 후반부 모두에서 안셀무스가 사용하는 기술적인 단어로 쓰일 뿐이다. 그 뒤에 안셀무스는 이 단어로 하나님의 명칭에 대한 공식Formel인 더 큰 것을 생각할 수 없는 이*Id quo maius cogitari non potest*만을 지칭할 수 있었는데, 안셀무스는 그러한 공식을 사용하여 전반부에서는 신의 실존[5]을 증명하였고, 후반부에서는 신의 본질을 증명하였다.[6] 몇몇 사본에 '신의 실존에 대하여'라는 부제가 붙은 것은[7], 가우닐로의 응답

---

[4] I 93, 6ff.

[5] [역주] *existentia*는 거칠게 옮기자면 '존재'로 옮길 수도 있겠으나 이 문맥에서처럼 좁은 의미에서 '본질'과 짝을 이룰 때에는 '실존'이라 해야 한다. '존재'는 '실존'(있음)과 '본질'(-임)을 포함하는 개념이므로 '존재'와 '본질'이라는 짝 개념은 성립하지 않으며 '실존'과 '본질'이 짝을 이루어야 한다.

[6] 고전 라틴어와 중세 라틴어에서 *Argumentum*은 *terminus medius*(중개념 Mittelbegriff)이나 *lumen quo manifestantur principia*(증명 수단 Beweismittel) 혹은 *argumentatio*(증명 논증 ausgeführter Beweis)를 의미한다.
[역주] 중개념(中槪念)이란 삼단 논법에서 대전제와 소전제에서 공통이 되는 개념이다. 증명 수단에 대해서는 다음의 책을 참조.
Corpus Thomisticum, Sancti Thomae de Aquino, Scriptum super Sententiis, liber III a distinctione XXIII ad distinctionem XXV, Super Sent., l 3 d. 23 q. 2 a. 1 ad 4; Sententiarum Dis. 23 Qu. 1 Art. 3.
[편주] Vgl. z. B. L. Schütz, Thomas-Lexikon, Paderbom 1895[2] (Nachdruck Stutt-gart 1958), S. 64f.

[7] [편주] Mauriners Gabriel Gerberon 판과 Migne PL에도 역시 이러한 부제가 있다. F. S. Schmitt 판을 참조하시오. "마우리너(Mauriners) 판에는 목차란이 있다. … 하나님 존재에 대한 프로슬로기온 *Proslogion seu de dei ecistentia*."

에서 볼 수 있듯 이 책의 짧은 전반부가 초창기 독자들에게 강한 인상을 주어 오해가 생겨났기 때문이다. 안셀무스는 절대로 그 전반부가 전체를 대표한다고 말한 적이 없다. 머리말에서 안셀무스가 말하는 발견의 기쁨[8]은 그 공식을 향한 것이었는데, 그 공식의 도움으로 한편으로는 우리가 믿는 것처럼 당신이 존재하시며 *quia es, sicut credimus* 따라서 하나님이 참으로 존재하신다는 것 *vere es*, 다른 한편으로는 당신이 바로 우리가 믿는 바로 그분이시며 *quia hoc es, quod credimus* 따라서 그가 최고선이심 *summum bonum es*을 증명할 수 있었다. 안셀무스는 프로슬로기온 5~26장이 2~4장보다 덜 중요하다고 여기지 않았다. 그러나 우리의 연구는 신의 실존에 대한 유명한 증명을 담고 있는 앞의 세 장에 한정될 것이다.

안셀무스가 '증명하다 beweisen'라 부르는 것의 일반적 의미를 분명히 알아야 비로소 그가 논하는 것의 의미를 알 수 있다. 지금까지 안셀무스가 하려 했던 것들, 즉 그가 '증명 bewies'이라고 할 때 이 특별한 증명을 논증할 때 그가 의도한 것에 대한 정확한 이해 없이 이에 동의하거나 반대하는 글이 너무나 많이 쓰여 왔다. 프로슬로기온 2~4장의 명칭은 안셀무스의 논쟁 상대인 가우닐로가[9] 처음에는 **증명함** *probare, probatio*으로 묘사했고, 안셀무스 자신은 이렇게

---

[8] [역주] "만일 내가 발견하고 기뻐했던 사실이 기록된다면, 그것을 읽는 독자들에게 또한 기쁨을 줄 것이라고 생각했다."
[9] *Pro insip. 1*: Ⅰ 125, 4. 7.

지칭하는 것을 허용했다.[10] 증명이라는 이 개념은 안셀무스의 작품 곳곳에서 발견되지만 그것은 언제나 그가 의도하거나 예상하는 분명한 결과를 말하는 문구에서만 발견된다. 안셀무스는 이 결과에 천착하였고 그것을 얻으려 하였다. 그러나 사실 안셀무스가 의도한 일에 대해 그 자신이 붙인 명칭은 **증명함***probare*이 아닌 **이해함** *intelligere*이다. 이해할 수 있어야 증명할 수도 있다. 여기서 우리는 한 가지 일반적 규정을 제시할 수 있다. 안셀무스의 특정한 주장의 타당성은 그것을 의심하고 부정하는 이들과의 대립을 통하여 확고해진다는 것이다. 게다가 '이해'는 논쟁적이고 변론적 의미를 지닌다. 어떠한 의미에서 그가 이 단어를 사용하고, 무엇을 의도하고 의도하지 않았는가는 그의 신학 체계 내에서 '이해'에 대한 사유를 자세히 분석한 다음에야 분명히 알 수 있다. 이것이 우리가 가장 먼저 해야 할 일이다.

---

[10] *C. Gaun. 10*: I 138, 29; 139, 2. 안셀무스의 작품인 가우닐로를 반박하며 *Contra Gaunilonem*\*는 그 문학 형태에 초점을 맞추어 연구해야 한다. 나는 이 작품이 아마도 글 두 개를 모은 모음집이라고 생각한다.
\* [편주] 제목이 안셀무스 작품을 이해하는 열쇠가 된다.

# 제1부
## 신학적 체계

# 01 신학의 필요성

　　우리는 먼저 '이해'가 안셀무스에게 문제가 될 수밖에 없었던 필
연성을 밝혀내야 한다.[1] 논쟁적-변론적 증명의 의도를 가장 우선적
으로 찾아보는 것[2]이 잘못은 아니지만 그것도 실은 겉핥기에[3] 불과
하기 때문이다.

　　우리는 무엇보다도 안셀무스가 절대 이러한 이해*intelligere*의 결
과만을 의식하고 있지는 않다는 것을 알아야 한다. 이해*intelligere*를
할 때, 그것은 기쁨을 가져다준다.[4] 안셀무스가 염두에 둔 것은, 이
미 초대 교부들도 그들의 믿음의 근거*ratio*를 제시함으로써 신도에

---

[1] [편주] B: ~을 요청하다
[2] [편주] B: ~을 참조하다
[3] [편주] ~으로만
[4] 이 묵상이 나에게 갑작스럽게 대단히 큰 기쁨을 가져다주었기에 *Ad magnum et delectabile quiddam me subito perduxit haec mea meditatio* (*Monol. 6*, I, 19, 15). 참된 이해가 되었을 때, 그것은 기쁨을 가져다준다. *Cum ad intellectum valet pertingere, delectatur* (*Ep. 136*, III 281, 40).

게 기쁨을 주는 글을 썼다는 사실이다.[5] 이해*intelligere*가 추구하고 찾는 이 결과는 그 안에 단순히 그 단어의 유용성*utilitas*뿐 아니라 (유용성이라는 단어로 안셀무스는 논쟁적 증명을 지칭했다) 아름다움*pulchritudo*까지도 포함한다. 이것은 인간의 지성을 넘어서는 찬란함*speciosa super intellectus hominium*이다.[6] 인간이 되신 하나님*Cur Deus homo*과 같은 작품에서 그 주제가 첫째는 기뻐함*delectari*이고 둘째는 베드로전서 3장 15절[7]이 제시하는 논쟁적 의무라는 사실은 단순히 우연의 일치일까?[8] 여기에는 튼튼하게 구축된 성城과 같은 (철학적, 신학적) 토대와 기쁨을 주려는 호의가 함께 맞물려 있음을, 또한 이것은 우리에게 초기 스콜라주의 철학이 당시의 성당 건축에서 로마네스크 양식으로 꽃 피웠다는 분명한 사실을 상기시켜 준다. 안셀무스는 프로슬로기온의 머리말에서[9] 신학적 작업을 할

---

[5] 믿음으로 정결케 된 마음을 가진 이들을 양육하는 것은 … 기쁨이 된다. *ad pascendum eos, qui iam corde fide mundato … fidei ratione … delectantur* (*Cur Deus homo, comm. op.*, II 39, 4ff.).

[6] *Cur Deus homo I 1*, II 48, 8f.; 49, 19. – 첨언하자면 우리는 여기서 안셀무스가 언제나 잘못된 예수상에 대하여 분개하는 사람이었다는 것을 알 수 있다. 또한 프로슬로기온 2장에서 이해 속에서 존재하는 것 *esse rei in intellectu*과 존재하는 것을 이해하는 것 *intelligere rem esse* 사이의 관계에 대한 증인으로 하필이면 화가가 등장한다는 것을 여기에서 염두에 둬야 한다.

[7] [역주] 베드로전서 3장 15절 – "너희 마음에 그리스도를 주로 삼아 거룩하게 하고 너희 속에 있는 소망에 관한 이유를 묻는 자에게는 대답할 것을 항상 준비하되 온유와 두려움으로 하고…"

[8] *C.D.h. I 1*, II 47, 9; Vgl. auch *II 15*, II 116, 12: 이해는 나에게 기쁨이 된다. *ut me … intellectu laetifices*.

때 필수 불가결한 투지에 더하여 분명히 필요한 것 중 하나는 신학적 통찰의 미학적 측면이라고 제시했다. 그래서 하나의 증명*unum argumentum*도 소홀히 다룰 수 없다는 것을 아는 것이 안셀무스를 이해하는 첫 번째 관문이 될 것이다. 그러한 전투정신뿐이겠는가? 최소한 우리는 안셀무스의 '이해'의 두 번째 목적인 아름다움을 심각히 받아들여야 하면서도 다음과 같은 질문을 회피할 수 없다. 만일 '증명함'이 기쁨*delectatio*을 가져오는 활동이라면 '증명함'의 정확한 의미는 무엇인가?

그러나 안셀무스에게서 이해*intelligere*의 필요성은 이해의 두 결과가 가져올 미덕에 있지 않다. 그 활동이 가능하고 그것을 소망한다는 것은 더 높은 필연성의 미덕 때문이다. 안셀무스의 작품 속에서 그의 관심은 하나의 예외만을 제외하고는[10] 모두 신학[11], 즉 믿음에 대한 이해*intellectus fidei*였다. 이해를 추구하는 믿음*fides quaerens intellectum*은 머리말에 밝힌 대로 프로슬로기온의 본래 제목이다.[12]

---

[9]  *C.D.h.*의 서문에서도 마찬가지이다. II 42, 6: 대단히 큰 마음의 고통 속에서 *In magna cordis tribulatione.*

[10]  안셀무스 스스로 분명히 그의 작품 *De grammatico*(문법학자에 대하여)를 비신학 작품이라고 분류했다(*De verit. Praef.*, I 173, 5ff.). 같은 곳에서 비록 *De veritate*(진리에 대하여)가 우리에게는 순수하게 논리적이고 형이상학적 작품으로 보인다 해도 그는 이 책을 신학 작품이라고 밝히고 있다.

[11]  [편주] B: 격자체로 쓰이지 않음.

[12]  [역주] 프로슬로기온: "한 책[모놀로기온]에는 '믿음의 (이성적) 근거를 명상하는 한 예(*Exemplum meditandi de ratione fidei*)'라는 제목을 붙였고, 다음 책[프로슬로기온]은 '이해를 추구하는 믿음'(*Fides quaerens intellectum*)이라고 불렀다."

따라서 안셀무스와 관련된 이해*intelligere*는 믿음[13]이 요청하는 이해 *intelligere*일 뿐이다. 그리고 그가 말하는 '이해'와 그 활동인 '증명함'과 '기뻐함'으로 필연적으로 우리를 이끄는 것은 전적으로 믿음이 '요구Verlangen'하는 것이다.

우리는 가장 먼저 이것이 포함한 부정Negation에 초점을 두어야 한다. 우리가 말하는 것은 믿음을 자발적으로[14] 소망함이다. 근본적으로 말해 **이해를 추구하는**quaerere intellectum 것은 처음부터 **믿음** *fides*에 내재되어 있다. 또한 믿음이 '증명'과 '기쁨'을 필요로 하는가는 중요하지 않다. 믿음의 필요성은 결코 다루지 않는다. 안셀무스는 '증명'과 '기쁨'을 추구하였는데, 그 이유는 그가 이해 *intelligere*하려 했기 때문이고 그가 이해하려 한 이유는 믿었기 때문이다.[15] 안셀무스의 믿음에 대한 개념은 이 순서에서 어떠한 전환이나 도치도 용납하지 않았다. 말하자면, 안셀무스에게서 믿는다는 것은 단순히 하나님께로 인간적 의지를 관철해 나가는 것 ein Hinstreben des menschlichen Willens zu Gott hin이 아니라, 하나님 안으로 의지적으로 순종해 가는 것 ein Hineinstreben des menschlichen Willens in Gott이고 하나님의 존재양태와[16] 하나님의 자존성 그리고

---

[13] [편주] B: 격자체로 쓰이지 않음.
[14] [편주] B: 격자체로 쓰임
[15] 우리는 믿기 때문에 (그 근거를 찾는다) *... Nos vero, quia credimus (rationem quaerimus)* (C.D.h. I 3, II 50, 19).
[16] 그것(최고의 존재)에 도달하려는 모든 이들은 그것의 외부에 남아 있는 것이

자존적 영광과 하나님의 충만함에 제한적으로 참여하는 것이다.[17] 따라서 어떠한 경우에도 이해 활동이 현존하는지 그렇지 않은지가 믿음의 존재 여부에 대한 질문을 의미할 수는 없다. 따라서 신학의 목적은 인간을 믿음으로 이끄는 것도[18] 믿음을 공고히 하는 것도[19]

---

아닌, 그것 안에 지속적으로 남으려한다. 따라서 만일 그것으로 향한다고 말하는 것보다 그것 안으로 향한다고 말을 한다면 더 명확하고 친근한 표현이 되는 것이다. 그러므로 이런 이유로 나는 그에 대해 믿는다는 것보다 그를 믿는다고 말하는 편이 더 적합하게 말한 것이라고 생각한다. ... *quisquis tendendo ad illam (sc. summam essentiam) pervenerit, non extra illam remanebit, sed intra illam permanebit; quod expressius et familiarius significatur, si dicitur tendendum esse in illam, quam si dicitur ad illam. Hac itaque ratione puto congruentius posse dici credendum esse in illam quam ad illam (Monol. 76, I 83, 27~84, 2).*
[역주] Vgl. Augustus, *De Trinitate*, 1, VIII, c. IV, n. 6.

[17] 하나님은 그 무엇을 해야 하기 때문에 하시는 일은 없으시다. 왜냐하면 그 무엇도 하나님이 무엇인가 하도록 강요하거나 무엇인가 하지 못하도록 방해할 수 없기 때문이다. *Deus nihil facit necessitate, quia nullo modo cogitur aut prohibetur facere aliquid (C.D.h. II, 5, II 100, 20f.).* 하나님께서는 누구에게도 빚을 지지 않으시지만, 모든 피조물은 그분에게 빚을 지고 있기에 따라서 하나님과 같은 자리에 서려는 것은 잘못된 일이다. *Deus nulli quicquam debet, sed omnis creatura illi debet; et ideo non expedit homini ut agat cum Deo, quemadmodum par cum pari (ib., I, 19, II 86, 7ff.).* 최고의 진리는 ... 무엇에도 빚을 지지 않으며, ... *Summa veritas ... nulli quicquam debet; nec ulla ratione est quod est, nisi quia est (De verit. 10, I 190, 4.).*

[18] 믿기 위하여 이해하려고 하지 않고 *Neque enim quaero intelligere, ut credam ... (Prosl. 1, I 100, 18.). ... non ut per rationem ad fidem accedant (C.D.h. I 1, II 47, 8; Vgl. Ep. 136, III 281, 38f.).*

[19] 나의 믿음을 확립하는 것이 아니다. *Non ut me in fide confirmes (C.D.h. II, 15,*

또한 믿음을 의심에서 자유롭게 하는 것도[20] 아니다.[21] 따라서[22] 신학적 질문을 하는 사람은 자신이 믿음을 가지려고 그 질문을 던지지 않으며, 자신의 신학적 대답이 어느 정도 충분하더라도 모르지만 그것이 믿음이 있다는 것을 의미하지 않는다. 선재하는 하나님의 은총으로*gratia Dei praeveniente* 믿음의 확신이 생기는 것이고 또한 그것을 깨닫고 있는 한, 비록 그가 믿는 것이 합리적 근거가 없다고 *nulla ratione* 생각한다 해도 그 믿음은 흔들리지 않을 것이다 *ab eius*

---

II 116, 11). 안셀무스는 그가 마치 나의 부족함을 메우기 위해 기독교 믿음의 체계를 든든히 하려는 것 *ad confirmandum fidei Christianae firmamentum, quasi mea indigeat defensione*이라는 끔찍한 평판이 나지 않기를 바란다.([역주] 이 구절은 EPISTOLAE DE INCARNATIONE VERBI PRIOR RECENSIO 1 참조) 이것은 마치 올림포스 산이 무너지는 것을 막으려고 밧줄과 못으로 지지대를 만드는 것과 같다. 그 누가 웃지 않을 수 있겠는가! 여기서 느브갓네살의 환영에 나오는, 산에서 떨어져 나와 온 세상을 채우는 돌이 언급된다. "자기의 영원한 굳건함 위에 스스로 서 있기를 기뻐하는 성자들과 현자들은" 모두, *sancti et sapientes, qui super eius aeternam firmitatem se stabilitos esse gaudent*([역주] 위의 책, 1 참조) "내가 이성으로 그것을 지지하려 애쓰고 마치 굽실거리는 사람들처럼 떠받치려 애쓴다면" 분명히 나를 정죄할 것이다. *si eum meis rationibus fulcire et quasi nultantem stabilire nitar (Ep. de incarn. 1,* II 5, 7ff.).

[20] [편주] B: 이끌어 간다. 그러나.
[21] 믿음에 관한 나의 의심을 없애려고 당신에게 온 것이 아니라, *Non ad hoc veni, ut\* auferas mihi fidei dubitationem (C.D.h. I 25,* II 96, 6), 그는 특정한 교리적 난관 아래서 이러한 작업을 하고자 한다. *Etiam si fides in illis superet rationem quae illis fidei videtur repugnare (Ep. de incarn. 1,* II 6, 2f.).

   \* [편주] B: 안 되는
[22] [편주] B: 그래서

*firmitate evellere valeat.* 참된 진리 *rei veritas*는 그것을 획득하는 이해 *intellectus ad eam capiendam*와 무관하게 확고히 존재한다.[23] 예와 아니오를 오가는 신학적 전회에 휘둘리지 않은 채 그대로 존재하는 믿음은 신학적 탐구의 전제인 것이다.[24] 만일 이해 *intelligere*가 그 목적에 다다르지 못한다면(그리고 그 목적으로 가는 길에서 멀어져 있다면), 인식의 기쁨의 자리에는 진리보다 못하지 않은, 진리 그 자체에 대한 경외심이 남게 된다.[25] 왜냐하면 진리와 같이, 즉

---

[23] *C.D.h. I 1*, II 48, 16~49, 2. 때때로 우리는 무엇인가에 대한 확신이 있으면서도 그것을 이성으로 증명하는 것에 대해서는 무지하다. *Saepe namque aliquid esse certi sumus et tamen hoc ratione probare nescimus* (*ib.*, *II 13*, II 113, 17f.). … 우리가 그 합당한 이유를 찾을 수 없을 때에도 그분(하나님)이 말씀하시는 모든 것은 확실한 것이고 의심의 여지가 없다. 그분(하나님)이 말씀하시는 것은 비록 우리가 이해하지 못하더라도 분명 의심의 여지가 없다. *Cuncta, quae ipse (sc. Deus) dicit, certa esse … dubitandum non est, quamvis non eorum ratio intelligatur a nobis* (*ib.*, *II 15*, II 116, 5ff.). 당신께서 아는 것이 아니라 믿는 것을 아는 신자로 만드셨습니다. *Credentem me fecisti scire, quod nesciens credebam (De casu diab. 16*, I 261, 25).

[24] 그들이 믿음에 기초해 있을 때, 진리를 이해하는 데에 따르는 어려움이나 불가능함은 없을 것이다. … *nulla difficultas aut impossibilitias intelligendi valeat illum a veritate, cui per fidem adhaesit, excutere (Ep. de incarn. 1*, II 10, 15f.).

[25] 이해를 성취하였을 때 기쁨을 얻고, 그러지 못하였을 때 기쁨을 얻을 수 없다. … *cum ad intellectum valet pertingere, delectatur; cum vero nequit, quod capere non potest, veneratur* (*Ep. 136*, III 281, 40f.). 안셀무스는 분명히 모놀로기온과 프로슬로기온을 쓰는 목적 중에 하나가* "자신들이 가장 확실하게 믿고 있는 바를 이해하게 되기를 겸손하게 추구하는 그들의 신실한 학교를 돕기 위해서" *ad adiuvandum religiosum studium eorum, qui humiliter quaerunt intelligere, quod firmissime credunt (Ep. de incarn. 6*, II 21, 2f.)라고 밝히고 있

인간이 인식하는 문장의 적합성[26]은 전적으로 믿는 대상에 의해 규정되지만, 이러한 대상 또는 대상에 대한 믿음은 전적으로 그러한 인간 문장의 적합성에 의해 규정되지 않기 때문이다.[27]

인식해야 하는 것은 믿음의 실존die Existenz이 아닌 믿음의 본질das Wesen des Glaubens이다 – 여기서 우리는 안셀무스의 입장을 볼 수 있다 – 이해를 위한 신앙*Credo ut intelligam*[28]은 다음과 같은 의미를 지닌다. '나로 하여금 이해하게 하는 그것은 바로 믿음이다.' 안셀무스의 사상에는 이러한 내적 필연성을 분명하게 하는 네 가지로 수렴되는 축이 존재한다.

1. 우리는 안셀무스의 신론이 명확히 정리된 문장을 기억해야 한다. 우리는 하나님이 진리이심을 믿는다 *Deum veritatem esse credimus*.[29] 진리는 보편적으로 다음과 같은 의미를 지닌다. 오직 정신으로만 지각할 수 있는 올바름*Rectitudo mente sola perceptibilis*.[30]

---

다. * [편주] A와 B: ~ 에 기록된

[26] [편주] B: 격자체로 쓰이지 않음

[27] 그것에 의해 올바른 의미가 말해지는 올바름은, 의미 자체가 어떻게 바뀌든지 간에, 의미에 의해 존재하거나 어떤 변화를 겪거나 하지 않는다. *Rectitudo ... qua significatio recta dicitur, non habet esse aut aliquem motum per significationem, quomodocumque ipsa moveatur significatio* (*De Verit. 13*, I 198, 18ff.).

[28] *Prosl. 1*, I 100, 18.

[29] *De verit. 1*, I 176, 4.

[30] *De verit. 11*, I 191, 19f.

그리고 하나님은 최고의 진리 *summa veritas*일 뿐만 아니라, 자신이 창조자이므로, 진리의 근원 *causa veritatis*으로서 자신 이외에 진리라 불리는 모든 것과 관계하신다. 따라서 하나님은 최소한 사유의 원인이 되시는 진리의 원인이시다 *causa veritatis, quae cogitationis est.*[31] 하나님은 그 안에서 진리와 인식이 하나가 되는 분이며[32] 우리를 향한 그분의 말씀은 다름 아닌 성부의 실체에 관한 온전한 진리 *integra veritas paternae substantiae*[33]이시다. 하나님은 느끼시고 *sensibilis* 인식하신다 *cognoscibilis*.[34] 분명히 우리는 참된 생각 *vera cogitatio*을 주시는 분으로 믿지 않고서는 하나님을 믿을 수 없다. 즉, 하나님에 대한 믿음은 또한 하나님에 대한 지식을 요구한다.

2. 안셀무스의 사유에 따르면 믿음은 실제적이고 본질적인 의지의 활동 *Bewegung des Willens*이다. 우리는 앞에서 다음의 문구를 볼 수 있다. 하나님 안으로 향하는 것 *tendere in Deum*.[35] 그러나 이 향하는 것 *tendere*은 하나님께 은혜를 입은 자유로운 순종의 결단 *freie Gehorsamsentscheidung*, 곧 하나님을 향한 사랑인 것이다.[36] 그러나 이러한 실제적 의지의 수위성은 발생사적 ge-

---

[31] *De verit. 10*, I 190, 10f.

[32] *Monol. 46*, I 62, 20ff.

[33] *Monol. 46*, I 62, 25f.

[34] *Prosl. 6*, I 104f.

[35] *Monol. 76f.*, I 83f.

[36] 하나님의 의지가 선하듯, 그의 형상을 따라 피조된 인간도 선하다…. 왜냐하면 선하신 하나님이 본질적으로 인간을 자신과 유사하게 만드셨기 때문이다. *... sicut Deus voluntate bonus est, sic homo, ad ejus similitudinem factus,*

netische 인식의 수위성과 상응한다.[37] 물론 믿음은 확실한 의지 Wollen를 뜻한다. 그러나 이성적 피조물의 의지는 선택한다 Wählen는 것을 의미한다. 이러한 선택은 의롭지 못함에서 의로움을, 비진리에서 진리를, 악에서 선을 *iustum et iniustum, verum et non verum, bonum et malum*[38] 구별하는 것에 기반을 둔다. 이 구별은 분명히 인식이라는 것의 근본이 되는 행위 Grundakt이다.

3. 우리가 지금 다루는 관계는 안셀무스의 인간학적 관점을 보면 이해할 수 있다. 안셀무스에 따르면 믿음은 우리와 조우하는 어떤 새로운 것 없이는, 또한 외부에서 우리에게 일어나는 것

---

*voluntate bonus ... quia imitatur eum qui aeternaliter et essentialiter a se ipso est bonus* (*Medit. 19, 5, MPL.* 158, 806f.).
그러므로 가장 분명한 사실은 그 최고의 본질이 최고의 선인 것처럼, 이성적인 피조물이 그 최고의 본질을 모든 선에 앞서서 사랑하도록 창조되었다는 사실이다. *Nihil igitur apertius quam rationalem creaturam ad hoc esse factam, ut summam essentiam amet super omnia bona* (*Monol. 68*, I 79, 1ff.). 진리 *veritas*라는 개념은 그것의 궁극적이고 결정적인 의미를 의로움 *iustitia*에서 얻는다. 참된 의지는 구원에 기인한다. *rectitudo voluntatis propter se servata* (*De verit. 12*, I 194, 26).

[37] 그것을 기억하고 알기 위해 노력하지 않으면 그것을 사랑할 수 없다. *Amare autem eam nequit, nisi eius reminisci et eam studuerit intelligere* (*Monol. 68*, I 79, 5f.). 정의는 올바름을 알지 못하는 곳에 있지 않다. ... 올바름을 알지 못하는 이는 올바름을 생각할 수 없다. *Iustitia cui laus debetur ... non est in ulla natura, quae rectitudinem non agnoscit ... Velle autem illam non valet, qui nescit eam* (*De verit. 12*, I 192, 27~33). 사랑하는 만큼 기뻐하게 되고 아는 만큼 사랑하게 될 것이다. *Utique tantum gaudebunt, quantum amabunt; tantum amabunt, quantum cognoscent* (*Prosl. 26*, I 121, 9f.).

[38] *Monol. 68*, I 78, 22; *C.D.h. II 1*, II 97, 6.

없이는 생겨나지 않는다. 씨앗과 힘든 경작 없이 열매를 얻을 수 없듯이 믿음은 먼저 받아들임 없이는 존재할 수 없다(*nequaquam sine sui generis semine et laboriosa cultura. Fides esse nequit sine conceptione*).[39] 받아들이는 씨앗은 설교되고 경청되는 '하나님의 말씀'이고 그것이 우리에게 와서 우리가 그것을 받아들이는 올바른 의지*rectitude volendi*를 갖게 하는 것이 바로 은혜이다.[40] 그러나 우리가 조우한 말씀은 하나의 능력*potestas*이다. 안셀무스는 이것을 삼위일체 되시는 하나님의 거룩한 본질적인 힘으로 감명된 최고 본질의 형상*imago summae essentiae per natu-ralem potentiam impressa*으로 묘사한다. 여기에 참여하지 않고는 우리는 a. 기억할 수 없고 b. 인식할 수 없고 c. 최상 최대*optimum et maximum omnium*의 사랑을 할 수 없다. 우리를 동물이 아닌 인간으로 만드는 것은 바로 이 능력, 즉 삼위일체의 흔적 *vestigium trinitatis*이다.[41] 이 가능성은 믿음 안에서 분명하게 현실화된다.[42] 인간은 자신에게 다가오는 말씀과 선행하는 은혜

---

[39] [역주] 출처는 다음과 같다. *De Concordia Praescientiae et Praedestinations et Gratiae Dei cum Libero Arbitrio, III 6.*

[40] *De Concordia. III 6*, II 270, 21; 271, 7ff.

[41] *Monol. 32*, I 51, 9ff.; 67, I 78, 7ff.; 68, I 79, 1ff.

[42] 내 안에 당신의 형상을 창조하셨습니다. 따라서 나는 당신을 기억하고 생각하며 당신을 사랑할 수 있습니다. 그러나 그것은 악의 마찰 때문에 사라졌고 죄의 안개로 어두워져서 당신이 다시금 새롭게 하고 쇄신해야만 내 자신의 존재 목적을 수행할 수 있습니다. *... creasti in me hanc imaginem tuam, ut tui memor te cogitem, te amem. Sed sic est abolita attritione vitiorum, sic est offuscata fumo peccatorum, ut non possit facere ad quod facta est, nisi tu renoves et reformes eam (Prosl. 1, I 100, 12ff.).*

없이는 하나님을 믿지 못한다. 그때 하나님의 형상 *imago Dei*은 자연적 각인 *naturaliter impressa*에서 의지적 작용으로 표현된 것 *per voluntarium effectum expressa*이 된다.[43] 즉, 인간에게 a. 하나님을 기억하고 b. 하나님을 인식하고 c. 하나님을 사랑하는 것이 발생하는 것이다.[44] 믿음이 발생하면서 하나님에 대한 사랑과 마찬가지로 하나님을 인식하게 된다. 왜냐하면 기독교인에게서 완성되는 인간 안의 하나님의 형상은 필연적으로 믿음으로 완성되기 때문이다.

4. 인식은 필연적으로 믿음을 따른다는 안셀무스의 네 번째 입장은 종말론적인 것이다. 그는 우리가 현세에서 획득하는 이해를 믿음과 직관 사이를 매개하는 것 *medium inter fidem et speciem*[45]이라고 불렀다. 여기에서 우리는 그가 그리는 단계에 도식적인 상을 만들지는 말아야 한다. 안셀무스에게 직관과 대비되는 이해는 매우 상대적인 의미에서만 믿음보다 높은 곳에 자리한다.[46] 은

---

[43] *Monol. 68*, I 78, 15f.

[44] 안셀무스는 아우구스티누스의 교리 체계 속에서의* 기억(*memoria*)을 더 이상 사용하지 않았다. 아우구스티누스와는 달리 플라톤주의와 신플라톤주의의 영향이 안셀무스에게까지 미치지는 않았던 것이다.

* *Conf. X 17* bis *24* ([편주] *Confessionum libri tredecim*, Corpus scriptorum ecclesiasticorum Latinorum (CSEL) XXXIII, 245ff.).

[45] *C.D.h. comm. op.*, II 40, 10f.

[역주] '직관' 또는 '바라봄'(*species*)이란 훗날 하나님 나라에서 진리를 눈앞에서 바라보게 되는 상태를 뜻하는 뜻한다. 뒤에서 "직관"이란 말을 사용하며 바르트는 이 말을 '직관'으로 옮기고 있다. 다음을 참조. 고린도전서 13장 12절 '우리가 지금은 거울에 비추어 보듯이 희미하게 보지만 그 때에 가서는 얼굴을 맞대고 볼 것입니다.'

혜의 왕국 *regnum gratiae*과 영광의 왕국 *regnum gloriae* 사이의 장벽을 허무는 이해 *intelligere*에 대해서는 어떠한 의문도 절대 있을 수 없다. 그러나 믿음과는 달리, 이해 *intelligere*를 추구하는 것 *quaerere*과 그것에 도달하는 *invenire* 과정 속에서 인간은 냉혹한 한계에 부딪히게 된다. 바로 인간은 지적이기에 *intelligens*, 기독교인은 하나님 자신과 자기가 생각한 하나님을 분명하게 구분하는 것을 배워야만 한다.[47] 그래서 우리는 마치 계곡에서 태양

---

[46] 안셀무스의 경우 이러한 종류의 가치분류를 피하는 것이 낫다.

[47] 주님, 당신은 지금까지 당신의 빛과 복 가운데 거하여 내 영혼에는 감추어져 있습니다. 그래서 내 영혼은 지금까지 어두움과 자기 가련함에 머물러 있습니다. *Adhuc lates, Domine, animam meam in luce et beatitudine tua, et idcirco versatur illa adhuc in tenebris et miseria sua (Prosl. 17, I 113, 7f.).* 그러므로 주님, 당신은 더 큰 것을 생각할 수 없는 어떤 것일 뿐만 아니라, 생각할 수 있는 것보다 더 크신 분이십니다. *Ergo, Domine, non solum es quo maius cogitari nequit, sed es quiddam maius quam cogitari possit (Prosl. 15 I 112, 13f.).* 주 하나님, 내 영혼이 당신을 발견했다면, 왜 느낄 수가 없을까요? 또 빛이시며 진리인 그분을 내 영혼이 발견하지 못할까요? 빛과 진리를 보지 않았다면 어떻게 이것을 알 수 있을까요? 주의 빛과 진리로([역주] 시편 43편 3절 참조) 인한 것이 아니라면 당신에 대해 어떤 것을 알 수 있을까요? ... 본 것이 빛이고 진리인데도 아직 당신을 보지 않은 것은 당신을 어느 정도는 보았지만 당신이 계신 그대로를 보지 않은 것이 되는 것입니까? 주 하나님, 나를 만드시고 다시 만드신 분이시여, 갈망하는 내 영혼에게 내가 본 것이 당신 자신과 무엇이 다른지 말씀하셔서 갈구하는 것을 맑게 보게 하소서. *Cur non te sentit, Domine Deus, anima mea, si invenit te? An non invenit, quem invenit esse lucem et veritatem? Quomodo namque intellexit hoc, nisi videndo lucem et veritatem? Aut potuit omnino aliquid intelligere de te nisi per lucem tuam et veritatem tuam? ... An et veritas et lux est quod vidit, et tamen nondum te vidit, quia vidit te aliquatenus, sed non vidit te sicuti es? Domine Deus meus,*

을 바라보는 사람이 태양과 자신 사이에 산이 있다고 말하듯이, 믿음과 직관 사이에는 이해가 있다고 말함으로써, 이해가 매개자로서 둘 사이를 잇는 성격을 가졌다고 해석할 수 있는 것이다. 이해 *intelligere*는 다다를 수 있고 다다르도록 노력할 만한 가치가 있는 지점을 향하여 지복의 직관을 통해 나아가기 위한 가능성을 의미한다. 이해 *intelligere*는 그 안에 직관의 본질과 같은 것이 있고 또한 그것은 직관과 유사한 것으로서 인간을 믿음이라는 한계를 넘어서게 하는 게 아니라 믿음이라는 한계까지 인도하기 때문에 추구할 만하다.[48]

이것이 '이해를 위한 믿음'의 '근거'[49]인데 그것은 모든 목적에서, 그리고 기쁨을 발견하고 증명하려는 모든 시도에서 독립해 있다. 즉 우리가 믿는 하나님은 인식 안에 있는 진리의 원인 *causa veritatis in cogitatione*이다. '이해를 위한 믿음'은 믿음이 토대하고 있는 하나님에 대한 사랑에 귀속된다.[50] '이해' 역시 믿음 안에서 나

---

*formator et reformator meus, dic desideranti animae meae, quid aliud es quam quod vidit, ut pure videat quod desiderat (Prosl. 14, I 111, 14~24).*

[48] 만일 당신이 이 일 속에서 어떠한 이유를 본다면, 당신이 아무 말씀도 하지 않으시고 이 일에 대하여 아무 것도 모르는 것처럼 하시는 것보다 이 일 속에 숨겨진 더욱 깊은 이유를 말씀하심으로써 나를 설득하실 수 있을 것입니다. *Plus enim persuadebis altiores in hac re rationes latere, si aliquam te videre monstraveris, quam si te nullam in ea rationem intelligere nihil dicendo probaveris (C.D.h. II 16, II 117, 20ff.).*

[49] [편주] B: 의미

[50] [편주] B: 필연적인 하나님의 지식

타나는 '하나님의 형상'을 현실화하는 것을 포함한다. 이해는 제한된 형태로 도달할 수 있는 믿음에 종말론적으로 상응하는 직관의 전前 단계라고 해석할 수 있다. 따라서 믿음fides은 본질적으로 이해를 추구하는quaerens intellectum 것이다. 그러므로 안셀무스는 만일 우리가 믿음 안에서 확고히 된 후에, 믿고 있는 것들을 이해하려 노력하지 않는다면, 그것은 나태함negligentia, si postquam confirmati sumus in fide, non studemus, quod credimus, intelligere 때문이라고 하였다.[51] 결국 우리가 믿음의 확신을 가질 때 우리는 믿음의 근거fidei ratio를 추구하게 될 것이 분명하다.[52] [53]

---

[51] C.D.h. I 1, II 48, 17f.
[52] 믿음의 확신이 있을 때, 믿음의 이유를 구한다. Fidei rationem ... post eius (sc. fidei) certitudinem debemus esurire (C.D.h. comm. op., II 39, 5). – 믿지 않는다면, 이해할 수 없다 nisi credideritis non intelligetis에서 나타나는 바 이해를 향한 의지의 확장 intentionem ad intellectuim extendere은 아우구스티누스와 마찬가지로 이사야서 7장 9절 [만일 너희가 믿지 아니하면 정녕히 굳게 서지 못하리라 하셨다 할지니래]에 대한 안셀무스의 오해이다.*
* [편주] 성 아우구스티누스에 대한 주석과 함께 다음을 참조. Prosl. 1, I 100, 19, und C.D.h. comm. op., II 40, 8f.
[53] [편주] (그것은 새로운 마지막 문단으로 이어진다.) 안셀무스가 신학자로서 '증명을 하려' 하는 경우, 사람들은 그 의도를 이러한 인식(intelligere)의 필연성에 대한 그의 관점에서 그리고 그것을 배경으로 이해해야 한다.

# 02 신학의 가능성

어떻게 믿음에 대한 이해 *intellectus fidei*가 가능한가 그리고 이해를 위한 믿음*credo ut intelligam*은 어떻게 실현될 수 있는가를 물을 때, 우리는 초대 교회와 개혁교회 그리고 개신교의 정통주의에서와 마찬가지로 안셀무스에게도 믿는다*credere*는 것 자체는 비논리적이고 비합리적인 것이 절대 아니다. 지식의 측면에서 볼 때도 안셀무스 자신의 순종적이고 경험적인 특색에 대한 중요성을 소홀히 하지 않는 범위 내에서 하나님 안으로 향하는*tendere in Deum* 데 전적인 결함이 있는 것은 아니라는 것을 염두에 두어야 한다. 믿음은 하나님에 대한 믿음이고[1], 그것이 올바르다고 여겨지는 한, 그 믿음은 참

---

[1] 믿지 않는 것을 사랑하거나 희망할 수는 없다. 따라서 인간 영혼에게는 최고 본질과 그것을 사랑할 수 있기 위해 반드시 필요한 바를 믿는 것이 유익한데, 이로써 그것을 믿음에 따라 추구할 수 있게 된다. *Amare autem aut sperare non potest, quod non credit. Expedit itaque eidem humanae animae summam essentiam et ea, sine quibus illa amari non potest, credere, ut illa credendo*

되고, 하나님에게서 은혜를 입는 것이며, 하나님에게서 요구받은, 구원의 경험과 결합된 의지행위Willensakt이다. 믿음은 들음에서 오고 들음은 선포에서 온다.[2] 믿음은 그리스도의 말씀과 관계되어 있는데, 만약 그리스도의 말씀을 받아들이지 않는다면, 다시 말해서 그것을 알지 못하거나 긍정하지 않는다면, 이는 믿음이 아니다. 그리스도의 말씀은 그리스도를 선포한 말씀과 동일하다.[3] 이것은 그리스도의 말씀이 인간의 구체적인 언어를 통해 정당히 나타난다는 것을 의미한다.[4] 말씀을 정당히 나타내는 인간 언어의 외연에 대한

---

tendat in illam (Monol. 76, I 83, 16ff.) 그를 믿지 않는다면 아무도 그를 추구할 수 없다. ... in illam tendere nisi credat illam, nullus potest (ib., 77, 84, 11f.).

[2] 기독교 신앙은 들음으로부터 오고, 들음은 설교로부터 온다. Didici in schola Christiana ... quod teneo, tenendo assero, asserendo amo (Ep. 49, III 162, 22f.).

[3] 누구도 먼저 마음으로 생각하지 않은 것을 의지할 수 없다. 이제, 믿어야 하는 것을 믿는 것은 올바르게 의지하는 것이다. 따라서 만일 믿어야 하는 것을 알지 못한다면 그 누구도 그것을 의지할 수 없다. Nullus namque velle potest, quod prius corde non concipit. Velle autem credere, quod est credendum, est recte velle. Nemo ergo potest hoc velle, si nescit, quod credendum est. 로마서 10장 13~14절을 생각해 보라. 믿음은 들음에서 온다는 사도 바울의 말은 믿음은 마음이 들은 것을 사유한 것에서 나온다는 것을 의미한다. 그것은 단순히 지적 개념이 인간에게 믿음을 창출하는 것이 아닌, 그 개념이 믿음의 필연적 조건이 된다는 것이다. ... 그리스도에 대하여 설교하는 이들에 따르면 "들음은 그리스도의 말씀에서" 나온다. Quod autem (sc. Paulus) dicit fidem esse ex auditu, intelligendum est quia fides est ex hoc, quod concipit mens per auditum; neque ita, ut sola conceptio mentis faciat fidem in homine, sed quia fides esse nequit sine conceptione ... (Auditus autem est per verbum Christi), hoc est per verbum praedicantium Christum (De Concordia. III 6, II 270, 28~271, 10).

안셀무스의 입장은 분명치 않다. 그러나 분명한 것은 인간 언어의 외연은 대단히 특별한 방식으로 성서를 포함한다는 것이다.[5] 그러나 안셀무스에 따르면 〈성서〉라는 개념 자체는 근본적으로 넓은

---

[4] 그것이 말하는 권위: 마태복음 10장 20절, 말하는 이는 너희가 아니라 너희 속에서 말씀하시는 이, 곧 너희 아버지의 성령이시니라. *Eorum auctoritas, quibus dictum est: Non enim vos estis, qui loquimini, sed spiritus patris vestri loquitur in vobis* (Matth. X, 20) (*De nuptiis consang. 1, MPL.* 158, 557).

[5] 안셀무스는 (우리가 신학적이라고 부르는) 자신의 저작을 성서를 연구하기 위한 논증 *tractatus pertinentes ad studium sacrae scripturae* (*De verit. Praef.* I 173, 2)이라 말한다. 그는 자신의 모든 저작을 분류하면서 마지막 기준을 말한다. 후기에 쓰인 구절에서 그 기준에 이름을 붙이는데, 그는 그것을 성서라고 부른다. 그는 서간문에서 질문자에게 성스러운 삶(heiligen Leben)으로 인도하는 첫 번째이자 근본적인 사항으로 성서에 대한 연구의 책임 *cura studendi in sacra scriptura*을 말한다(*Ep.* 2, III 99, 28.). 교회의 선포의 근원인 성서의 중요성을 말하는 그의 관점의 핵심은 다음과 같다.

"따라서 태초에 경작하는 이나 씨앗도 없이 하나님이 인간을 먹이기 위하여 기적으로 곡물과 다른 땅에서 자라는 것들을 창조하신 것과 같이, 그는 인간의 선포 없이도 복음서와 예언자들과 사도들의 가슴이 평안의 씨앗으로 가득하게 하셨다. 이 씨앗에서 우리는 영혼의 건강을 위하여 우리에게 좋은 것은 무엇이든 받아들인다. 왜냐하면 우리는 성령의 역사로 풍성한 성서에 포함하지 않은 것은 어떠한 것도 설교하지 않기 때문이다." *Sicut ergo Deus in principio per miraculum fecit frumentum et alia de terra nascentia ad alimentum hominum sine cultore et seminibus: ita sine humana doctrina mirabiliter fecit corda prophetarum et apostolorum necnon et evangelia foecunda salutaribus seminibus: unde accipimus quidquid salubriter in agricultura Dei ad alimentum animarum seminamus, sicut non nisi de primis terrae seminibus habemus, quod ad nutrimentum corporum propagamus. Siquidem nihil utiliter ad salutem spiritualem praedicamus, quod sacra scriptura Spiritus sancti miraculo foecundata non protulerit* (*De Concordia. III* 6 II 271, 20ff.).

의미로 이해해야 한다. 즉, 모든 경우에서 동일한 가치와 기준으로 텍스트에서 모순 없는 논리적 결론이 나와야 한다.[6] 그리고 그가 생각하는 논리적 귀결은 부분적이지만 분명하다. 안셀무스는 한 번 이상 분명히 '로마 신조', '니케아-콘스탄티노플 신조' 그리고 '아타나시우스 신조'[7]에 대한 자신의 믿음을 밝혔고, 정형화된 신조 외에 더 필요한 믿음의 요건을 넓게 허용하였다.[8]

---

[6] 우리는 성서에서 읽은 것뿐만 아니라 합리적 필연성과 합리적 반대가 없는 것을 따르는 것도 수용해야만 한다. *Quare non tantum suscipere cum certitudine debemus, quae in sacra Scriptura leguntur, sed etiam ea, quae ex his, nulla alia contradicente ratione rationabili necessitate sequuntur* (*De proc. Spir. 11*, II 209, 14ff.).

[7] *Ep. 136*, III 280, 17ff. und *Ep. de incarn. 4* (여기에서 슈미트(Schmitt) 신부가 초판(*Prior Recensio*)을 발견하여 처음으로 출판하였다). 안셀무스는 두 번째 항목에다 다음과 같은 말을 더한다.
이것은 그리스도께서 지옥의 문에 반하여 자신의 교회를 세우신 반석이다. 이것은 현명한 이가 세운 자신의 집을 바람과 강물도 움직일 수 없는 반석이다. 자신의 튼튼한 믿음을 세우려는 이는 그리스도 위에 세워야 하고, 어떠한 다른 반석도 더할 수 없다. 그리스도 위에 믿음을 세우지 않는 이는 이러한 믿음을 세울 수 없다. *Haec est petra, super quam aedificavit Christus ecclesiam suam, adversus quam portae inferi non praevalebunt. Haec est illa firma petra, super quam sapiens aedificavit domum suam; quae nec impulsu fluminum nec flatu ventorum est mota. Super hanc nitar aedificare domum meam. Qui aedificat super firmitatem huius fidei, aedificat super Christum; et qui non aedificat super hanc fidem, non aedificat super Christum, praeter quem fundamentum aliud poni non potest* (I 283, 15ff.).

[8] 우리는 처음부터 존재하는 모든 것이 말해지지는 않았다고 믿고 고백해야만 하고, 기독교 믿음의 상징에 대해 말하는 사람도 기독교 믿음이 오직 말해진 것으로만 존재하지 않는다고 믿고 고백해야만 한다. *Scimus enim quod non*

또한 그는 자신의 사유의 근원은 아니지만 규범으로서 '교부이며 지복한 아우구스티누스의 문서 *die scripta catholicorum patrum et maxime beati Augstini*'를 강조하며 언급하였다.[9] 그리고 그는 마침내 교회에서 발생한 오류에 대한 신학적 반박을 교황에게 제시하여 **교황의 지혜로 검토하게** *ut eius prudentia examinetur* 하는 것이 가장 안전한 것이라고 밝혔다.[10] 요약하면, 교회가 등장하였는데[11], 그 교회는 성서와 더불어 실질적인 제2의 규준으로 등장한 것이거나 단지 성서해석을 위한 규범으로서 등장한 것이다. 만일 후자라면 교회는 어떤 권위를 지닌 것일까? 다양한 요소, 즉 교리, 전통, 교부들 그리고 교황은 어떤 서열관계에 있는가? 안셀무스의 텍스트에는 이런 질문에 대한 답이 없다. 우리는 그가 16세기나 20세기가 아니

---

omnia, quae credere et confiteri debemus, ibi dicta sunt; nec illi, qui symbolum illud dictaverunt, voluerunt fidem christianam esse contentam ea tantummodo credere et confiteri, quae ibi posuerunt (De proc. Spir. 13, II 211, 18ff.).

[9] *Ep. 77*, III 199, 17ff.; *Monol., Prol.*, I 8, 8ff.

[10] *Ep. de incarn.* 1, II 3, 7ff.

[11] 나에게 이것은 그것을 추구하기를 원하는 이를 찾는 것이다. *Hic enim me quaerat qui quaerere vult* (*Hom. 7, MPL.* 158, 629). 제일의 권위(성서)에 순종하라(*obedire*)는 충고 외에 주어진 또 다른 충고가 있다. 교회의 전통을 경솔히 따르는 이는 이단의 일파이다. *Ecclesiae sequi consuetudinem, cujus consuetudines velle convellere, genus est haeresis* (*De nuptiis consang. MPL.* 158, 557). 공교회가 마음으로 믿고 입으로 고백한 것 *Quod catholica ecclesia corde credit et ore confitetur* ― 이것은 어떠한 상황에서도 부정될 수 없다. (*Ep. de incarn. 1*, II 6, 10f.).

라 11세기에 살고 있음을 기억해야 하고 오늘날의 가톨릭 교리나 가톨릭에 대한 개신교의 반대급부를 알고 있다고 예상해서도 안된다. 이러한 점에서 안셀무스가 그리스도를 나타내는 언어 *verbum praedicantium Christum*를 어떻게 이해했는가를 구체적으로 정의내리는 것은 불가능하다. 그러나 그것이 무엇이든지 간에 안셀무스의 주관적 고백은 교회의 객관적 신조가 된다. 다시 말해서, 그의 고백은(가톨릭 교회의 믿음의 기초문헌인 성서와 초대교회의 상징을 포함한) 인간 언어 속에서 형성된 모든 명제들과 필연적으로 관계한다. 그것은(그러한 관계) 그리스도의 말씀이고, 그 말씀 속에서 믿음이 올바르다고 여기는 한, 그리스도의 말씀은 그리스도를 선포하는 말씀과 동일하다. 이러한 기독교적 선포를 하는 인간의 언어와의 관계 속에서 믿는다*credere*는 것은 이해하다*intelligere*의 전제이다.

기독교인이 믿는다*credere*에서 이해하다*intelligere*로 얼마나 나아갈 수 있는가를, 그리고 신학은 얼마나 가능한가를 결정하는 것은 믿음*credo*과 신조*Credo* 사이의 관계이다. '신조에 대한 믿음*credere des Credo*'인 믿음은 하나의 이해*intelligere*인데, 그러한 이해는 믿음이 요구하는 '이해'와 본질적인 차이가 아니라, 어느 정도의 차이만이 있다.[12] 기독교의 선포를 받아들이는 것인 믿음은, 분명히 모든

---

[12] 내가 말하는 것을 이해할 수 있도록 나를 도우소서. *... adiuva me, ut intelligam, quod dico* (*Prosl. 9*, 1 108, 8f.).

경우에 사물을 뜻하는 말*vox significans rem*과 지성 안에서 *in intellectu*
듣고 이해함으로써 존재하는 논리-문법적으로 표현한 의미의 상관
관계에 대한 깨달음을 의미한다. 물론 믿음은 믿음 없음과 마찬가
지로 이러한 인식을 포함한다. 그리고 믿음 없음이란, 다름이 아니
라 지성 속에 존재하는*esse in intellectu* 앎이 기독교의 선포를 들은
것의 결과이듯, 인간이 사물을 뜻하는 말*vox significans rem*이 의미하
는 사물*res*을 알지 못하기에 사물을 뜻하는 말*vox significans rem*이 헛
되이 되어 버리는 것을 의미한다.[13] 믿음 역시 이 앎이다. 그러나
이해*intelligere*와 믿음의 유사성은 한갓 이러한 저급하고 불분명한
것이 아니다. 믿음은 이 앎을 넘어, 이해는 실제로 존재한다*intelligere*
*esse in re*는 이해 속에 존재한다*esse in intellectu*에 더해져야 한다. 선포
는 진리에 대한 긍정이며, 진리의 궁극적 · 근원적 창시자이자 스
스로 진리이며 오직 진리만을 선포할 수 있는 예수의 뜻에 대한
긍정이다.[14] 만일 이것이 시작하는 지점이라면 이것은 마지막 지점
이기도 하다. 즉 이것은 믿음 그 자체 안에서 이미 선취한 궁극적

---

[13] Vgl. *Prosl. 2*, I 101, 7ff. und *bes. 4*, I 103, 18ff.

[14] 하나님이자 인간이신 분께서 스스로 신약과 구약의 토대가 되셨다. 따라서
우리가 그분의 신실하심을 고백해야만 하는 것처럼, 그 누구도 신구약 성서에
담긴 모든 내용이 진리임을 고백하는 데에 감히 거부할 수 없을 것이다. ([편
주] 안셀무스: 창조하시고 … 토대가 되셨다) *Ipse idem Deus-homo novum*
*condit testamentum et vetus approbat: sicut ipsum veracem esse necesse est*
*confiteri, ita nihil, quod in illis continetur, verum esse potest aliquis diffiteri*
(*C.D.h. II 22*, II 133, 8ff.). [Anselm: … *ut* … *condat* … *et* …*approbet*]

이해이자 (첫 단어와 함께) 이미 믿음에 있는 이해의 마지막 단어인 것이다. 그것은 다음과 같다. 하나님의 뜻은 절대 비합리적이지 않다*voluntas Dei numquam est irrationabilis*.[15] 만일 믿음이 이해를 추구한다면[16], 그것은 주어진 앎과 마찬가지로 이미 주어진 긍정 사이의 중간 간격에서만 나타난다. 그리고 '이해함'의 처음과 끝이 이미 믿음 안에서 주어졌기 때문에, 이 두 가지 극단 사이의 중간 간격에만 우리가 찾고 있는 '이해함'이 있기 때문에 이 '이해함'은 다룰 수 있는 문제이며 따라서 신학은 가능한 것이다. 이해함*intelligere*에 대한 믿음*credere*의 이 두 가지 유사성 때문에 안셀무스는 곳곳에서 완전하게 권위에 순종하는 것*obedire auctoritati*과 교회의 전통을 따르는 것*sequi ecclesiae consuetudinem*을 단순히 유일하게 권위가 인식을 지배한다*auctoritas solo imperio cognoscens*는 의미로 보지 않는다. 그 의미에 의문이 드는 특정한 문장에서 이성은 합리적으로 가르친다*ratio rationabiliter docens*는 의미로서의 이해하다 혹은 스스로 단순하고 순수한 이성*simplex et pura ratio*으로 묘사한다.[17] 안셀무스는 언제나 그

---

[15] *C.D.h. I 8*, II 59, 11. 나는 주님께서 하신 말씀이 모두 진리이며 그분께서 하신 모든 일들이 이성적으로 이루어진 것이라는 점을 어떠한 의심도 하지 않는다. ... *nec aliquatenus quod dixit esse verum aut quod fecit, rationabiliter esse factum dubito*(*ib.*, II 15, II 116, 8f.).

[16] 이 관계 속에서 증명의 마지막 문장에 유의하라. *Prosl.* 2~4: 그러므로 하나님이 이렇게 존재하신다는 것을 이해한 사람은 그가 존재하지 않는다고는 생각할 수 없을 것이다. *Qui ergo intelligit sic esse Deum, nequit eum non esse cogitare* (*Prosl. 4*, I 104, 4).

의 문제가 과거와 마찬가지로 자신 앞에도 놓여 있지만 이미 자신의 뒤에는 (교회 권위의 결정의 객관적 합리성을 믿음을 통하여) 그것에 대한 해결책을 가지고 있었다. 그러므로 그의 이해를 위한 믿음credo ut intelligam은 지성의 희생sacrificium intellectus이 의미하는 것과 같은 지적 혼돈을 의미하지는 않는다. 신적인 것에 대한, 하나님의 실제적 계시에 속하는 것에 대한 인간적 지식의 모든 전제인 진리의 이성ratio veritatis 앞에 기독교적 겸손을 강조하는 것이 바로 이 동일한 객관적 신조인 것이다. 이 '신조'는 신학적 학문을 가능하게 하고 신학적 학문의 바탕을 세운다. 이렇게 함으로써 안셀무스적인 신학함의 특유의 무고성Krampflosigkeit을 이해할 수 있다.[18]

---

[17] *De nuptiis consang. 1, MPL.* 158, 557. 참조. 또한 다음의 문장을 참조(*De casu diab. 21*:I 267, 17f.). 의심할 바 없이 신뢰하는 신적 권위 없이는 나는 이 문제에 만족할 만한 설명을 어디서도 보지 못했다. *Fateor enim nondum alicubi, excepta divina auctoritate, cui indubitanter credo, me legisse rationem, quae mihi sufficeret.* 더 나아가 심지어 권위*auctoritas* 속에서도 그는 이성과 더욱 충만한 이성*eine Ratio und zwar eine genügende Ratio*을 발견할 수 있다.

[18] 안셀무스의 *credo ut intelligam*(이해를 향한 믿음)이 슐라이어마허의 *Glaubenslehre*(신앙론)*의 표제지에는 적합하지 않다는 것을 말하지 않을 수 없다.

* [편주] Fr. D. E. Schleiermacher, Der christliche Glaube, nach der evangelischen Kirche im Zusammenhange dargestellt, 1. Bd., Berlin 1830². In der von M. Redeker auf Grund der 2. Auflage besorgten 7. Auflage, Berlin 1960, S. I.

# 03 신학의 조건들

우리가 지금까지 논의해온, 믿음과 만나고 믿음이 만드는[1] '이해'는 신학적 작업이 그 주체가 되며 신학적 작업의 주된 임무의 내용에 대한 질문을 받아들이기 전에 지금 이야기해야만 하는 일련의 조건을 제시한다.

1. 신조와의 관계 속에서 신조학으로서의 신학적 학문은 오직 긍정적 특징만을 가진다. "왜냐면 만일 내가 믿지 않는다면, 이해할 수 없으리라 *nam et hoc credo, quia nisi credidero, non intelligam*는 것도 믿기 때문입니다."[2] 말하자면, 내가 믿는 동안에는 믿음에 의해 요청되고 믿음으로 가능해지는바 내가 추구하는 이해가 그것의 전제인 믿음이 있다는 것과 만일 그 믿음의 이해가 아니라면 아마도 이해는 불가능해질 것이다.[3] 그러나 믿음은 우리가 세례

---

[1] [편주] A: 그리고 가능함.
[2] *Prosl. 1* (I 100, 19).
[3] 올바른 순서대로는 기독교 믿음을 이성으로 논하기 전에 그것을 믿어야 한다

를 받는 교회의 신조와 관계한다. 따라서 이해를 추구하는 것은 믿음 그 자체가 이미 암시하는 교회 신조에 대한 긍정을 해석하고 이를 확장하는 것 이외의 것이 될 수 없다. 기독교적 이해를 추구하는 사람은 기독교인으로서 자신이 믿는바 한 순간도 의심을 하지 않는 토대 위에서 그것의 범위는 어디까지인가를 묻는다. 다른 것이 아니라 바로 그것일 뿐이다! 믿음(교회의 신조)을 부정하고 의심하는 믿음의 학문은 '그 자체로' *ipso facto* 신앙이거나 학문이기를 포기해야만 할 것이다. 그 부정은 처음부터 정오의 햇빛 아래서 독수리에 대항하는 박쥐와 부엉이의 싸움보다 나을 것이 없는 것이다. '이해', 즉 믿음이 추구하는 '이해'는 믿음 안에서 받아들인 진리의 범위에 관하여 "나는 알지 못한다"는 경외심이나 "궁극적 무지 endgültigem Nichtwissen"와 양립한다. 그러나 이것은 진리 앞에서 거만하게 '나는 더 잘 안다'라고 하는 것과는 양립하지 않는다.[4] '이해'는 이미 말하고 확정한

---

*Rectus ordo exigit, ut profunda Christianae fidei prius credamus, quam ea praesumamus ratione discutere (C.D.h. I 1, II 48, 16f.).*

[4] 자신이 믿는 것을 이해하지 못하기에 교부들이 확인한 동일한 믿음의 진리에 대항하는 이들은 믿음의 토대가 있지 않은 이들이다. 이것은 마치 밤에만 하늘을 보는 박쥐와 부엉이가 태양을 직시하는 눈을 가진 독수리와 정오의 태양빛을 논하는 것과 같다. *Palam namque est quia illi non habent fidei firmitatem, qui quoniam quod credunt intelligere non possunt, disputant contra eiusdem fidei a sanctis patribus confirmatam veritatem. Velut si vespertiliones et noctuae non nisi in nocte caelum videntes de meridianis solis radiis disceptent contra aquilas ipsum solem irreverberato visu intuentes (Ep. de incarn. 1, II 8, 1ff.).* 어떤 그리스도인도 가톨릭 교회가 가슴으로 믿고 입으로 고백하는 진리를 의심하지 않는다. 반대로 이 믿음을 의심

신조를 고찰함으로써 나온다.[5]

2. 신학자는 기독교인이 존재한다*es ist*고 믿는 그것의 범주가 무엇인가를 묻는다. 안셀무스는 이 질문이 만일 어느 선을 넘어선다면 사실의 문제로 전환되고 신학은 반신학*Atheologie*이 될 것이라는 것을 부인하지 않았다. 이러한 이유에서 질문은 이 한계를 넘어서지 않는다. 신학자로서의 위치를 지키기 위해 겸손한 *humiliter* 신학자는 신학자로서 이성을 추구한다*quarere rationem quomodo sit*. 다른 말로 하면 특정한 지점에서 신학자는 신학자로 존재하는 것*quomodo sit*에 대한 질문에 침묵할 것이라는 말이다. 믿음 안에서 신앙고백을 수용하는 일을 명상하고 계속하며 설명하는 것은, 이 받아들임, 즉 수용한 신앙고백을 묘사하는 것이다. 그러나 이것이 우리의 받아들임 혹은 받아들인 신앙고

---

없이 굳건히 지키고 사랑하고 삶에서 겸손하고 최선을 다하여 그 믿음이 진리인 이유를 추구해야 한다. *Nullus quippe Christianus debet disputare quomodo, quod catholica ecclesia corde credit et ore confitetur, non sit, sed semper eandem fidem indubitanter tenendo, amando et secundum illam vivendo humiliter quantum potest quaerere rationem quomodo sit.* [A: *sit* (nicht gesperrt)] *Si potest intelligere, Deo gratias agat; si non potest, non immittat cornua ad ventilandum, sed submittat caput ad venerandum* (*Ezech. 34. 21*). *Citius enim potest in se confidens humana sapientia impingendo cornua sibi evellere quam innitendo petram hanc evolvere* (*Ep. de incarn. 1, II 6, 10~7, 6*).

[5] 모놀로기온의 원래 제목은 믿음의 이유에 대한 묵상*Exemplum meditationis de fidei ratione*이 되어야 한다[vgl. *Monol. Prol.*, I 7, 3ff.; *Prol. Prooem.*, I 94, 6ff.]. 명상은 앎을 낳는다. *Meditatio parit scientiam* (*Medit.* 7, 1, *MPL.* 158, 741).

백의 토대가 될 수는 없다. — 그것은 겸손에 반대되는 것이고, 우리에게는 그렇게 할 수 있는 잠재성이 없다. — 사실 그 토대는 신앙고백*Credo*의 토대이고 믿음*credo*, 즉 신적 계시의 토대이다. 하나님에 대한 삼위일체나 성육신 교리를 통하여 희미하게 드러난 그 사실 자체는 인식할 수 없다. 그러므로 '이해'는[6] 신앙고백 조항의 내적 필연성과 그 조항과 상응하는 믿음의 본질적 한계를 넘어설 수 없다.[7] 이 한계에 선 신학의 임무는 이해할

---

[6] [편주] A: 격자체로 쓰임

[7] 삼위일체에 대하여: 나에게는 그 숭고한 사물의 신비가 모든 인간 지성의 날카로움을 초월한 것으로 보인다. 따라서 나는 그것이 어떻게 그러한가를 설명하려는 시도를 억제해야만 한다고 생각한다. 인식할 수 없는 어떠한 것을 연구하는 사람은 유추를 통해 그것이 확실히 존재한다고 하는 인식에 다다랐을 때, 그것이 비록 어떻게 존재를 하고 있는가에 대하여 온전히 알지 못할지라도 그것에 만족해야 한다고 나는 생각한다. 그래서 다른 근거와 모순되지 않고 필연적으로 증명을 통해 주장되는 사실에 대해서는, 비록 그것의 자연적인 뛰어남을 알 수 없기 때문에 설명하는 것을 허용하지는 않을지라도, 믿음의 확고함을 덜 부여해서는 안 된다. *Videtur mihi huius tam sublimis rei secretum transcendere omnem intellectus aciem humani, et idcirco conatum explicandi qualiter hoc sit, continendum puto. Sufficere namque debere existimo rem incomprehensibilem indaganti, si ad hoc ratiocinando pervenerit, ut eam certissime esse cognoscat, etiamsi penetrare nequeat intellectu, quomodo ita sit, nec idcirco minus iis adhibendam fidei certitudinem, quae probationibus necessariis nulla alia repugnante ratione asseruntur, si suae naturalis altitudinis incomprehensibilitate explicari non patiantur (Monol. 64, I 74, 30~75, 6).* 성육신에 대하여: 만일 우리가 하나님의 지혜가 어떻게 이 일을 하셨는지 이해할 수 없을지라도 우리는 놀라야 하는 것이 아니라 주님을 경외하는 마음으로, 이렇게 대단한 일에는 우리가 알지 못하는 신비한 것이 있다는 사실을 받아들여야만 한다. *Qua vero ratione sapientia Dei hoc fecit, si non possumus intelligere, non debemus mirari,*

수 없는 것을 그 어떠한 방법보다 더 이성적으로 이해하려는 것…
*rationabiliter comprehendre incomprehensible esse, quomodo…*이다.[8]
이것은 기독교 진리의 내적 필연성의 증명을 따라 그것의 사실
성Faktizität을 고려하고 또한 그 내적 필연성의 기제로서의 이
사실성을 이해하기 위함이다. 이 한계 내에서 그 이상의 질문을
던지려는 사람은 비록 그가 계시의 말씀을 듣고 그것이 지성
속에*in intellectu* 있을지라도 우둔한 자일뿐이다. 왜냐하면 그 사
실*res*, 즉 계시의 사실은 그 사람에게서 사라지기에 그 사람은
자신에게 질문을 던지고 묻고 있고 선포된 진리 그 자체의 내
적 필연인 본질*esse*에서만 발견할 수 있는 외적 필연성을 계속
하여 구할 것이기 때문이다.[9]

3. 모든 신학적 논증은 그 대상에 대한 하나의 불충분한 표현이
   다.[10] 비록 물론 예수의 말씀을 말과 생각에서 재현해 보려는

---

*sed cum veneratione tolerare aliquid esse in secretis tantae rei, quod
ignoremus (C.D.h. II 16, II 117, 3ff.).*

[8] *Monol. 64* (I 75, 11f.), Vgl. *Prosl. 15* (I 112, 14ff.).

[9] 그 일이 어떻게 일어나는지에 대해 알 수 없다는 이유에서 필연적 것임에도
일어날 수 없다고 주장하는 사람에게 우리는 어떠한 대답을 해줄 수 있겠습니
까? *Quid respondendum est illi, qui idcirco astruit esse impossibile quod
necesse est esse, quia nescit, quomodo sit?* 대답: 그는 어리석다! *Quia
insipiens est!…* 그것이 왜 그러한지 그 근거를 알지 못한다고 해도 필연적인
근거를 토대로 어떠한 것이 진정으로 참되다고 결론을 내린다면, 우리는 그것
을 의심의 여지없이 받아들여야 한다. *Quod …necessaria ratione veraciter
esse colligitur, id in nullam deduci debet dubitationem, etiam si ratio,
quomodo sit, non percipitur (C.D.h. I, 25, II 95, 18ff.; 96, 2f.).*

[10] 그 보잘것없는 명칭으로 내 정신 자체가 이해하려고 애쓰는 그런 것보다, 그

인간의 모든 시도는 그것이 가장 최선의 것이고 지고의 것이라고 할지라도 불충분하지만, 우리에게 그리스도가 하신 실제 말씀은 그 대상에 대한 불충분한 표현이 아니다.[11] 분명히 말해서 하나님에 대한 개념을 가지고 있는 것은 하나님 자신뿐이다. 우리에게 있는 모든 개념은 대상에 대한 것이고 그것 중 어느 것도 하나님과 동일한 것은 없다. 심지어 가장 고귀한 표현조차도 하나님에게는 그저 상대적인 것일 뿐이다. 하나님은 단지 전적 타자他者만은 아니며, 우리가 말할 수 있는 모든 것이며, 분명히 하나님만이 홀로 진리이시며, 실재이시며[12], 자존적으로 홀로[13] 자신의 고유한 양식으로 존재하시는 분이시다. 그러므로 우리가 그 분을 파악하려고 시도하는, 우리에게 잘 알려진

---

명칭들은 내 정신 안에 훨씬 더 부족하고 전혀 다른 것을 구성하기 때문이다. *... valde minus aliquid, immo longe aliud in mente mea sua significatione constituunt, quam sit illud, ad quod intelligendum per hanc tenuem significationem mens ipsa mea conatur proficere* (*Monol.* 65, I 76, 27ff.). 모든 것이 그것 때문에 만들어진 말씀 안에는 그것들의 유사성이 존재하는 것이 아니라, 참으로 단순한 본질이 존재한다는 사실은 명백하다. *Satis itaque manifestum est in verbo, per quod facta sunt omnia, non esse ipsorum similitudinem, sed veram simplicemque essentiam* (*Monol.* 31, I 50, 7ff.).

[11] 주여, 내가 당신의 숭고함에 다다르게 하지 않음은 결단코 내 지성이 주님의 숭고하심에 비할 수 없기 때문입니다. *Non tento, Domine, penetrare altitudinem tuam, quia nullatenus comparo illi intellectum meum* (*Prosl.* 1, I 100, 15f.).

[12] *Monol.* 28, I 45, 25ff.

[13] 자존적으로(einzigartig) 홀로 근원적으로 현존해 계시는 분의 자존성 속에서 (*Prosl.* 22, I 16, 15ff.; *De casu diab.* 1, I 233, 16ff.).

모든 양식은 결론적으로나 고유성에서나 하나님 자신의 양식
이 아니다. 하나님은 모든 논리를 흩어버리신다.[14] 그러나 하나
님이 아닌 모든 것이 하나님을 떠나 존재할 수 없듯이, 오직
하나님으로 인하여 무엇인가로 존재하듯이[15], 하나님과 동일하
지 않은 대상에게만 적절한 표현들은 심지어 그 표현들이 표현
할 수 없는 하나님에게 적용될 때조차도, 그 어떤 유비적인 혹은
상像을 통하여 (상으로서 무엇인가를 사변적으로 사고함)*per aliquam
similitudinem aut imaginem (ut cum vultam alicuius consideramus in
speculo)* 참된 표현이 되는 것은 가능한 일이다.[16] 모든 〈사변 신
학〉이 진리를 말하는 것은 아니다. 그러나 진리를 말하는 신학
은 역시 사변 신학이다.[17] 신학은 이러한 한계성을 스스로 피할

---

[14] 만일 그것이 다른 어떤 것들과 어떤 이름을 공통으로 가지고 있다면 그것은
분명히 매우 다른 의미인 것으로 이해해야 한다. *Si quando illi est cum aliis
nominis alicuius communio, valde procul dubio intelligenda est diversa
significatio (Monol. 26, I 44, 17ff.).* 이 실체는 어떠한 공통적 실체성도 가지
지 않는다. *... illa substantia nullo communi substantiarum tractatu includitur*
(*Monol. 27*, I 45, 4f.). 그 최고의 본질에 다른 본성과 공통으로 사용하는 어떤
단어들이 있을 때도 그 의미는 결코 공통되지 않는다. ... *sic est summa
essentia supra et extra omnem aliam naturam, ut, si quando de illa dicitur
aliquid verbis, quae communia sunt aliis naturis, sensus nullatenus sit
communis ... Quaecumque nomina de illa natura dici posse videntur*
(*nomina sapienta*와 *essentia* 역시 그렇다!) *non tamen mihi eam ostendunt
per proprietatem...* (*Monol. 65*, I 76, 2ff., 22f.).
[15] Vgl. *Monol. 31* [vgl. I 49, 6] und 34, *De casu diab. 1* [I 234, 19ff.].
[16] 마치 수수께끼와 같이 이성의 가르침을 따라 어떤 것이 다른 어떤 것을 통해
유추될 수 있다면 그것은 거짓이 아니다. *Falsum non est, si quid de illa ratione
docente per aliud velut in aenigmate potest aestimari (Monol. 65*, I 77, 2f.).

수도 무시할 수도 없고 그것을 부끄러워하지도 않는다.

4. 이것에서 신학적 논증은 상대성의 측면에서 볼 때 믿음의 확신과 구별해야 하는 학문적 확신만으로 성립할 수 있다는 것이 도출된다. 하지만 이러한 신학적 논증은 그 대상의 온전한 탁월함으로 논박되는 논증이다. 신학자를 단순히 이성적 확실성[18]이라는 상대적 힘만을 지닌 자기반성인 Selbstdenker으로, 단지 시험 삼아 학문 활동을 종종 하는 사람으로[19], 타인을 교화하려

---

[17] 사변적 *Quod speculor*은 안셀무스가 자신의 행동을 표현한 것이다(*Monol.* 6, I 19, 19). 우리는 하나이며 동일한 사물을 이야기하기도 하고, 이야기하지 않기도 하며, 보기도 하고 보지 않기도 한다. 우리는 다른 어떤 것을 통해 그것을 말하고 바라보며, 그 자신의 특성을 통해서는 그것을 말하지도 보지도 못한다. *Sic quippe unam eandemque rem dicimus et non dicimus, videmus et non videmus, per aliud, aber* nicht *per suam proprietam* (*Monol.* 65, I 76, 16ff.).

[18] 내 지성은 그것을 향하여 갈 수 없습니다. 그것은 너무나도 밝게 비추고, 내 지성은 그 빛을 인식하지 못하며 내 영혼의 눈은 오랫동안 그 빛을 향하는 것을 견디지 못합니다. 광채에 눈이 부시고 그 광대함에 압도당하며, 거대함에 짓눌리고, 폭넓음에 휘감겨 버리나이다. 아 최고의 빛이여, 근접할 수 없는 빛이여, 아 온전하고 복되신 진리시여, 그렇게 당신에게 가까이 있는 나에게서 얼마나 멀리 계신건가요! 당신의 시야에 이렇게 현존하고 있는 나의 눈에서 당신은 얼마나 멀리 계신건가요. *Non potest intellectus meus ad illam. Nimis fulget, non capit illam, nec suffert oculus animae meae diu intendere in illam. Reverberatur fulgore, vincitur amplitudine, obruitur immensitate, confunditur capacitate. O summa et inacessibilis lux, o tota et beata veritas, quam longe es a me, qui tam prope tibi sum! Quam remota es a conspectu meo, qui sic praesens sum conspectui tuo* (*Prosl.* 16, I 112, 24 - 113, 2).

[19] 하나님의 도우심으로 나에게 하려는 것은 ... *Tentabo pro mea possibilitate Deo adiuvante ...* (*C.D.h. I,* 2, II 50, 4). 내가 만일 당신의 요청에 어느 정도

는 사람으로[20], 심지어 최고의 확실성을 가진 자신의 논증에 확신을 할 수 없는 사람으로[21], 언제나 자신의 궁극적인 '이해'를 단지 당신의 진리를 분명히 이해하는 것 *aliquatenus intelligere veritatem tuam*[22]으로, 자신의 학문을 나의 지식의 연약함 *imbecillitas scientae meae*[23]으로 여기는 사람으로 제한하게 하는 것은 이 논증을 적용하는 바로 그 계시의 절대성인 것이다. 이 법칙에는 오직 하나의 예외만이 존재한다. 즉, 신학자는 자신의 논증이 텍스트나 성스러운 권위를 지닌 텍스트에서 오는 필연적 결과와 절대적으로 부합할 때에야 비로소 그것을 말할 수 있다.[24] 그러나 안셀무스가 뒤에서 설명하는 신학의 임무를 볼 때 좁은 의미에서의 '이해'의 추구는 성서 인용이 멈추는 바로

---

부응할 수 있다고 해도 그것은 하나님께서 나에게 깨닫는 지혜를 주신 것이기 때문에 하나님께만 감사를 드려야겠습니다. 하지만 만약 그렇게 할 수 없다면, 이미 증명한 것들로만 만족하십시오. ... *si aliquatenus potero, quod postulas ostendere, gratias agamus Deo. Si vero non potero, sufficiant ea, quae supra probata sunt* (*ib.*, *II 16*, II 117, 23-118,1).

[20] 만일 누군가가 무엇인가를 고쳐야 한다고 말한다면 그것이 합리적이라면 나는 주저없이 그것을 고치겠습니다. *Si quid diximus, quod corrigendum sit, non renuo correctionem, si rationaliter fit* (*ib.*, *II 22*, II 133, 12f.).

[21] 짧게 말해... 더 나은 방법으로 하나님을 발견할 때까지 내가 말한 추측보다 더 나의 이해력에 확신을 주는 것은 없다. *Haec breviter ... pro capacitate intellectus mei, non tam affirmando quam coniectando dixi, donec mihi Deus melius aliquo modo revelet* (*De conc. virg. 29*, II 173, 4ff.).

[22] *Prosl. 1*, I 100, 17.

[23] *C.D.h. I 25*, II 96, 17.

[24] 안셀무스가 의미하는 바는 신학자는 명확한 성서적 권위가 없을 때는 절대로 말하지 않는다는 것이다.

그곳에서 출발한다. 따라서 참으로 신학적이지만 성서적 권위 아래 있다고 말할 수 없는 논증도 다음의 법칙의 테두리 안에 있다. 이러한 논증은 최종적인 것이 아니고 근본적으로 볼 때 지식이고, 의식이 현재 구성 할 수 있는 최고의 임시적인 논증이며 하나님이나 인간에게서 더 나은 가르침을 기다린다.[25](이러한 논증은 엄격한 구속력이 있지 않고, 가장 나은 지식과 양심으로 원칙적으로 만들어진 임시적인 논증이며, 하나님과 인간을 통해 좀 더 나은 가르침을 기다린다.)

5. 원칙적으로 신학적 학문der Theologischen Wissenschaft이 발전하는 것은 가능하고 필연적이다. 심지어 안셀무스가 권위를 지녔다고 여기는 교부들에 대해서도 그는 명확하게 우리는 그들의 저술들의 결과들을 넘어설 수 있고 그래야만 한다고 말한다. 믿음의 인식에 있어 그들은 그 양식에 있어서 극복할 수 없는

---

[25] 오직 하나님께서 내게 더 나은 것을 보여 주실 때만 나는 그것을 이렇게 보겠다는 뜻 이상으로 간주되지 않기를 바란다. ... [ut] ... *Non alia certudine accipiatur, nisi quia interim ita mihi videtur, donec Deus mihi melius aliquo modo revelet* (*C.D.h. I 2*, II 50, 9f.). 나에게 합리적인 것처럼 나타날지라도 그것은 완전히 필수적인 것이 아니라 단지 그렇게 보일 뿐인 것이라고 어떤 사람은 속으로 말할 수도 있다. *Sic volo accipi ut, quamvis ex rationibus quae mihi videbuntur, quasi necessarium concludatur, non ob hoc tamen omnino necessarium, sed tantum sic interim videri posse dicatur* (*Monol. 1*, I 14, 2ff.). *Dicam igitur sic breviter de hoc quod sentio, ut nullius de eadem re fidelem improbem sententiam, nec meam, si veritati repugnare probari rationabiliter poterit pervicaciter defendam* (*De conc. virg., Prol.*, II 139, 10ff.).

대단히 큰 공헌을 했다. 그러나 모든 사람들과 마찬가지로 그들의 삶도 짧았고, 인간의 이해력을 고려할 때 그들의 저작들이 객관적인 이성적 진리인 '이해'의 최종적 성취를 드러내기에는 역부족이었고, 동일한 연구를 계속하여 발전시키는 데는 한계가 있었을 것이다. 이 세상 끝날 때까지 교회와 함께 하시리라고 약속하신 구주께서 교회 가운데에서 자신의 은혜의 선물을 주시리라는 것 또한 분명한 것이다. 안셀무스의 의중에는 이 모든 것이 교부들의 신학뿐만이 아니라 모든 신학에 있어서도 진리라는 것은 분명한 사실이다.[26] 그는 궁극적으로는 인간 정

---

[26] 사도들 이후 많은 성교부(聖教父)들과 우리의 스승들은 우리 믿음의 이유와 근거에 대하여 많은 중요한 점들을 지적했다 … 우리 시대나 혹은 나중에라도 진리를 사유할 때 그들과 동등한 위치에 서리라고는 기대할 수 없다. 그럼에도 불구하고 만일 확고한 믿음을 가진 이가 믿음의 근거에 대해 알려 한다면, 나는 그 사람을 질책해서는 안 된다고 생각한다. 왜냐하면 인생의 날들은 짧기에(욥기 14장 58절) 성교부들은 그가 더 오래 살았다면 할 수 있었을 말들을 다 할 수 없었기 때문이다. 더 나아가, 진리의 근거는 대단히 넓고 깊어서 유한한 것으로는 모두 드러날 수 없다. 또한 교회 안에서 세상 끝날 때까지 함께 하리라 약속하신 말대로 주님은 쉬지 않고 그의 은혜를 베푸신다. *Quamvis post apostolos sancti patres et doctores nostri multi tot et tanta de fidei nostrae ratione dicant … ut nec nostris nec futuris temporibus ullum illis parem in veritatis contemplatione speremus: nullum tamen reprehendendum arbitror, si fide stabilitus in rationis eius indagine se voluerit exercere. Nam et illi, quia breves dies hominis sunt (Job 14, 5), non omnia quae possent, si diutius vixissent, dicere potuerunt; et veritatis ratio tam ampla tamque profunda est, ut a mortalibus nequeat exhauriri; et Dominus in ecclesia sua, cum qua se esse usque ad consummationem saeculi promittit, gratiae suae dona non desinit impertiri (C.D.h. comm. op.,*

신에 근원적으로 가까이 머물러 있어야만 하는 진리와 더 큰 그리고 더 큰 이성*maiores et plures ratione*의 존재뿐만이 아니라[27] 현재에는 감추어져 있으나 내적으로 접근 가능하고 미래에 그대로 놓여 있는 이성의 존재 또한 깨닫는다.[28] 그러므로 안셀무스가 하나의 이성*ratio*에서 더 높은 이성으로 올라가는 것으로서 학문적 과정을 생각하는 한 안셀무스는 신학적으로 진전된 사유를 하는 이로 간주하는 것은 정당하다.[29] 그러나 이 관계 속에서 역사의 특별한 순간에 간혹 나타나는 이 진전은 신학자의 우연한 사고 속에서 나온 것이 아니라, 특정한 순간에 우리가 인식하면 좋을 것을 아시는 하나님의 지혜로 인한 것이다.[30] 안셀무스에게 있어서 신학의 완전성은 멈추는 것과[31] 시작하는

---

II 39, 2~40, 7).

[27] *C.D.h. I 2*, II 50, 12*; *ib., II 19*, II 131, 14f.

  * [편주] A: 초판에서는 생략됨.

[28] *C.D.h. I 2*, II 50, 8ff.; *De conc. virg. 21*, II 161, 3ff.

[29] 값없이 은혜로 얻은 것([역주] 마태복음 10장 8절)을 나누려고 할 때에 당신이 이제껏 도달하지 못했던 높은 것을 파악하기 위해 하나님의 은혜를 소망해야 한다. *Debes … sperare de gratia Dei, quia si ea quae gratis accepisti libenter impertiris, altiora, ad quae nondum attigisti, mereberis accipere* (*C.D.h. I 1*, II 49, 3ff.). 안셀무스가 이 개념을 자신의 학문적 자의식 (wissenschaftlioches Selbstbewußtsein)이 최고조에 이른 책인『인간이 되신 하나님』(*Cur Deus homo*)의 첫 장에서 매우 중요하게 다루었다는 것을 알아야한다.

[30] 내가 알게 하옵소서. *… da mihi, ut quantum scis expedire, intelligam* (*Prosl. 2*, 1 101, 3f.).

[31] 만일 내가 당신의 질문에 어느 정도 (분명한 답을 하여) 만족을 줄 수 있다 해도 나보다 현명한 누군가가 그 질문에 더 명확한 대답을 할 수 있다는 사실

것 모두를 의미한다는 것이 무시되어서는 안 된다.

6. 비록 모든 신학적 논증을 긍정적으로 평가할 수 없을지라도, 모든 신학적 논증을 지식으로서의 그 특정한 가치로서 평가할 수 있는 하나의 구체적 기준이 있다. 특정한 학문적 공헌이 참된 이해*intelligere*인가에 대한 판단, 즉 학문적 공헌이 이해의 진전을 의미하는가에 대한 판단은 안셀무스와 논쟁하고 안셀무스의 주장을 듣는 그의 독자들의 몫이다.[32] 물론 궁극적으로 볼 때 이것은 감추어져 있고 홀로 진리이신 하나님께 숨겨져 있다. 신학적 언어의 부적절성, 단순한 학문적 확실성 그리고 완전성을 따르는 신학의 유약성의 근본적 이유는 바로 신학적 논증의 최고의 것이 인간적 승인을 얻는다 할지라도 그것의 최종 기준을 증명하는 것은 가능하지 않다는 것이다. 그러나 최소한 교의가 받아들일 만한 것인가를 결정하는 하나의 기준이 있는데, 안셀무스에 따르면 믿음과 이해가 기초하는 신조*Credo*의 기본적 영속성을 형성하는 성서이다. 성서는 결정적 원천이면서도, 이해의 결정적 규범인 이성이 추구하는 진리의 권위*auc-*

---

은 분명하다. 우리가 알아야 할 것은 누군가가 이 주제에 대해서 어떠한 것을 이야기한다 해도 이렇게 커다란 주제 속에서 더 심오한 것들이 감추어진 채로 항상 남아 있다는 사실이다. *... si aliquatenus quaestioni tuae satisfacere potero, certum esse debebit, quia et sapientior me plenius hoc facere poterit. Immo sciendum est, quidquid inde homo dicere possit, altiores tantae rei adhuc latere rationes* (C.D.h. I 2, II 50, 10ff.).

[32] 예를 들면 이 범주에서 보소(Boso) 혹은 그의 입을 빌린 안셀무스가 인간이 되신 하나님(*Cur Deus homo*)에서 종종 개인적 사고 훈련이 완성되어야 함을 강조하곤 했는지 그 이유가 나온다.

*toritas veritatis, quam ratio colligit*인 것이다.[33] 이러한 관점에서 안셀무스의 규범은 다음과 같다. 만일 하나의 명제가 성서의 말씀이나 성서에서 나오는 추론과 동일하다면, 자연스레 그 명제는 절대적 확실성을 지닌다. 한편 성서의 말씀과 별개로 형성된 명제는 성서와 모순되지 않을 때 타당성을 지니지만 만일 그것이 성서와 모순된다면 타당성을 지니지 못하게 될 것이다.[34]

---

[33] Vgl. *De Concordia. III 6*, II 272, 6f.
『인간이 되신 하나님』(*Cur Deus homo*, *I 3*, II 50, 20ff.)에서 토론 상대인 보소는 질문을 통해 의문을 제기할 뿐만 아니라, 성서 본문에 나타난 모순에 관심을 가지며 교회의 권위를 대표하기도 한다. 신학은 이 점에서 스스로를 변증해야만 한다.

[34] 심지어 우리가 성서 안에서 명증하게 볼 수 없는 것, 혹은 성서에서 증명할 수 없는 것을 이성에 근거하여 말할 때에도, 그것을 우리가 받아들일 것인지 거부할 것인지 알 수 있는 것은 성서이다. 만일 어떤 것이 이성의 결정이면서 성서와 어떤 것도 모순되지 않는다면(마치 성서가 진리와 모순되지 않으며 거짓에 무엇도 더하지 않듯이) 우리는 성서의 권위에 근거한 결정을 받아들여야 한다. 왜냐하면 성서는 이성에 따라 말한 것을 부정하지 않기 때문이다. *Nam si quid ratione dicimus aliquando, quod in dictis eius (sc. sacrae scripturae) aperte monstrare aut ex ipsis probare nequimus: hoc modo per illam cognoscimus utrum sit accipiendum aut respuendum. Si enim aperta ratione colligitur et illa ex nulla parte contradicit (quoniam ipsa sicut nulli adversatur veritati, ita nulli favet falsitati): hoc ipso, quia non negat quod ratione dicitur, eius auctoritate suscipitur. At, si ipsa nostro sensui indubitanter repugnat, quamvis nobis ratio nostra videatur inexpugnabilis, nulla tamen veritate fulciri credenda est* (De Concordia. III 6, II 271, 28~272, 6). 왜냐하면 내가 확신하는 바는, 내가 의심할 바 없이 성경에 모순되는 무엇인가를 말한다면 그것은 거짓되며 내가 이 사실을 알게 되었을 때에는 그 견해를 고수하지 않게 될 것이기 때문이다. *Certus enim sum, si quid dico quod sacrae scripturae absque dubio contradicat, quia falsum est; nec*

7. 이해의 또 다른 조건은 믿는다<sup>credere</sup>는 것 자체, 그것의 본래적 실재이다. 옳은 것을 옳게 믿어야만 한다는 것은 앎에 있어서 절대적으로 중요한 것이다. 그러나 옳은 믿음은 인간의 응답이며 하나님 안으로 향하는<sup>tendere in Deum</sup> 것으로 정의되는 명료한 것이다. 그를 믿지 않는다면 누구도 그를 구하지 않는다 *Illam credere nisi tendat in illam, nulli prodest*.[35] 믿음은 그것을 믿는다 *credere id*는 것만을 의미하지 않는다. 그것은 믿음을 받을 대상을 믿는 것이다 *credere in id, quod credi debet*. 그렇지 않다면 분명히 그것은 쓸모없고 죽은 믿음이다.[36] 믿음과 믿음에 대한 지식은 하나님의 말씀에 근거한 것인가? 분명하게 그렇다. 그러나 우리가 이 말씀의 선물에 대하여 말할 때, 그 말씀의 영향은 언제나 말씀과 그것을 듣는 사건 모두를 함께 이해하는 것이다.[37] 믿음과 믿음에 대한 지식은 마음과 관계된 것 <sup>Herzenssache</sup>인가? 분명히 그렇다. 그러나 바로 그 이유에서 그것은 의지의 일이기도 하다. 옳은 믿음과 믿음에 대한 옳은 지식이 일어나지 않는

---

*illud tenere volo, si cognovero* (*C.D.h. I 18*, II 82, 8ff.).

[35] *Monol. 77*, I 84, 12f.

[36] *Monol. 78*, I 85, 8f. ([편주] 안셀무스: 믿어 마땅한 것을 믿는 것은 살아있는 신앙이고, 믿을 수밖에 없는 것을 믿는 것은 죽은 신앙이다); *De Concordia. III 2*, II 265, 10f.

[37] 이 경작에서 씨앗은 하나님의 말씀이다. 그것은 말이 아닌 말을 통해 얻어지는 의미이다. 왜냐하면 의미가 없는 단순한 소리는 가슴에 아무것도 남기지 않기 때문이다. *Est autem semen huius agriculturae verbum Dei, immo non verbum, sed sensus qui percipitur per verbum. Vox namque sine sensu nihil constituit in corde* (*De Concordia. III 6*, II 270, 23ff.).

마음이 어떻게 가능할 수 있단 말인가?[38] 바른 믿음이 결여된
곳에 바른 지식은 있을 수 없다. 이 경우 그 믿음이 바르지 않은
것만큼 신학의 학문적 본질은 의문시된다.[39] 안셀무스는 이러
한 두 가지 결정적인 문제가 대단히 가까운 관계를 가지고 있
다고 보았고 그러한 이유에서 그는 (박쥐와 부엉이들의 신학에
대한 그의 경고에서)[40] 신학자의 헌신만이 다른 어떠한 욕구보

---

[38] 마음으로 의지하는 것과 같이 우리는 마음으로 믿고 이해한다. 성령은 만일
어떤 이가 옳게 믿고 이해하지만 옳게 의지하지 않는다면 그 사람이 옳은 마
음을 가졌다고 보지 않으신다. 왜냐하면 이러한 사람은 올바른 믿음과 이해를
바르게 믿고 이해하는 것, 말하자면 이성적 피조물에게 주어진 그 목적을 위
하여 바르게 의지하는 것을 사용하지 않기 때문이다. *Quamvis enim corde
credamus et intelligamus, sicut corde volumus, non tamen iudicat Spiritus
sanctus illum rectum habere cor, qui recte credit vel intelligit et non recte
vult; quia non utitur rectitudine fidei et intellectus ad recte volendum,
propter quod datum est rationali creaturae recte credere et intelligere* (*ib.,
Qu. III 2*, II 265, 5ff.). 의지의 바름을 마음에 더할 때 믿음이 나타난다. *Addita
namque rectitudine volendi conceptioni per gratiam fit fides* (*ib., Qu.* III 6,
II 271, 8f.).

[39] 옳은 것에 대한 이해를 갖지 않는 것은 옳은 것이라 부를 수 없다 … *neque
rectum imtellectum habere dicendus est, qui secundum illum non recte vult* (*ib.,
Qu. III 2*, II 265, 9f.). 믿음과 하나님의 계명에 대한 복종 없이는 … 선한
양심을 지키지 않는다면, 더 높을 것을 이해하는 것이 금지될 뿐만 아니라,
이미 주어진 이해 또한 사라지게 된다. … *non solum ad intelligendum altiora
prohibetur mens ascendere sine fide et mandatorum Dei oboedientia, sed
etiam aliquando datus intellectus subtrahitur … neglecta bona conscientia*
(*Ep. de incarn. 1*, II 9, 9ff.).

[40] [역주] 안셀무스에 따르면 두 가지 신학이 있다. 하나는 십자가와 부활의 하나님
을 자신 안에서 온전히 우리에게 자신을 선물로 주신 분으로 부르는 해방의
신학이고, 또 하나는 정오의 태양에 대해 논쟁하는 부엉이와 박쥐들의 신학이다.

다도 신학적 답을 발견하는 능력보다 앞서는 것이라고 강조하지 않는다. 중요한 것은 순수한 마음과 열린 눈, 어린이와 같은 헌신, 성령 안에서의 삶 그리고 신학자 자신이 이러한 답을 찾도록 해주는 성서에서 오는 양식이다.[41] 안셀무스는 믿음이 순종을 의미하는 진정한 믿음일 때, 태양 빛의 실재에 대한 박쥐와 부엉이 사이의 싸움은 일어나지 않으며 믿음의 순종에 근거한 신학은 긍정적인 신학이 될 것이라고 보았다. 이러한 주장을 함으로써 그는 위험을 감수하고 있고, 바른 믿음과 바른 것에 대한 믿음(역으로도 마찬가지로) 사이의 필연적 관계를 이해하도록 믿음 안에서 받아들여야 한다는 것을 철저히[42] 인식하였다. 믿음의 순종과 교회의 믿음 사이의 관계는 오직 믿음 안에서만 경험할 수 있고, 오직 이 경험 안에서만 그것을 이해할 수 있다.[43] 그래서 이후에 멜라히톤은 한편으로는 죽음에 또 한

---

[41] 먼저 우리의 마음이 믿음으로 정결해져야만 한다. … 그리고 계명을 지키고 … 하나님의 증언에 겸손히 순종하여 어린아이와 같이 되어야만 하고 … *Prius ergo fide mundandum est cor … et prius per praeceptorum Domini custodiam illuminandi sunt oculi … et prius per humilem oboedientiam testimoniorum Dei debemus fieri parvuli … prius inquam ea quae carnis sunt postponentes secundum spiritum vivamus quam profunda fidei diiudicando discutiamus … Verum enim est quia quanto opulentius nutrimur in sacra scriptura ex iis, quae per oboedientiam pascunt, tanto subtilius provehimur ad ea, quae per intellectum satiant* (Ep. De incarn. 1, II 8, 7 ff.).

[42] [편주] 재판(再版): 분명히 그리고 [A에 따라 수정됨]

[43] *Nimirum hoc ipsum quod dico: qui non crediderit, non intelliget. Nam qui non crediderit, non experietur; et qui expertus non fuerit, non cognoscet* (ib.,

편으로는 너무나 역동적인 광기적 교리의 위험에 직면하여 표준이 되는 믿음에 대한 요청을 수용하였고, 더 나중에 경전주의자들이 중생의 경험을 강조하며 수용하였으며, 오늘날의 신학자들이 실존주의적 사유를 위하여 수용한 것과 유사한 것을 안셀무스는 이 지점에서[44] 수용하였다.[45] 그러나 안셀무스가 이해하다*intelligere*의 이 조건의 임시적 본성을 얼마나 분명히 인지하고 있었는가를 아는 것은 대단히 유익한 일이다. 하지만 이것

---

1, II 9, 5f.). 잘 알려진 이 구절은 슐라이어마허의 『신앙론』(*Glaubenslehre*)의 표제지에 나온 믿음을 추구하는 신앙(*Credo ut intelligam*)을 따라 나온다. 이 구절은 믿음에 대한 개인적인 바른 순종은 교회의 믿음과 연계되어야만 한다는 필연성의 경험을 의미하고, 믿음은 이 경험보다 상위에 있다는 주장을 하는 것이다.

[44] 나의 선하신 주께 감사합니다. 당신의 은혜로 믿었던 것을 이제는 비추심으로 이해하게 되었습니다. 그리하여, 이제 당신이 존재한다는 것을 믿기를 거절하더라도 나는 그것을 이해할 수 있습니다. *Nemo ergo se temere immergat in condensa divinarum quaestionum, nisi prius in soliditate fidei conquisita morum et sapientiae gravitate, ne per multiplicia sophismatum diverticula incauta levitate discurrens, aliqua tenaci illaqueetur falsitate* (*ib.*, *1*, II 9, 16ff.).

[45] [편주] KD I, 1, S. 18-20에서 바르트가 제시한 유비의 맥락 속에서, 안셀무스도 마찬가지로 이것을 수용하였다(*Monol.* 76-78, 183, 14-85, 9; *De concordia Qu. III 2* und 6, II 264, 14-265, 24 und 270, 10-273, 6; *Ep. de incarn. 1*, II 9, 9ff.).

Ph. Melanchthon (*Apologia Confessionis Augustanae*, De iustificatione 9 und 37, BSLK, 1963[5], 160, 35-161, 10 und 167, 21-28 [Vgl. 169, 33-172, 6]).

A. H. Francke, *Methodus sttidii theologici*, c. 2, Halle 1723.

G. Wobbermin, Wort Gottes und evangelischer Glaube, Studien zur systematischen Theologie 6, Göttingen 1931, S. 20.

은 그에게 중요한 많은 질문 중 하나였지만 최종적 질문은 아
니었다.

8. 안셀무스가 필연적이라고 본 신학과 기도의 관계를 고려하려
할 때, 만일 완전히 실수하지 않은 것이라면, 다른 모든 것과
구별하며, 다른 모든 것을 조건 짓고 그것들을 상대적인 것으로
만드는, 이해하다라는 조건에 우리의 손가락을 올려놓는다.[46]
모놀로기온 *Monologion*을 마쳤을 때 안셀무스는 동일한 주제인
하나님에 대한 교리를 다시 한 번 철저하고 면밀하고 명증하게
하나님께 드리는 형식인 프로슬로기온 *Proslogion*의 형식으로 다
루어야겠다는 의무감을 느꼈다. 그러나 이 형태도 역시 그의
글쓰기 형식이 되지는 못했다. 인간이 되신 하나님 *Cur Deus homo*
과 다른 저작은 선생과 학생의 대화 형식을 취하고 있음을 볼
수 있다. 그의 후기 작품 중 하나인 예지, 예정 및 신의 은총과
자유의지의 일치에 대하여 *De concordia*.[47]에서는 후기 스콜라주의

---

[46] 특히 마지막으로 언급된 믿음의 권위를 포함한다. 어떤 경우, 안셀무스는 하
나님의* 은총을 바라는 기도를 하며 이 지식 때문에 그가 여전히 믿기를 거부
한 채로 남을 수도 있었다는 단순한 논증을 감사함으로 (이것을 간과한다면,
전체 문장을 오해할 수 있다) 고백한다.
선하신 주님이시여 감사합니다. 먼저 믿음을 주셔서 믿게 하시고 이제는 깨우
쳐 주시기까지 하셔서, 이제는 내가 믿지 않으면 당신께서 계시다는 것을 깨
달을 수도 없다는 것도 내가 깨닫게 해주셔서 감사합니다. *Gratias tibi, bone
Domine, gratias tibi; quia quod prius credidi, te donante, iam sic intelligo, te
illuminante, ut, si te esse nolim credere, non possim non intelligere* (*Prosl. 4*, I
104, 5ff.).
* [편주] A: 하나님의, 격자체로 쓰이지 않음.
[47] [역주] 이 저서의 전체 제목은 다음과 같다. *De concordia praescientiae et*

의 특징이 된 질의 *Quaestiones*의 방법을 사용하는 경향이 보인다. 그리고 성찰록 *Meditationes*에서 그는 프로슬로기온의 기도 형식에 대한 대안으로 하나님과 인간에 대한 영혼의 독백 형식을 발전시킨다. 이러한 이유에서 안셀무스 자신의 모든 연구에서 그 의미와 구성, 스타일과 더 나아가 인간사를 초월하는 그의 태도를 프로슬로기온의 형식 속에서 드러낸다.[48] 이러한 태도의 징후가 가장 분명히 지속적으로 나타나는 것은 아마도 안셀무스의 가장 완전한 저작인 인간이 되신 하나님 *Cur Deus Homo*에서 일 것이다. 그는 하나님께서 나에게 알려주신 것이 무엇인지 *quod Deus mihi dignabitur aperire*[49] 상세히 설명한다. 그는 그의 질문이 선생의 개입을 강구하는 것이라는 사실을 동료에게 상기시킨다.[50] 보소는 신 존재 증명을 하는 가장 중요한 부분 중 한 군데서 '자애로우신 하나님 *Benedictus Deus*'을 경배하며 개입을

---

*praedestinationis et gratiae dei cum libero arbitrio.*

[48] "'계몽운동이 헤르더, 고전주의 그리고 낭만주의에 의해 퍼져 나갔다'와 같은 사람들을 사로잡는 말을 오늘날에는 잘 들을 수 있다. 그러나 오늘날에도 낭만과 같은 언어는 순전히 주관적인 느낌의 결과로 여기고 논리적 연산과 같은 언어는 완전히 객관적인 이해의 결과로 여긴다. 이 두 언어는 둘 사이를 처음부터 가르는 고정 관념 때문에 그 이해가 가로막힌다." 폰 슈타이넨 (W. von den Steinen)의 이러한 의견은 대단히 옳다(*Vom Heiligen Geist des Mittelalters*, Breslau, 1926, S. 36f.).

[49] *C.D.h. I 1*, II 48, 10.

[50] 내가 이 일을 하나님의 도우심과 여러분의 기도로써 감당하려 하는 것은 당신들이 내게 이 일을 요청하였을 때에 또한 약속한 까닭입니다. *Deo adiuvante et vestris orationibus, quas hoc postulantes saepe mihi petenti ad hoc ipsum promisistis (ib., I 2,* II 50, 4ff.).

한다.[51] 그리고 토론이 고조되고 그가 놀라움을 표하는 다른 부분에서 안셀무스는 진리의 여로를 안내하는 길잡이는 바로 하나님이 하시는 것Gottes Sache이라고 말한다.[52] 이에 대해 책은 다음과 같은 말로 응답을 하며 끝을 맺는다. 만일 우리가 스스로 이성을 통하여 발견한 것이 진리의 증언으로 지지된다면, 그 공은 우리가 아닌 영원히 축복받으실 하나님께로 돌려야 한다. 아멘(*Si autem veritatis testimonio roboratur, quod nos rarionabiliter invenisse existimamus, Deo non nobis attribuere*[53] *debemus, qui est benedictus in saecula. Amen*).[54] 이 구절에는 단순히 안셀무

---

[51] 이미 우리가 추구해 온 질문에 대한 하나의 위대한 진리를 찾아내었습니다. 당신이 시작해온 바대로 계속해 주십시오. 나는 하나님께서 우리를 도우시리라고 소망합니다. *iam magnum quiddam invenimus de hoc quod quaerimus. Prosequere igitur, ut incepisti. Spero enim, quia Deus nos adiuvabit* (*ib.*, *II 6*, II 101, 20f.).

[52] 나는 당신을 이끌고 있지 않습니다. 오히려 우리가 논의하는 바로 그분이 우리를 이끌고 계십니다. 그분 없이 우리는 아무 것도 할 수 없으며, 우리가 항상 진리의 길을 붙잡는 곳 어디든지 인도해 주십니다. *Non ego te duco, sed ille, de quo loquimur, sine quo nihil possumus, nos ducit ubicumque viam veritatis tenemus* (*ib.*, *II 9*, II 106, 7f.).

[53] [편주] 슈미트(F. S. Schmitt)의 모든 판(版)에서 그는 올바른 것으로도 틀린 것으로도 입증할 수 없는 '~에게 공을 돌리다(attribuire)'라는 형식으로 편집하였다.

[54] *Ib.*, *II 22*, II 133, 13ff. 만일 내가 어떤 연구자라도 충족시킬 수 있는 것을 말했다면, 그것은 내가 아니라 나에게 임한 하나님의 은총이 한 것이기에, 나 스스로에게 어떠한 공도 돌릴 수 없다. *... si quid dixi, quod quaerenti cuilibet sufficere debeat, non mihi imputo, quia non ego sed gratia Dei mecum* (*De Concordia. III 14*, II 288, 12ff.).

스에게 바른 지식은 하나님의 압도적이며 협력적인 은총으로 조건지어진 것이라는 일반적인 진술(물론 이것도 진리이지만) 을 넘는 그 이상의 의미가 있다.[55] 이 일반적인 사유와 은총은 기도로 요청해야만 한다. 이 사실은 믿음에 대한 이해 *intellectus fidei*를 할 수 있는 궁극적이고 결정적인 능력이 인간 스스로 작용하는 이성이 아니라, 인간 이성에 부여된 것[56]이며, 이해가 의지적 작용 *voluntaries effectus*이라는 사실을 함축하고 있다.[57] 주 어진 이 능력으로 지식을 향한 논리적 단계를 지속적으로 형성 한다는 것 또한 사실이다. 이러한 관점에서 볼 때 안셀무스 기 도의 주제인 은총의 선물은 인간 사유의 최고 정점을 추구하고 그것을 성취하는 것과 동일한 것이다.[58] 그러나 이것은 단지 주 제의 한쪽 면일 뿐이다. 프로슬로기온의 도입 기도와 연관된

---

[역주] 안셀무스는 로마서 1장 25절을 인용하고 있다.

[55] 지식은 교회의 주인이 교회에 쉬지 않고 부어 주시는 은총의 선물 *dona gratiae*에 속한다 (*C.D.h. comm. op.*, II 40, 6). 즉, 은총은 설교이다. … 그리 고 은총은 들음과 그것에서 오는 이해이고 은총은 바른 의지이다. … *et praedicatio est gratia … et auditus est gratia et intellectus ex auditu gratia et rectitudo volendi gratia est* (*De Concordia. III 6*, II 271, 11ff.).

[56] 나에게 신앙에 대한 이해를 주시는 주님 … 이해하게 해주십시오! *Ergo Domine, qui das fidei intellectum, da mihi, ut … intelligam!* (*Prosl. 2*, I 101, 3) 나를 나 스스로에게서 당신에게로 일으켜 주십시오! *Revela me de me ad te!* (*Prosl. 18*, I 114, 10f.).

[57] *Monol. 68*, I 78, 16.

[58] 내 영혼의 눈을 깨끗하게 하여 주시고, 밝게 고치시어 당신을 바라보게 하소 서! *Munda, sana, acue, illumina oculum mentis meae, ut intueatur te!* (*Prosl. 18*, I 114, 11f.).

글을 면밀히 보면 안셀무스가 연구의 대상으로 삼은 것들이 양
면적이라는 것을 볼 수 있다. 첫 번째는 하나님께서 그의 마음
을 이끄시어 어디서 어떻게 당신을 찾을 수 있는지 *ubi et quomodo*
*te quaerat* 가르치시고[59], 그의 눈을 밝히시고, 본질적으로 세상
에 굴복된 그를 높이 세워 그를 보살피신다는 것이다. 여기서
이러한 은총의 일면이란 인간 안에 본래 창조되어 있는 것을
아는 힘의 실현이라는 것이다. 그러나 이해의 작용과 이에 따라
요청되는 은총은 여전히 또 다른 객관적 측면을 가지고 있다.
안셀무스는 이 요청을 두 번째 것으로 보았다. 그것은 하나님이
그의 마음을 이끌어 어디서 어떻게 당신을 발견할지 알게 하시고
*ubi et quomodo te inveniat*, 그로 하여금 자신의 얼굴을 보게 하시
고, 안셀무스로 하여금 하나님 자신을 보게 하신다는 것이다.[60]
안셀무스 글의 전체적인 맥락을 볼 때 이 두 번째 것을 첫 번째
것의 수사학적 반복이라고 볼 수 없다. 하나님께서 자신을 그에
게 다시 주신다는 것, 그는 하나님을 알지 못함 속에서 - 심지
어 신자들도 예외가 아니다[61] - 인간이 하나님에게서 멀어져 있
기 때문에 대대로 죄를 지닌 존재로 해석하였다.[62] 이 멀어짐은

---

[59] [역주] *Prosl. 1*, I 97ff.
[60] 당신 자신을 우리에게 보이소서! *... ostende nobis teipsum!* (*ib.*, I 99, 18f.).
[61] 당신은 나를 창조하셨고 또 다시 새롭게 하셨으며 내 모든 좋은 것을 나에게
가져다 주셨지만 나는 아직도 당신을 모릅니다. *Tu me fecisti et refecisti, et
omnia mea bona tu mihi contulisti, et nondum novi te* (*ib.*, I 98, 13f.).
[62] 아, 나는 불쌍한 자입니다. 하나님을 멀리 떠난 이브의 비참한 자녀 중 하나입
니다. *... heu me miserum, unum de aliis miseris filiis Evae, elongatis a Deo*
(*ib.*, I 99, 8).

분명히 하나님 자신의 객관적 멀어짐이다. 하나님은 (인간 앞에) 부재하시고, 도달할 수 없는 빛 속에 거하신다. 하나님의 행하심을 갈망하는 인간은 누구인가? 당신을 보려 애쓰시지만 당신의 얼굴은 멀리 있습니다. 당신에게 다가가려 하지만 당신이 계신 곳은 다가갈 수 없습니다. … 주님이시여, 도대체 얼마 동안이나 우리를 잊으시고 당신의 얼굴을 돌리시려나이까? 언제 우리를 돌아보시고 우리에게 귀 기울이시려나이까? … 우리에게 당신의 얼굴을 알려주시겠나이까?(*Anhelat videre te et nimis abest illi facies tua. Accedere ad te desiderat, et inaccessibilis est habitatio tua. … Usquequo, Domine, oblivisceris nos, usquequo avertis faciem tuam a nobis? Quando respicies et exaudies nos? … et ostendes nobis faciem tuam?*) 첫 번째와 두 번째 모두 다음을 의미한다. 당신께서 나를 가르치시고, 나를 찾으시고, 나에게 보여주지 않으신다면 나는 아무것도 추구할 수 없다(*Nec quaerete re possum, nisi tu doceas nec invenire, nisi te ostendas*).[63] 여기서 중요시 하는 것은 단순히 하나님을 추구하는 옳은 방법이 아닌 그것을 넘어서 기독교 지식을 베푸시는 총체적 은총이 근원적으로 근거하고 있는 하나님의 현존과, 비록 하나님과의 만남이 허락되는 순결한 마음으로 하나님을 추구하는 사람일지라도 하나님을 찾으려는 노력으로는, 절대 일어날 수 없는 하나님과의 만남이다. 우리는 이미 어느 정도 이해하다*intelligere*라는 개념의 변증법에 대해 인식하고 있다.[64] 오로지 어느 정도로만 이해하는 것이

---

[63] [편주] *Prosl. 1*, I 98, 9ff.; 99, 15ff.; 100, 9f.

실제로 존재한다*intelligere esse in re aliquatenus*는 자명하지 못하다. 하나님의 얼굴의 일부분을 볼 수 있는 통로인 이 한정된 이해함은 기도를 통하여 추구해야 한다. 왜냐하면 만일 하나님이 스스로를 드러내지 않으셨고 하나님과의 만남이 근원적으로 하나님에게서 시작된(이것 역시 은혜인데) 것이 아니라면, 그리고 그 한정된 이해함을 발견하지 못한다면, 모든 올바른 추구는 일어날 수 없기 때문이다. 이러한 관점에서 볼 때 프로슬로기온에서 분명해진 안셀무스의 태도를 완전히 이해할 수 있다. 이러한 태도는 단순하게 하나님의 경륜을 섬기며 자신의 노력을 바치는 한 경건한 사상가의 태도가 아니다. 이 태도는 그것을[65] 아마도 자신의 학문적 객관성을 가장 분명하며 정확하게 드러낸 표현인 것이다. 하나님께서는 그에게 자신을 정확하게 사유하는 은혜를 베푸셨을 뿐만이 아니라, 하나님 자신이 사유의 대상이 되어 자신을 그 사상가에게 드러내신다. 그리고 그렇게 함으로써 정확하게 이해함을 어느 정도만의 이해는 실제로 존재한다*intelligere esse in re aliquatenus*로 한정하는 그의 사유 체계

---

[64] 28쪽 이하 참조(2장 신학의 가능성).

[65] 더 큰 것을 바라게 하시고 내가 찾는 것을 나에게 허락 하소서. 만일 당신이 당신 스스로를 주시지 않는다면, 당신이 하신 모든 것, 나에게 주신 모든 것은 당신의 종에게 충분치 않습니다. 당신을 나에게 허락하소서. 오 나의 하나님, 나에게 당신을 허락하소서! *Auge desiderium meum et da quod peto, quoniam si cuncta quae fecisti, mihi dederis, non sufficit servo tuo, Nisi te ipsum dederis. Da ergo te ipsum mihi, Deus meus, redde te mihi*! (*Medit.* 14, 2, *MPL.* 158, 781).

안으로 들어오셨다. 오직 그러할 때만이 기독교 지식을 베푸시는 은총을 완전히 이해할 수 있다. 프로슬로기온의 저자는 하나님께 계속하여 간청을 하고 있는데 그것은 은혜의 충만함을 간구하기 위함이 아니라, 그가 충만함이 필수 불가결한 것임을 알기 때문이다. 이 태도를 취하며 그는 하나님을 대면하고 있다. 왜냐하면 그는 만일 그의 이해함이 망상이나 스스로가 우둔한 사람*insipiens*이 아니라면, 하나님께서 자신을 분명히 나타내실 것을 알기 때문이다. 신 존재 증명이 나오는 프로슬로기온 2~4장 역시 이러한 태도와 지식 속에서 나온 것이다. 만일 우리가 하나님을 이해하고 해석하려 한다면 우리의 태도 또한 안셀무스의 그것과 다를 수 없을 것이다.[66]

논의한 것들을 요약하자면, 안셀무스가 주의를 기울인 지식 *intellectus*은 믿음의 지식 *intellectus fidei*이다. 그것은 믿음의 지식이

---

[66] 분명히 키에르케고르*는 안셀무스의 신 존재 증명에서 관심이 가는 점을 발견하였다. 그것은 안셀무스의 증명 방식이다. 안셀무스는 말한다. "나는 신의 존재를 증명하기 원한다. 종국에 나는 하나님께서 나를 도우시고 힘을 주시기를 간청한다." '하나님의 존재를 증명하기 위하여 하나님의 도우심을 우리가 필요로 한다는 것은 말하자면, 분명 훨씬 더 나은 하나님 존재의 증거이다. 만일 우리가 하나님의 도우심 없이 그의 존재를 증명하려 했다면, 그것은 하나님께서 존재하시는 것을 확실히 증명하지 않은 것이다.'(Walter Ruttenbeck, *Sören Kierkegaard*, ([편주] Der christliche Denker und sein Werk, Berlin und Frankfurt/Ofder 1929), S. 143.).
\* [편주] P. A. Heiberg, V. Kuhr, E. Torsting, Søren Kierkegaards Papirer X, 4, Kopenhagen 1929, S. 114 (1851, 210 U.D.).

믿음의 대상에 대한 묵상을 통해서만 성립할 수 있다는 것을 의미한다. 지식이 믿음의 대상을 구성하는 것이 아니라 그 대상의 불가해성Unbegreiflichkeit 속에서 그 대상을 이해한다는 것이다. 그럼에도 불구하고 지식은 상징 속에서 그것 자체로는 표현될 수 없는 것을 표현하는 묵상의 단계에까지 나아가야만 한다. 그렇게 하여 믿음의 정명성이 아니라 표현한 것들이 학문적 명확성을 보일 수 있고 따라서 그 지식은 이 결과들의 근원적인 불확실성을 부정하지 않을 것이다. 이 지식은 믿음의 대상에 대한 문헌적 근거인 성서와 명시적인 모순을 일으키지 않을 것이다. 만일 이 지식이 믿음에 순종하는 지식이 아니라면, 이 지식은 본래의 모습과 같지 않을 것이고, 지금 성취하고자 하는 것을 이루지 못할 것이다. 결국, 지식이 다다라야 할 목표를 인지하고 그 목표를 위하여 인간이 노력한다는 면에서 볼 때, 지식의 목적을 성취하는 것은 은혜를 통하여 가능하다. 따라서 마지막 분석은 기도와 기도에 대한 응답이다.

# 04 신학의 방식

안셀무스가 용어들을 정의하면서, 이해*intellectus*의 기능을 어떻게 이해하였는가를 보는 것은 비교적 간단한 일이다.

안셀무스의 이해함의 용례를 설명할 때, 마음속을 읽는 것*intus legere*이라는 단어의 문자적 의미를 기억해야 한다. 가장 중요한 것은 안셀무스에게 이해함*intelligere*의 근본적 의미가 읽음*legere*이라는 것이다.[1] 읽음이란 이미 사도신경*Credo*에서 언급된 것을 숙고하는 것이다. 진리를 인식하고 동의할 때 이해함과 믿음은 함께 오고, 우리가 이미 본 바대로, 믿음은 그것 자체로 본질적으로 역시 미숙한 이해함*primitives intelligere*임에도 이해는 이해로 믿음은 믿음으로 남는다. 그러나 이해는 그것 이상을 의미한다. 그것은 이미 언급한 것을 읽고 숙고하는 것인데, 인식함과 동의함 사이 zwischen Kenntnisnahme und Bejahung의 거리를 조정함으로써 진리를 진리로 이

---

[1]  [편주] A: 마지막 [올바르게: 전술한 대로]

해하는 것이다. 아담 이후의 인간nachadamitischen Menschen을 보건 대, 지금껏 프로슬로기온 1장에서 본 바대로, 믿음과 진정한 이해 는 추상적 의미뿐만이 아닌 실제로도 구분해야 한다. 왜냐하면 신 자가 단순히 자신의 사유를 통한 **믿음의 이해**intellectus fidei를 습득 하거나 저절로 깨달을 수 있다는 의미에서 믿음과 이해는 일치하 지 않기 때문이다. 그보다는, 믿음의 이해는 기도 속에서 그리고 자신의 지적 힘으로 지속해서 추구해야만 한다. 우리는 교회의 계 시된 믿음과 성서에서 동떨어진 그것을 떠나서는 믿음의 이해를 추구하지 않을 것이다. 안셀무스는 그의 **이해함** intelligere이 읽다 legere의 고양된 형태라는 점에서 그 시대의 자유주의 신학자들과 는 구분이 된다. 그러나 고양된 읽기는 무엇에 대한 사유인 **마음속 을 읽음**intus legere을 뜻하기도 한다. 이러한 이유에서 그는 그의 시 대의 전통주의자인 실증주의자들과도 분명히 구분된다. 아담의 후 손인 우리는 밖으로 외연화된 말씀을 읽고 들음이 믿음의 왕관을 썼을 때, 그 말씀이 충분히 계시된 진리라는 것을 확신할 수 있어야 한다. 그러할 때, 하나님의 도우심에도 인간의 힘으로 추구해야만 하는 그것을 진리로 이해해야 한다는 임무에서 해방되고 진리와 대립하지 않게 된다. 우리의 입장에서 볼 때, 계시된 진리는 과거와 마찬가지로 믿음과 그 권위에 의거하여, 외연화된 말씀이 진리라는 것을 선포하는 내포된 말씀을 지닌다. 내포된 말씀은 오직 외연화 된 말씀을 통해서만 발견된다. 그러나 그 내포된 말씀은 단순히 외 연화된 말씀을 통해 듣거나 읽을 수 없다. 그 이유는 내포된 말씀은 외연화된 말씀 속에서 특별한 의도와 행위라는 미덕을 통해서만, 특별한 은혜를 통해서만 추구하고 발견할 수 있기 때문이다. 성서는 물론 완전한 토대에 근거한 ⋯ 완전한 진리 *super solidam veritatem ... velut super firmum fundamentum fundata*[2]이고 이것의 바탕은 분명히 믿음이다. 그러나 비록 그 믿음이 모든 것의 바탕이 될지라도, 우리의 이해에 여전히 문제가 되고 계시되고 믿어진 것 자체의 한계를 인식하는 것, 즉 하나님의 도우심으로 진리를 이해하는 *Deo adiuvante aliquatenus perspicere veritatem*[3] 한에서, 믿음을 검증해야 한다. 단지 객관적 진리뿐만이 아니라, 그것의 내적 의미, 그것의 바탕 그리고 그것의 환경이 우리가 진리를 인식하는 것과 마찬가지로 성서가 말하는 것이 사실임을 증명하는 증인을 낳아야 한다.[4]

이해함은 신조를 형성하기 위하여 신조의 내용을 확인하는 성서 말씀을 기억해내는 것으로 구성된다. 이것은 이해함 *intelligere*의 필수 불가결한 전제인 읽는 것과 믿는 것을 상기하는 것이다.[5] 불신자

---

[2] [역주] 인간이 되신 하나님 II, 19. 바르트는 동일한 구절이 동일한 의미에서 교회 교의학 I, 4에서 안셀무스를 인용된다.

[3] *C.D.h. II 19*: II 131, 9f.

[4] 개별적인 탐구로 얻은 결론이 주장하는 내용은 진리의 필연성을 간결하게 강조할 뿐만 아니라 그것의 필연성을 명백하게 보여주어야 했다. ⋯ *quatenus ⋯ quidquid per singulas investigationes finis assereret id ita esse ⋯ et rationis necessitas breviter cogeret et veritatis claritas patenter ostenderet* (*Monol. Prol.* I 7, 7ff.). 추론과 진리를 ⋯ 보여준다. ⋯ *monstratur ⋯ ratione et veritate* (*C.D.h. Praef.*, II 42, 14f.).

[5] 신학자로서 안셀무스는 많이 가르치기보다는 탐구하기 위하여 최선을 다할

와 신자이지만 확실한 믿음을 지니지 못한 이들의 반대와 조롱, 성서 말씀과 사도신경에 대한 현명한 이들과 우둔한 이들의 질문은[6] 모두 내포되고 외연화된 계시 말씀을 인간의 언어로 말하는 것이 조화를 이룰 수 없다는 것을 보여준다. 성서 말씀의 의미, 토대, 상황과 함께 진리는 단순히 읽을 수 있는 것을 통해서가 아니라, 반대로 우리를 신비로 감싼 진리는 단순한 읽음을 넘어선 특별한 이해의 노력을 기울였을 때만 그것을 붙잡을 수 있다. 단순한 말도 이해 속에서 그 의미를 전달 *vox significans rem in intellectu* 하듯 말씀은 그 토대와 상황 속에서 의미로 충만한 진리인 믿음으로 받아들인 것이며 그것은 이해 속에 거한다. 그러나 우리가 그 말씀을 붙들려 할 때만 비로소 그렇다.[7] 따라서 증명 자료들을 낭독하는 것은 문제

---

것이다. *non tam ostendere, quam tecum quaerere (C.D.h. 1, 2,* II 50, 6).

[6] 논점이 되는 질문은 불신자들이 논박하기 위해서 반복적으로 물어오는 것이며, 그들은 그리스도교의 단순성을 어리석다고 조롱하는 반면에, 많은 신실한 신자들은 이 질문을 마음속으로 깊이 묵상한다. … 배운 이들이나 배우지 못한 이들 할 것 없이 수많은 사람이 이 질문을 하고 또한 답변을 원한다. 그리고 많은 사람이 나에게 이 문제를 다루어 줄 것을 요청하였다. *Quam quaestionem solent et infideles nobis simplicitatem Christianam quasi fatuam deridentes obicere, et fideles multi in corde versare … De qua quaestione non solum litterati, sed etiam illitterati multi quaerunt et rationem eius desiderant (C.D.h. I 1,* II 47, 11~48, 6).

[7] 이 이유에서, 지붕의 꼭대기에는 그림자가 없듯 정신에 대한 최고의 연구는 믿음을 따를 때 스스로 판명되는 것이다. *Quapropter summo studio animum ad hoc intenderat, quatenus juxta fidem suam mentis ratione mereretur percipere, quae in ipsis (sc. scripturis) sensit multa caligine tecta latere (Vita S. Anselmi auctore Eadero lib., 1 cap. 2 § 9, MPL. 158, 55).*

를 또 다시 한번 상기하는 것이지 그 해결을 제시하는 것은 아니다. 이것은 안셀무스가 강조한 방법론적 원칙들, 즉 **이해함***intelligere*과 **증명함***probare*의 문제일 때는 성서의 권위에 호소하여서는 어떠한 것도 얻을 수 없다는 원칙 아래 주장하였다.[8] 안셀무스가 자신의 저작 인간이 되신 하나님*Cur Deus homo*에서 채택한 원칙은 바로 이 원리를 특별히 적용하는 것이었다. 그것은 기독론에 대한 논의가 그리스도에 대하여 알려진 것이 없음에도 … 그리스도를 통하지 않고는 그 누구도 구원받을 수 없다. *Remoto Christo, quasi numquam aliquid fuerit de illo … quasi nihil sciatur de Christo*[9]라는 것이다. 이것은 안셀무스가 성서의 내용과 성서에서 얻은 지식과는 동떨어진 신조를 재구성하기 위하여 성서를 그의 사상의 원천이자 규범으로서 계류시킨다는 것을 의미하지 않는다. 종종 간과하지만 최고의 안내자인 위의 구

---

[8] 그 무엇도 성서의 권위에 따라 설득되어서는 안 된다. 성서를 믿지 않거나, 왜곡되게 믿는 이에게 성서는 어떠한 답도 줄 수 없다. 우리가 믿음을 가질 때, 성서의 권위는 입증된다. … *quatenus auctoritate scripturae penitus nihil in ea (sc. meditatione) persuaderetur* (*Monol. Prol.*, I 7, 7f.). *Huic homini non est respondendum auctoritate, quia aut ei non credit, aut eam perverso sensu interpretatur* (*Ep. de incarn.* 2, II 11, 5f.). …*ut, quod fide tenemus … sine scripturae auctoritate probari possit* (*ib.*, 6, II 20, 18f.).

[9] *C.D.h.* 서론: II 42, 12ff. 성육신이 일어나지 않았다고 가정하자. *Ponamus … incarnationem … numquam fuisse* (*ib., I 10*, II 67, 12f.). 지금 우리는 마치 그리스도와 그리스도교 신앙이 존재한 적이 없었던 것처럼 그것을 제쳐 놓아야 한다. *Christum et Christianam fidem quasi numquam fuisset posuimus* (*ib., I 20*, II 88, 4f.). 존재하지 않았던 사람과 같이 … *quasi de illo, qui numquam fuerit* (*ib., II 10*, II 106, 20).

절에 대한 주석은 안셀무스가 다른 저작들과 인간이 되신 하나님 *Cur Deus homo*에서 실제로 해온 것을[10] 증언해준다. 안셀무스는 그가 학문적인 답을 해야 할 특정한 문제에 직면했을 때 답을 하거나, 성서나 신조의 권위에 대한 답의 근거를 찾기 위해 성서의 구절이나 신조에 초점을 맞추는 것을 삼갔다. 이런 점에서 성서와 신조가 그의 사상의 전제가 되지 않았다는 것은 너무나 분명하다. 말하자면, 어떤 인용을 반추하고 이해해야 할 때, 그는 학문적 탐구를 위하여 이것을 대체할 말씀을 인용하거나 소개하기를 삼갔다는 것이다.(이것의 본질에 대하여 우리는 여전히 논의해야만 한다.)[11]

이러한 관점에서 더욱 많은 논의가 이루어지는 안셀무스의 또 다른 방법론적 방식을 이해해야만 한다. 그는 다음과 같이 말한다. 논쟁에서[12] 유대인과 심지어 이방인을 만족시키기 위해서는 모든 연구와[13] 증명에서[14] 오직 이성*sole ratione*의 원칙을 지켜야 한다.[15] 이미 설명한 바대로 (성서의) 권위와 충돌하는 이 방식은 같은 배

---

[10] [편주] A: 분명히
[11] 안셀무스가 바리 공의회에서(1098) 성령의 분출에 대한 라틴 교리를 변호하였다는 일과 기도서의 문구는 그 전에 쓰인 그의 글이나 그 질문에 대한 특별한 글의 내용과도 일치하지 않는다. 반대로 안셀무스는 사실, 인용을 거의 하지 않는 신학적 설명방법을 말하는 신학자이다.
[12] *C.D.h. II 22*: II 133, 8.
[13] *C.D.h. I 20*: II 88, 8.
[14] *C.D.h. II 2*: II III, 28.
[15] *Monol. 1*: I 13, 11

경에서 루터의 오직 믿음으로 *sola fide*와 마찬가지로 이해하거나 오해하기 쉽다. 이것은 안셀무스가 오직 이성 *solitaria ratione*이라고 쓴 것과 같은 것으로 이해할 수 없다. 루터에게 믿음의 필연적 결과가 행위인 것과 마찬가지로[16] 안셀무스에게 권위는 이성 *ratio*의 필수 전제 조건이다. 루터에게 믿음만이 의로운 것이듯이, 안셀무스에게는 이해함에 있어 이성 *ratio*만이 역할을 판단하는 적절한 기준일 수 있다.[17]

그러나 안셀무스에게 이성 *ratio*은 무엇을 의미하는가? 이 결정적인 개념은 이성이라는 말이 계속하여 탈격만큼이나 대격으로도 사용되고 분명히 그가 추구하는 목표와 그 수단 모두를 가리킬 수도 있기 때문에 이해하기가 복잡해진다. 그가, *ratione*이라고 말할 때는[18] 이성 *ratio*은 이해 *intellectus*로 가기 위한 수단을 가리키는 것으

---

[16] [역주] 요한 복음 6장 28절 참조

[17] [편주] 다음을 참조. z. B. *Proposiriones a Martino Lutbero disputatae Anno XX. V. Opera faciant ad iustificationem* (WA 7, 231, 7-9): 3. 행위 없는 믿음은 의롭지 않고, 믿음 없는 행위는 있을 수 없다. 4. 믿음 없이 많은 위대한 작품은 지속할 수 없다.

[18] 혹은 이성의 이끄심을 따르는 나에게 *mihi ducem rationem sequenti* (*Monol. 29*: I 47, 5) 혹은 이성의 이끔으로 *ratione docente* (*Monol. 65*: I 77, 3) 혹은 이성의 인도 *ratione ducente* (*Monol. 1*: 1 13, 15) 혹은 합리적으로 *rationabiliter* (*De Proc. Spir. 1*: II 177, 9; *Ep. 136*: III 281, 37; *C.D.h. I 25*: II 96, 7; *ib.*, II 22: II 133, 13 등), 혹은 이성을 통하여 *ex rationibus* (*Monol. 1*: I 14, 2) 혹은 필연적 이성으로 *rationibus necessariis* (*Ep. De incarn. 6*: II 20, 19; *C.D.h. Praef.*: II 42, 12 등).

로 보이지만, 또 한편 이성을 갈망하고 *rationem esurire*[19], 추구하고 *quaerere*[20], 나타내고 *ostendere*[21], 이해하고 *intelligere*[22], 묵상하다 *meditari de ratione*[23]라고 말할 때는 이해*intellectus* 그 자체를 가리키는 것으로도 보인다. 첫 번째 *ratio*는 인간이 알 수 있는 die erkennende menschliche 이성*ratio*이고, 두 번째 *ratio*는 알려진 die erkennende 이성*ratio*, 즉 믿음의 대상 그 자체에 속하는 이성이다. 근본적으로, 우리가 두 이성*rationes*과 그들의 상호 관계에 대한 안셀무스의 주목할 만한 정의의 면면을 볼 때 상당히 많은 부분이 중첩된다는 것을 알 수 있다. 안셀무스는 인간만이 고유하게 이성을 알아가는 것과 같은 어족의 다른 단어를 알고 있었다는 것을 의심하지 않았다. 어떤 경우에 그는 경험을 다루고 개념과 판단을 정리하는 근원적 능력을 묘사하기 위하여 이성*ratio*을 사용하는데 그는 그것을 다음과 같이 부른다. "(이성은) 인간에게 있는 모든 것의 원리이자 심판자이다(*et princeps, et iudex omnium quae sunt in homine*)."[24] 그리고 그는 천사와 함께 다른 모든 피조물과 구별하여 인간이 이성적 본성*rationalis natura*을 가지고 있다고 보았고 선과

---

[19] *C.D.h. comm. op.* : II 39, 5.
[20] *C.D.h. I 3*: II 50, 19.
[21] *C.D.h. I 25*: II 96, 6; *ib.*, II 16: II 116, 17.
[22] *C.D.h. II 16*: II 117, 21.
[23] *Prosl. prooem.*: I 93, 2.
[24] *Ep. De incarn. 1*: II 10, 1f. 이 구절은 이교적 논설자들의 관능에 대항하는 것과 직결된다.

악, 진리와 오류 등을[25] 가름하는 판단을 구성하는 능력을 합리적으로 이해하고 있었다. 그러나 나는 안셀무스의 글 중 이성의 인간적 측면이 강조되고 객관적 이성과의 대비가 일정 정도 분명히 드러나는 구절은 오직 한 문장만을 알고 있다.[26] 그러나 그가 논제의 이성 *ratio quaestionis*[27] 혹은 나의 분명한 이성 *ratio certitudinis meae*[28] 혹은 신앙의 이치 *ratio fidei*[29] 혹은 하나님의 행위와 말씀의 이성 *ratio* 혹은 그것들의 필연성과 가능성을 말할 때 그는 판단이나 개념을 형성하는 인간 혹은 천사의 능력 그 너머를 보고 있었다.[30] 이러한 다양한 관계의 궁극적 결론은 특별히 믿음의 대상에 대한 이성 *ratio* 의 개념이고 따라서 다음과 같이 말할 수 있다. 만일 실체적인 이성을 인간의 이성을 아는 수단으로 입증하고자 한다면, 계시에 의한 믿음의 대상은 안셀무스의 세 번째 궁극적 이성 *ratio*인 진리의 이성 *ratio veritatis*을 이해하기 전까지는 실체적 이성을 올바르게 해석하지 못할 것이다.[31] 엄격히 이해하자면 진리의 이성 *ratio veritatis*은 신

---

25 *De verit.* 13: I 193, 2; *Monol. 68*: I 78, 21; *C.D.h. I 15,* II 73, 2; *ib.,* II 1, II 97, 4.

26 *Ratio nostra* (*De Concordia. III 6*: II 272, 5).

27 *C.D.h. I 1*: II 48, 5.

28 *C.D.h. I 25*: II 96, 7.

29 *Prosl. prooem.*: I 93, 2; *C.D.h. comm. op.*: II 39, 3.

30 *C.D.h. II 15*: II 116, 5f.

31 *C. Gaun. 3*: I 133, 11; *C.D.h. comm. op.*: II 40, 4, *C.D.h. II 19*: II 130, 29 혹은, 진리의 견고한 합리성 *veritatis soliditas rationabilis* (*C.D.h. I 4*: II 52, 3).

성한 말씀과[32] 함께 성부와 동질인 **최고 본성의 이성** *ratio summae naturae*이다. 이것은 하나님의 **이성** *ratio*이다.[33] 이성 *ratio*이 진리를 가지고 있기 때문이 아니라, 진리이신 하나님이 진리를 가지고 계시기 때문이다. 이 말씀은 말로써 신성한 것이 아니라, 성부에게서 나오는 것이며 그가 하신 말씀이기에 신성한 것이다. 하나님의 이성과 동일한 것이 아닌, 하나님이 창조한 이성으로 하나님의 이성에 참여하는 다른 이성은 다음과 같이 말하는 것은 옳다. 진리가 이성에 속하는 것이 아닌, 이성이 진리에 속하는 것이다.[34] 이 말은 무엇보다도 **지적 이성** *noetischen ratio*에 적용된다. 지적 이성에 대한 안셀무스의 용례를 보면 그는 아마도 〈진리의 이성〉의 역인 **이성의 진리** *veritas rationis* 역시 사용했을 것이다(내가 그 예를 알지는 못하지만). 그러나 그 경우, 이성의 진리는 명확히 **의미의 진리** *veritas significationis* (예문들을 보면 분명히)를 말하는 것이고, 이성의 진리는(우리가 생각하고 말하는 본성적 힘의 진리 그 이상을 의미할

---

[32] *Monol. 9f.*

[33] 하나님은 합리적이지 않은 일은 하지 않으신다. *Deus nihil sine ratione facit* (*C.D.h. II 10*: II 108, 23f.).

[34] 자존하는 진리는 어떠한 사물의 진리가 아니고 오히려 사물이 그 진리에 따라 존재할 때 그것은 진리라 불리거나 사물의 올바름이라 할 수 있다. *... summa veritas per se subsistens nullius rei est; sed cum aliquid secundum illam est, tunc eius dicitur veritas vel rectitudo* (*De verit. 13,* I 199, 27ff.). 진리는 결코 시작과 끝으로 한정할 수 없다. *... nullo claudi potest veritas principio vel fine* (*Monol. 18,* I 33, 21f.).

때는, 즉 본래대로 *ad quod facta est*) 대상과 의미가 일치한다는 절대적 원칙에 준했을 것이다.[35] 여기서 대상에 의해 교정된 올바른 용례는 이것이 진정 우리의 이성의 진리 *veritas rationis nostrae*인지 결정한다. 그러나 심지어 대상의 존재와 본질의 진리는 그것 자체뿐만이 아닌, 그것을 창조한 하나님의 말씀에(진정한 진리의 이성을 올바르게 이해하는 것 등에도) 의존한다. 그것을 창조한 이 말씀은 (하나님께서 하신 말씀으로써) 말씀 그 자체에 속하는 진리로의 유사성을 부여한다.[36] 인간 이성의 올바른 사용이 근원적으로 그 목적에 따라 결정되는 방식은 오직 하나님 자신이신 진리에 따른다.[37]

---

[35] 명제는 명제가 의미하는 것을 가리킨다. *Oratio … cum significant esse quod est* (예를 들어 그것은 그것이 아닌 것은 아니다 *non esse quod non est*). 그래서 그것이 진리인 것은 진리이다. *tunc est in ea veritas et eat vera* (*De verit. 2*: I 178, 6f.)

[36] 이와 같은 방식으로 존재의 진리는 자기 본성이 최고인, 즉 그것만이 특정한 방법으로 유일하게 존재하는 말씀 안에서 인식된다. 그러나 그것과 비교할 때 어느 정도 존재하지 않는 것이지만, 그것을 통해서, 그것에 따라서 어떤 것으로 만들어진 것들 안에는 이 최고 본질을 모방한 어떤 것이 고찰된다. *… sic existendi veritas intelligatur in verbo cuius essentia sic summe est, ut quodam modo illa sola sit; in iis vero, quae in eius comparatione quodam modo non sunt et tamen per illud et secunum illud facta sunt aliquid, imitatio aliqua summae illius essentiae perpendatur* (*Monol. 31*: I 49, 3ff.).

[37] 사물에 존재하는 진리가 최고 진리의 결과이며, 최고의 진리는 스스로 사유에 존재하고 또한 명시된 진리의 원인이 된다. *… cum veritas, quae est in rerum existentia, sit effectum summae veritatis, ipsa quoque causa est veritatis, quae cognitionis est, et eius quae est in propositione* (*De verit. 10*: I 190, 9ff.).

진리에 대하여 인간 이성*ratio*이 의미하는 바는 어떤 경우에도 규범적이고 창조적인 것이 될 수 없다.[38] 둘째로, 존재론적 이성*ratio*, 그것은 전술한 대로 근본적으로는 지적 이성과 동일하지만 그보다 더 상위에 존재한다. 모든 이성의 진리로서 진리 그 자체의 모든 부분을 논의해야 한다. 그러나 지적 이성에 대한 논의가 때때로 우리가 결정지어야 하는 문제라면, 존재론적 이성에 대해서는, 이성이 있는 대상의 창조와 함께 진리를 논의해야만 한다. 물론 이것은 안셀무스가 특별히 다루는 신앙의 이치*ratio fidei*인 진리이다. 그에게 이것은 분명 적정하고 직접적인 의미에서 진리의 이성 *ratio veritatis*과 동일한 것이었다. 여기서 이것이 진리의 이성*ratio veritatis*인지 아닌지가 아닌, 이것이 진리의 이성으로 인식될 수 있는지 결정 내려야 한다. 신조*Credo*와 성서에서 이것은 숨겨져 있지만 우리에게 알려지려면 스스로를 드러내야만 한다.[39] 그러나 그것은 오직 하나님 스스로이신 진리를 드러내실 때에만, 그러는 한에서만 드러난다. 근원적으로 존재론적 혹은 지적 이성은 진리보다 높지 않지만, 진리는 지금 여기서 스스로 참된 이성*vera ratio*이 무엇인지를 결정지으며 지적인 것과 존재론적인 것의 대비를 넘어 모든 이성

---

[38] 그리고 두 진리(즉 사유와 명시된 진리)는 서로의 원인이 될 수 없다. *et istae duae veritates (sc. cogitationis et propositionis) nullius sunt causa veritatis* (ib., 10: I 190, 11f.).

[39] 따라서 진리의 이성은 우리를 가르친다. *ratio veritatis nos docuit* (*C.D.h. II* 130, 29).

의 군주이다. 신앙의 대상의 이성*ratio*과 인간의 사유와 판단 능력으로 진리를 확인하면 그것의 참된 합리성이 결정되고 추구해온 이해*intellectus*를 하게 된다.

안셀무스의 이성*ratio* 개념의 구조를 더 알아보기 전에 지금까지 논의된 것에서 몇 가지 보아야 할 것이 있다.

1.  이미 논의한 기도와 은혜에 대한 지식의 관계에 의외성을 보아야 한다. 이러한 것은 분명하다. 다시 말해 만일 모든 이성의 상대성에 대하여 논의한 것이 실제로 사실이라면, 프로슬로기온 1장의 방식대로 기도 속에서 지식을 추구할 것이고 믿음의 대상의 이성 속에서 안식을 얻을 것이지만, 이성의 힘을 사용함으로써 우리의 통전성統全性을 확보할 수 있다. 그리고 그 경우, 기도 속에서 지식을 추구하고 오직 모든 이성의 상대성에 대하여 논의된 것이 실제로 사실일 때에만 기도는 이루어진다.

2.  따라서 진리가 모든 이성을 결정하는 것이고 그 역은 아니기에, 계시는 맨 먼저 주요하게 외연화된 글의 형태 속에서 권위를 가지고 나타나며, 무엇보다도 진리의 이성은 구술된 그것 이상일 수 없다. 따라서 이 구술된 그것과 인간이 능력이 일치할 때 이성 그 자체에 해당하는 인간의 능력은 **참된 이성***vera ratio*이 된다. 이 지점에서 만일 '권위 아래에 놓은 믿음(믿음은 언제나 권위 아래의 믿음이다)'이 비이성적 태도를 의미한다면 이 개념은 무의미한 것이 되고 말 것이다. 그러나 권위에 복종함으로써 안셀무스는 인간 이성이 마주한 문제를 직면하고 해결하

기 위해 믿음의 대상에 감추어진 이성을 분명히 역설한다.

3. 이 관계의 한 가지 형태는 이성과 진리의 일치가 대상이나 주체가 아닌, 믿음을 조명하고 믿음이 권위로 나타나는 하나님의 계시의 힘에 근거하는 만큼, 이해함<sup>intelligere</sup>과 **참된 이성**을 추구하는 참된 이성<sup>vera ratione quaerere veram rationem</sup>, 즉 내적 말씀이 스스로를 개방하는 내적 읽음<sup>intus legere</sup>으로 일어난다는 것이다. 권위와 이성 사이의 대조는 하나님과 인간 사이의 대조와 일치하지 않지만, 인간이 처음으로 믿음을 가지게 되어 믿음의 초석(그러나 지금은 오직 이성으로만 <sup>sola ratione</sup>) 위에서 지식을 가지는 하나의 신성한 길에 대한 두 가지의 차이를 보여준다. 이성의 개념에 대한 우리의 심도 있는 연구는 안셀무스와 연계된 필연성<sup>necessitas</sup>[40]과 이성의 개념과의 관계를 고려해야만 한다. 믿음의 대상인 객관적 이성에 대해 말할 때, 안셀무스[41]는 이성과 필연성을 그리고<sup>et</sup>[42] 또는, 같은 장에서 혹은<sup>vel</sup>이나 그리고<sup>et</sup>로 연결한다.[43] 그러나 우리가 이성<sup>ratio</sup>을 추구하고 발견해야 할 대상으로 보아야 할 때조차 그는 단순히 필연성<sup>necessitas</sup>으로 묘사를 한다.[44] 그리고 심지어 변증법적으로 이룩

---

[40] [편주] A: 격자체로 쓰임.

[41] [편주] A: 주변에 - 안셀무스는

[42] 어떻게 이 죽음이 필연적이고 이성적이었는지 ... *qualiter mors illa rationabilis et necessaria monstrari possit* (*C.D.h. I 10*: II 66, 19f.).

[43] *Ib.,* I 1: II 48, 2 ([편주] 합리성이나 필연성 ... *qua scilicet ratione vel necessitate...*) und 22 ([편주] "연구의 필연성 ... *qua necessitate scilicet et ratione* ...").

[44] 그러므로 필연적으로 그러한 본성이 존재한다. ... *Est igitur ex necessitate*

해야할 주체적 이성을 말할 때에도 그는 이성 *ratio*을 필연성 *necessitas*과[45] 동일시하고, 이성을 필연성으로[46] 필연성을 이성으로[47] 해석한다. 이러한 중요한 사실들은 다음의 주해가 가능하다.

필연성 *necessitas*은 분명히 존재하지 않을 수 없거나 달라질 수 없는 존재의 속성을 의미한다. 이성의 개념을 지속적으로 주관적이거나 객관적으로 사용하고 있는 안셀무스의 책에서 이성의 많은 의미 중에, 더하여 필연성 대신 이성을 사용할 때, 일반적인 의미로 가장 높이 여기는 것은 바로 법에 대한 일치이다.

따라서 믿음의 대상과 믿음의 대상에 대한 지식의 측면에서 볼

---

*aliqua natura* … (*Monol. 4*: I 17, 8f.). 만일 그것이 있다고 생각할 수만 있다면 그것은 필연적으로 존재한다. *Si ergo cogitari potest esse* (*sc. Deus*), *ex necessitate est* (*C. Gaun. I*: 131, 5). 우리가 그리스도에 대해서 믿는 모든 것들이 필연적으로 발생할 수밖에 없음을 증명한다. *Monstratur ... ex necessitate omnia, quae de Christo credimus, fieri oportere* (*C.D.h. Praef.*: II 43, 2f.). 하나님께서 필연적으로 인간이 되어야 했음을 증명했다. *...probes Deum fieri hominem ex necessitate* (*ib.*, II 22: II 133, 6) 등. 신 존재 증명을 마무리하기 위해 자연히 그것은 **필연적이다** *necesse est* 라는 말을 포함한다.

[45] 필연적인 진리의 견고한 합리성 ... *veritatis soliditas rationabilis, id est necessitas* (*C.D.h. I 4*, II 52, 3f.).

[46] 필연적인 합리성 *Ratio necessaria* (*ib.*, I 25, II 96, 2) 합리성은 ... 필연성을 지닌다. *... rationem ... comitatur necessitas* (*ib., I 10*, II 67, 5f.).

[47] 필연적인 합리성 *rationis necessitas* (*Monol. Prol.*, I 7, 10); 합리성의 필연성 *rationabilis necessitas* (*C.D.h. I 25*, II 96, 10; *ib.*, II 15, II 115, 24; *De proc. Spir.* 11, II 209, 16).

때 이성 *ratio*과 필연성 *necessitas*의 정의는 다음과 같다.

1. 특수한 믿음의 대상으로서의 필연성은 믿음의 대상이 존재하지 않는다면 불가능하다. 필연성은 믿음의 대상이 스스로 변하거나 존재하지 않게 하는 것만큼이나 믿음의 대상을 토대로 한다.
2. 믿음의 대상에 대한 특수한 지식인 필연성 *necessitas*은 존재하지 않거나 다르게 존재하는 믿음의 대상을 인지하는 것이 불가능하다는 것을 의미한다. 필연성 *necessitas*은 비존재인 것이나 믿음의 대상의 필연성에 의해 배제된 다른 존재에 대한 사유를 부정하는 한에서 이 지식을 형성한다.
3. 특수한 믿음의 대상인 이성 *ratio*은 그 존재가 (존재의) 법과 일치하고 특수한 방식으로 존재한다는 사실을 의미한다. 이성 *ratio*은 그 대상이 법과 일치하는 특수한 존재이며, 그것을 이해할 수 있는 이가 그 대상을 이해할 수 있도록 하는, 그 대상의 합리성을 의미한다.
4. 믿음의 대상에 대한 지식에 있어, 특수한 이성 *ratio*은 존재의 법이며 믿음의 대상의 특수한 존재성과 일치하는 개념이다. 존재의 법과 일치하는 특수한 존재를 믿음의 대상에 대한 이해로 보는 한에서 이성은 이 [믿음의 대상에 대한] 지식의 이해이다.

정의 1, 2의 관계에서 다음의 것을 볼 수 있다.

5. 믿음의 대상에 대한 지식의 형성은 그 자체의 특수한 토대를

인식함으로써 구성된다. 실체적 필연성은 지적 필연성에 앞선다.

정의 3, 4에서 다음의 것을 볼 수 있다.

6. 믿음의 대상에 대한 지식에서 이성의 구성 요건은 믿음의 대상 그 자체에 대해 특수한 합리성을 인식하는 것이다. 실체적 합리성은 지적 합리성을 앞선다.

필연성 *necessitas*과 이성 *ratio*을 혼용하는 안셀무스의 버릇은 다음의 결론을 정당화한다.

7. 믿음의 대상의 고유의 토대는 그 대상 특유의 합리성과 일치한다. 실체적 필연성은 실체적 합리성과 일치한다.
8. 믿음의 대상에 대한 지식이 성립되는 고유의 방식은 특수한 합리성과 일치한다. 지적 필연성은 지적 합리성과 일치한다.

정의 5와 7에서 다음의 명제를 도출하는데,

9. 실체적 필연성은 심지어 지적 합리성에 앞서기도 한다. 즉, 믿음의 대상의 합리성 역시 그 대상의 토대를 인식하는 것으로 구성된다.

정의 6과 8에서 다음의 명제를 도출한다.

10. 실체적 합리성은 지적 필연성을 앞선다. 즉, 믿음의 대상의 지식 역시 그것에 속하는 합리성을 인식하는 것으로 구성된다. 그러나 진리에 대한 실체적 이성과 지적 이성의 관계는 앞에서 말한 것에서 다음의 명제가 나온다.[48]

11. 실체적 합리성은 그 자체가 궁극적인 것이 아니라 **최상의 진리** *summa veritas*에 의해 가름되는 단순한 참된 합리성이다. 실체적 합리성으로 구성되는 실체적 필연성의 진리 또한 그러하다.[49]

---

[48] [편주] 1959년에 열린 여름학기에서 바르트는 두 추론 9와 10에 관련하여 세미나 참여자가 제기한 비판적인 질문에 대해 다음과 같이 답하였다. "존재론적 필연성은 필연적 합리성에도 앞선다는 명제 9는 실제로 명제 5 및 7(명제 10이 보여주는 것처럼 명제 5 및 7로부터는 존재론적 합리성은 필연적 필연성*에도 앞선다가 추론된다)로부터 추론되는 것이 아니라, 5+8 및 6+7로부터 추론된다. 명제 10은 6+8에서뿐만 아니라 5+7로부터도 추론된다!" 부록 316쪽 참조.

\* [역주] 필연성이 우연적으로 주어진 것이 아닌 필연적으로 주어졌다는 뜻.

[49] 하나님은 아무것도 강요로 하는 일이 없다. 어떠한 방식으로도 하나님이 무엇인가를 하도록 강요하거나 하지 못하도록 방해하지 못하기 때문이다. *Deus nihil facit necessitate, quia nullo modo cogitur aut prohibetur facere aliquid.* 즉 이 필연성이란 "그[하나님]의 변하지 않는 영광과 같으니, 이 영광은 그 자신으로부터 오는 것이지 다른 누구로부터 오는 것이 아니며, 따라서 다른 비본래적인 의미에서만 필연성이라 불리는 것이다." *immutabilitas honestatis eius quam a se ipso et non ab alio habet et idcirco improprie dicitur necessitas* (C.D.h. II 5: II 100, 20ff.).
하나님은 필연성이 아니라, 자신이 가지고 계신 선함으로 찬양 받으셔야 하고... 그것은 하나님의 고유하고 영원한 불변성에 의한 것이다. *... ille maxime*

그 토대는 하나의 토대일 뿐이며 그 합리성이 합리성을 포함한 다는 것은 진리 안에서 진리 때문에 그러한 것이며 하나님 안 에서 하나님 때문에 그러한 것이다.

필연성과 합리성 사이의 상호 관계에서 다음을 말할 수 있다.

12. 필연성의 개념이 지적 내용을 가졌다 할지라도 그것이 실체적 개념과 근원적 친밀성을 가지고 합리성이 실체적 내용을 가질 지라도 그것이 지적 내용과 근원적 친밀성을 가지므로, 그 필연

---

*laudandus est de bonis, quae habet et servat, non ulla necessitate, sed ... propria et aeterna immutabilita subiacet voluntati. Quippe quod vult, necesse est esse* (*ib.*, *II 10*, Ⅱ 108, 7f.; Vgl. *ib.*, *II 16-17*).

모든 필연성은... 하나님의 의지에 달려있다. 그가 의지하는 것은 곧 필연적이 다 [하나님이 원하실 때 필연성은 존재한다]. *Omnis necessitas ... eius (sc. Dei) subiacet voluntati. Quippe quod vult, necesse est esse (Medit. 3*: III 86, 60f; ... *Medit. 11* in *MPL.* 158, 764).

『인간이 되신 하나님』(*Cur Deus homo*)에서 존재론적 필연성은 그리스도의 성육신과 죽음으로 비롯된 것이다. 안셀무스에게 존재론적 필연성은 홀로 영 광을 받으시는 유일무이한 하나님의 다른 말씀만큼이나 중요하다는 사실을 간과해서는 안 된다.

만일 당신이 그분이 하신 모든 일과, 당하신 모든 고통의 진정한 필연성에 대하여 알고자 한다면, 당신은 그분 자신이 뜻하신 모든 일이, 그리고 그러한 일만이 필연적으로 발생한다는 것을 이해해야 한다. 그러나 그분의 의지에 선행하는 필연성은 아무 것도 없다. ... *si vis omnium quae fecit et quae passus est veram scrire necessitatem, scito omnia ex necessitate fuisse, quia ipse voluit. Voluntatem vero eius nulla praecessit necessitas (C.D.h. II 17*, Ⅱ 125, 28ff.).

성은 합리성을 앞서야만 한다. 만일 우리가 진리의 개념으로 돌아가서 문제를 다시 본다면 동일한 결과를 보게 된다. 안셀무스는 분명히 진리를 **올바름***rectitudo*이라는 용어를 사용하여 해석하면서도 올바름[50]을 그 용어 자체를 사용하여 해석한 것과 같이 하나님의 지식을 하나님의 의지에 하속하였다.

우리는 다음과 같이 요약할 수 있다.

13. 믿음의 대상에 대한 합리적 지식은 믿음의 대상에서 나오지만 그 역은 아니라는 것은 이성과 필연성의 평행적 개념을 사유하는 것에서 나온다. 이것은 믿음의 대상과 그것의 지식이 궁극적으로 하나님과 하나님의 의지에서 파생된 진리에서 나온다는 것을 의미한다.

14. 그러나 **필연성***necessitas*의 개념은 합리적 지식이 의미하는 바를 설명한다. 안셀무스는 합리적이라는 말을 쓸 때, 믿음의 대상 존재를 파악하는 능력인 존재의 힘과 법과 합치하는 특별한 존재의 합리성인 **믿음의 합리성***rationem fidei*을 포괄하려는 이유 (존재와 법의 일치라는 특수한 존재를 이해하는 능력의 수단) 가 있었다. 그가 하려하는 것은 이것이다. 즉 믿음의 대상의 토대가 되는 **필연성***necessitatem*을 인식하고(그것이 존재하지 않는다거나 다르게 존재하는 것이 불가능함을 인식하고), 믿음의

---

[50] *De conc. Virg. 3*: II 142f.; *De. Lib., Arb. 3*: I 210ff.

대상을 이성으로 인식한다. 믿음의 대상이 존재하지 않거나 다르게 존재하는 것은 불가능하다는 토대가 믿음의 대상에 있다는 것을 그는 계시받았고, 믿음 속에서 이를 확신하였다. 따라서 그의 출발점은 '존재할 수 있는 것'을 찾는 것이 아니라 '존재하는 것', 즉 '존재하지 않을 수 없는 것'을 찾는 것이다. 그가 인식하려는 '존재하는 것'은 정확히 말하면 '존재하지 않을 수 없는 것'이다. 믿음의 토대에 부합하는 앎에는 이성이 있어야만 한다. 즉 실체적 필연성에는 지적 필연성이 부합한다는 것이다. 그는 믿음에 기초한 확신 속에서[51] 지적 필연성에 이르는 길을 발견하였고, 오직 믿음을 통해서만 개념과 판단을 형성하는 인간 능력을 바르게 사용할 수 있고 그에 따라 바른 지적 합리성이(존재에 대한 이해와 법에 상응하는 특정한 존재) 있을 수 있다고 보았다. 이것은 실체적 합리성(믿음의 대상의 합리성)과 실체적 필연성(합리성과 믿음의 대상의 토대)에 부합할 수 있고, 지적 필연성(이성)에 빛을 던져 줄 수도 있다. 진리는 스스로 다스린다는 명제 아래, 안셀무스는 대상의 필연성과 합리성에 대한 우회적 주장으로 지적 필연성을 추구하는 지적 합리성을 이해하도록 성공적으로 이끌었다.

이 지적 합리성과 존재, 믿음의 대상의 특별한 존재를 인식하기 위한 안셀무스의 분투가 **구체적으로**_in concreto_ 어떻게 구현되었는

---

[51] [편주] A: 믿음으로, 오직 믿음으로만 의롭다.

지 지금 보아야 한다.

지금까지 보아온 이 문제를 다루는 그의 모든 태도에서, 그의 관심은 기독교 신조<sup>Credo</sup>의 특정한 조항을 묵상하는 것이라 볼 수 있다. 그 묵상이란 그 조항을 다른 조항들과 비교하고 연결하며, 다른 조항들이 그 조항을 조망하여 그것들이나 다음 조항과의 관계의 의미를 고민하는 것이다. 그는 이 모든 것을 믿음의 대상의 숨겨진 법을 반성으로서 인지하기 위한 의도로 한 것이고, 그는 다음의 사실을 인식할 수 있었다. 지적 이성은 그것이 존재론적 이성을 따르는 한 존재론적 이성에 이르게 된다.[52] 이 경우, 신조에 남아 있는 조항들은 지적 이성이 존재론적 이성을 앞서고 존재론적 이성이 그것을 발견하기 위해 따라야만 한다는 것을 강조한다.[53]

혹은 안셀무스는 이것을 완전히 다르게 – 최소한 때로는 부분적으로 – 생각했는가? 그는 진실로 개념과 판단(그것의 법과 동일한)을 형성하는 인간의 능력 안에서 존재의 법과 믿음의 대상의 특별한 존재를 추구했고 믿음과 함께 독립적 지식을 그 자체의 근거에서 추론할 수 있고 필수적인 것이라고 생각했는가? 따라서 그는

---

[52] 우리는 아마도 안셀무스가 그의 연구들의 묘사하기를 사용하려 연계시킨 조사(*investigare*)라는 단어의 문자적 의미를 생각할 수 있을 것이다.(*Monol. 1*: I 13, 14) – 조사(*investigare*)는 '추적해 가다'(냄새를 따라가는 개를 표현하는 말)를 의미한다.

[53] 따라서 그것은 다음을 의미한다. "이성의 인도와 이런 관찰에 따라" *ratione ducente et illo prosequente* (*Monol. 1*: I 13, 15f.).

자율적 인간 이성과 보편적 인간 경험의 정보와, 추론된 유사한 신조를 발견한 것이라기보다는, 보편적인 '사유의 필연성 Denk-notwendigkeiten' (파라오의 마술사와 비견할 만한)으로 그것을 창조한 이해를 발견하고 *inveniens intellectum* 이해를 추구하기 *quaerens intellectum* 시작한 것이 아닌가?

반복하지 않으려면 다음과 같이 말해야만 한다. 안셀무스의 이해함*intelligere*의 전제들, 조건들 그리고 그 본질에 대하여 지금까지 안셀무스의 글에서 성립한 것들은 일부분이라도 위의 입장을 받아들이는 것에 반대한다.[54] 또한 실제로 그의 글들은 위의 주장에 직접적인 반증을 한다. 우리는 안셀무스 스스로가 말한 그 과정을 기억할 수 있어야 한다. 예를 들어 그는 그리스어 이성적*rationabiliter*을 성자로부터 *filioque*에 대한 통찰로 보려 하였고 그들이 믿는 것을 믿지 않는 것의 증거로 적용하기 위하여 계속하여 이성적을 성자로부터에 대한 통찰로 보았던 것이다.[55] 그의 후기 작품 중 하나에서

---

[54] 위의 것은 안셀무스의 신학을 모호함의 미궁 혹은 미제로 빠뜨리게 하고 또한 전체적으로 볼 때 그의 글에 기초하고 있지 않다(놀라운 예로서, H. Reuter, *Geschichte der religiösen Aufklärung im Mittelalter*, Bd. 1, Berlin, 1875, S. 297f.). 그러나 문맥을 보지 않고 부분 부분의 단절된 조각을 가지고 그를 오해하기 쉽다.

[55] 그리스인의 믿음은 그들이 의심의 여지없이 믿고 고백하는 것을 주지만 나는 그들이 믿지 않는 것을 증명한다. *Graecorum fide atque iis quae credunt indubitanter et confitentur, pro certissimis argumentis ad probandum quod non credunt utar* (*De proc. Spir. Prol.*: II 177, 15ff.).

도 역시 그는 그의 임무를 다음과 같이 제한한다. 이성적과 성자로부터의 정당성을 모두 전제하는 것은 자유의지의 교리와 예정설이 일맥상통할 수 있다는 것을 증명하는데 필요하다.[56] 안셀무스의 것이라 추정하는 이성주의Rationalismus에 반대하는 가장 결정적인 증거는 앞에서 보았듯이, 그의 저술에서 써놓은 것이다. 내가 알고 있는 한, 말씀의 성육 혹은 하나님의 인성과 본성의 관계, 성부, 성자로부터의 성령의 도래, 동정녀 탄생과 죄의 유전 혹은 루시퍼의 타락에 대한 그의 입장을 밝히는 논거들이 보편적 진리에서 추론되었다는 의미에서 합리적이라는 것을 그 누구도 아직 밝히지 못했다. 그러나 안셀무스의 모든 연구를 통하여, 필연적 이성들 rationes necessariae의 근원은 선험적 신조Credo a priori를 그 내부로 환원하려는 철학자에게서 발견되는 것이 아니라[57] 다른 것에서 발견된다. 신조 안에서[58], 이번에는 이 조항 그리고 저번에는 저 조항을(X에 대한 지식 그리고 어느 정도는 오직 이성sola ratione만으로) 아는 것으로 믿음의 조항 a, b, c, d … 를 추정하고 이 연구에서

---

[56] 예정설과 자유의지가 하나만 있을 수 있고 두 가지가 동시에 존재한다고 보는 것을 보는 것은 불가능하다고 가정해 보자. *Ponamus igitur simul esse et praescientiam … et libertatem … et videmus utrum impossibile sit, haec duo simul esse* (*De Concordia. I 1*: II 246, 2ff.).*
* [편주] 예정론(*praedesrinatio*)과 자유의지(*liverum arvitrium*) 사이의 특별한 관계. Vgl. *De concordia. II*, II 260ff.
[57] [편주] A: 이렇게 들어가야 함. '말하자면'
[58] [편주] A: 그 안에

알려지지 않은 X는 필연적으로 나타난다. 개념을 형성하고 판단을 하는 능력을 가진 신학자는 논거가 출발하는 고정된 점을 정하는 일을 결코 할 수 없다. 오히려 신학자의 적절한 역할은 이미 정해진 것에서 선택하거나, 모순율에 근거한 논리에 따라, 그 X의 해결을 위해 필요한 정의, 결론, 차이점, 그리고 관계를 정리하는 것이다. 그리고 대상을 지배하는 것이 아니라 대상에 지배됨으로써 참된 지적 이성*ratio*, 즉 믿음의 대상의 실체적 이성에 대한 실재 인식을 성취하고 믿음의 이해 *fidei intellectus*를 얻는다. 심지어 이러한 점에 서 논란의 여지가 많다고 여기는 저작인 인간이 되신 하나님*Cur Deus homo*에서도 동일하다. 합리성 혹은 필연성이나 성육신과 그리스도 의 죽음의 증명의 기반이 되는 주요한 전제는 연속되는 다음 사항 들 사이에 있다. 신적 목적과 인류[59], 하나님께 순종하는 인간의 본성의 필연적 의무[60], 하나님 앞에서 영원한 죄[61], 죄를 부정하시 는 하나님의 신성[62], 자신을 구원하지 못하는 인간의 무능력[63], 그 리고 마지막으로 중요한, 모든 상황에서 하나님에게 맞는지 그렇지 않은지에 대한 기준을 판단하게 하는 - 아마도 어떤 이는 요구하라 고 말할 수도 있을 것이다 - 창조 교리에서 나타난 하나님의 영광

---

[59] *C.D.h. I 4*, 16~19, 23: II 1.

[60] *Ib., I 20.*

[61] *Ib., I 11*. 21; II 11. 14.

[62] *Ib., I 8*. 12~15. 24; II 20.

[63] *Ib., I 24.*

과 존엄성.[64] 그것들은 '합리적' 혹은 '필연적'[65]으로 나타날, X를-
이 경우는 기독론적 X[66] - 가리키는 a, b, c, d ⋯ 들이다. 이 입장은
모놀로기온[67]과 프로슬로기온의 2부에서는 더욱 분명히 드러난다.
프로슬로기온 2~4장까지는 아직 나타나지 않는다. 두 권의 책 모두
에서 안셀무스는 하나님의 존재를 - 특별히 골치 아픈 주제이다 -
다루고 있다. 이 책들에서[68] 그가 아직 선험 신학을 펼치고 있는지

---

[64] 하나님께는 조금이라도 부적절한 것은 인정될 수 없다. ... *in Deo quamlibet parvum inconveniens sequitur impossibilitas* (*ib., I 10*, Ⅱ 67, 4f.).

[65] 따라서 이 문제에 대한 연구는 - 성육신을 다루는 것만으로 제한된 것이 아니다. 제시된 다른 방법이 아닌 오직 성육신을 통하여 *non enim proposuimus tractare nisi de sola incarnatine* (*ib., I 10*, Ⅱ 67, 9f.) 안셀무스는 보소의 격려를 따르고, 동일한 방식으로 신조에 인접한 일정한 점들의 필연성과 합리성을 설명하는 안셀무스를 보소는 막지 않으며 종국에 다음과 같이 믿는다. "나는 신약과 구약에 기록된 모든 것이 우리가 논의해온 하나의 물음에 관한 답변을 확증해준다고 생각한다." *per unius quaestionis quam proposuimus solutionem, quidquid in novo veterique testamento continetur, probatum intelligo* (*ib., II 22*, Ⅱ 133, 4f.).

[66] 이미 다룬 '그리스도를 멀리하고 *remote Christo*' 로 묘사되는 것. 이것은 이러한 주제의 주안점이 그리스도의 사역과 인격의 필연성과 합리성의 정확한 증거이기에 이 경우 기독교 경험과 신조 그리고 성서에서 받아들인 공간은 채워져야만 한다는 것을 의미한다. 그것은 앞에서 언급된 것의 논거들은 이 경우 논외되어야 한다는 것을 의미한다.

[67] 나는 하쎄(F. R. Hasse)의 다음과 같은 진술에 동의할 수 없다(*Anselm of Canterbury*, Bd. 2, Leipzig, 1852, S. 114). "그의 첫 작품은 이해하기 가장 쉽다. 다른 작품들보다 깊게 고려하였고 더 단순하게 구성했거나, 더 주의 깊게 설명하였다. 반대로 모놀로기온에서 안셀무스는 갈팡질팡했다."

[68] 그 책들은 그가 벡의 수도원장을 하던 활동의 초반기에 해당한다

아닌지에 관한 질문을 심각히 제기할 것이다. 나는 방법론에서의 확실성의 부재를 논의하지는 않겠지만, 여기서 나는 그렇지 않다고 말할 수 있다. 안셀무스의 후기 작품들에서는 방법은(인간이 되신 하나님 *Cur Deus homo*에서 이것이 가장 분명히 나타난다) 반대 방향으로 나타난다. 그의 사상 전개에서 나타나는 이러한 심각한 결절에 대하여 안셀무스가 몰랐다거나 설명하지 않았다고 할 수 없다. 그러나 그의 편지와 글 어디에서도, 그 결론의 증거는 나오지 않는다. 내 생각에는 프로슬로기온에서는 분명하지 않게[69] 나타나지만, 모놀로기온에서 나타나는 모든 것의 토대[70]가 되는 믿음의 패턴을 언급함으로써, 하나님에 대한 모든 지식[71]의 비직접성 Indirektheit을 인식하고, 믿음의 대상[72]의 실재에 대한 불가해성을 고려하지 않는 고찰을 단호히 거부한다. 처음에 안셀무스 스스로가 하나님의 본성을 이해할 수 있다고 주장하였을 때, 그가 인식하지 못하였거나 그것을 믿지 않았기에 지금까지도 신조에 생소한 사람을 위해서 혹은 그 스스로를 위해서 믿음에 대한 지식을 대체할 무엇인가를 창조하려 했다[73]는 것을 의미하지는 않는다. 말씀을 붙들고 안셀무스

---

(1963~1978).

[69] [편주] A: 불명확하게

[70] *Monol, 64.*

[71] *Ib., 65.*

[72] *Ib., 76f.*

[73] *Ib., 1.*

는 믿음 없이도 얻을 수 있는 신적 존재를 이해하는 것과 그 방법을 모름에도 불구하고 수행할 수 있는 그 존재의 단언 사이의 건널 수 없는 차이를 남겨 두었다. 이러한 관점에서 그의 가르침은 시작되고, 다른 질문들에 대한 해답 역시 가능할 수 있을 때에만 가르치고 있다. '신 존재의 우주론적 증명'이라 잘못 명명되었을지라도 (토마스 아퀴나스의 기억 때문에[74]) 모놀로기온 1~6장의 전개는 이러한 방식으로 이해해야 한다. 가우닐로와의 토론 속에서 안셀무스는—이 세계에서 마주하는 상대적 선, 위대함, 실존적 존재의 종결적이며, 유일한 선, 위대함, 실존적 존재로의 상승—공개적으로 자신이 사용한 과정들을 *conicere*로 묘사하여 결국 어느 정도 실제로 **혹은 이렇게 존재하는가***sive sit in re aliquid huius modi*와 같은 질문을 열어놓은 채로 남겨 놓는다.[75] 그러나 그것은 하나님의 존재에 대한—그것을 명확히 하기 위하여—질문을 전제하여 하나님의 본성을 모놀로기온에서 해명해야만 한다는 것을 의미한다.(종교적으로 무지한 사람들이 이해할 수 있는 방식으로) 그러나 프로슬로기온 2~4장에서 문제가 된 하나님의 존재는 모놀로기온에서처럼 믿는 것이 아니라, 검증되어야 하는 것이다. 모놀로기온 1~6장 뒤에는 (7~8장에서 설명하는데) 무에서의 창조 교리가 나오고, 하나님의 속성의 교리[76](신플라톤주의적 서술로 설명함에도 불구하고) 뒤에

---

[74] [편주] *Summa theoligica I, q. 2, a. 3, crp., Opera omnia* IV, Rom 1888, s. 31f.
[75] *C. Gaun. 8*: I 137, 23f.

는 하나님의 전능성과 단일성에 대한 기독교의 고백이 있고, 하나님의 말씀의[77] 교리 뒤에는 우리가 논의하고 있는 로마 가톨릭 교회의 기독론이 자연히 자리잡고 있다. 만일 삼위일체의 교리를[78] 설명하는데 안셀무스가 인간[79]에 나타난 하나님의 형상으로 아우구스티누스의 삼위일체의 흔적(기억, 이해, 사랑) *vestigium trinitatis* (*memoria, intelligentia, amor*)을 최선의 근원적 지식으로[80] 제시한다면, 그것은 그가 계시받은 신학을 따르는 '자연신학'이 아니라 '성서적 복음주의 교리'를 의미한다. 프로슬로기온의 2부에서(모놀로기온과 겹쳐지는 부분과는 별개로) 안셀무스의 '이성주의 *Rationalismus*'는 그가 발견한 하나의 논증(사람이 그것보다 더 큰 것을 생각할 수 없는 그것) *unum argumentum* (*id quo maius cogitari nequit*)을 통하여 성취한 체계 속에서 추구되었다. 그러나 바로 이 논증 *argumentum*은 창조와[81] 하나님의 단일성과 자존성[82]과 결합될 때

---

[76] *Monol.* 15~24.

[77] *Ib., 9~14*, 29~37.

[78] *Ib., 29~65*.

[79] [편주] Vgl. z. B. A. Augustinus, *De Trintitate libri XV, XIV, 8, 11*, Corpus Christianorum. Series Latina (CChr. SL) LA, S. 436, 14-16: 자기 자신의 영혼을 기억하고 이해하고 사랑하는 것을 보라. 만일 이것, 즉 삼위일체를 인식한다면 하나님을 이미 알고 있는 것이다. *Ecce ergo mens meminit sui, intelligit se, diligit se. Hoc si cernimus, cernimus trinitatem, nondum quidem deum sed iam imagonem dei.*

[80] [편주] A: 분명히

[81] *Prosl. 3.*

다시 불가해한 것이 된다. 하나님[83]의 자비와 [죄에 대한] 용서 그리고 자비와 의로움의 관계를 숙고하는 것은 인간이 되신 하나님에 대한 질문에 답을 제시하고 하나님의 비밀과 불가완해성 Unbegreiflichkeit[84]은 다시 한 번 어떤 우연적인 목적론적인 구조로도 분석되지 않고 그 자체로 이성적이며 필연적인 계시의 실재를 상기하게 한다. 마지막으로, 우리는 알기 위하여 믿는다*credo ut intelligam*[85]를 상기할 수 있는데, 그것은(아우구스티누스의 것과는 달리) 도입부에는 대단히 명료하고 자신의 논거를 윤색하는 기도의 형식을 띄고 있다. 만일 이러한 문맥을 알지 못하고, 하나님에 대하여 말하려 했던 것들이 그가 받아들인 것이 아니라 자신이 창조한 것이라면, 이질적인 모순이 생기고 말 것이다. 그러나 그의 기술방식에서[86] 인상적인 점은 그의 필연적 철학 선배들(아우구스티누스, 플로티누스, 플라톤)을 언급한 것을 볼 때, 그의 증명 내용이 그들과 관계되는 한 그가 그들을 반박할 만한 절대적인 근거들

---

82 *Ib.*, 5.

83 *Ib.*, 9~11.

84 *Ib.*, 14~17.

85 [편주] Vgl. z. B. A. Augustinus, *In Iohannis evangelium traxtatus CXXIV, XL, 9*, CChr. SL XXXVI, S. 355, 5f.: 우리가 아는 것을 믿고, 우리가 믿지 못하는 것은 알지 못하기에 *Credimus enim ut cognoscamus, non cognoscimus nt ut credamus.*

86 이 점에 대해서는 다음의 서적 참조, A. Koyré, *L'idée de Dieu dans la philosophie de St. Anselme*, Paris, 1923.

은 찾아볼 수 없고, 안셀무스를 그들의 신학적 후예로 볼 수 있다는 점이다. 만일 여타의 다른 방법으로 이해한다면, 아직 다루지 않은 프로슬로기온 2~4장에서 제시한 하나님 존재의 증명은 완전히 모순될 것이다.

# 05 신학의 목표(증명)

연구를 시작하면서, 안셀무스는 마음속에 특정한 결과, 즉 자신의 신학이 논쟁적이고 변증적 결과를 가지고 있을 때, 그것을 증명하고자 했다는 것을 확인할 수 있다. 지식이 있는 만큼, 증거들을 제시할 수 있고, 증명은 가장 높은 지식을 성취하는 것이다. 그리고 안셀무스는 증명하기를 원한다.[1] 물론 그는 증명 이상의 것을 원한다. 우리가 보았듯이 그는 완성된 지식의 **아름다움**pulchritudo에 관심이 있다. 그러나 그는 여전히 증명하기를 원한다. 그의 사상은 그가 경외를 돌려야 하고 인간을 돌보시는 유일자와의 관계 속에서 완성된다. 모놀로기온에서 우리는 오직 토론과 논증만을 생각하는

---

[1] 예를 들어, 모놀로기온과 프로슬로기온에서 그의 후반부 진술에 따르면, 증명한다는 것은 신적 본성과 인격에 대한 믿음 *quod fide tenemus de divina natura et eius personis* (*Ep. De incarn. 6*: II 20, 18) 혹은 서방 필리오케(*De proc. Spir. I*: II 177, 16) 혹은 그리스도의 성육신의 필연성을 말한다(*C.D.h. II*: 22: II 133, 6).

**사람***persona secum sola cogitatione disputantis et investigantis*이라는 목소리를 듣는다.[2] 그러나 우리가 보았듯이, 대화 형식을 취한 것이 그가 홀로 그런 사고를 멈추었다는 것을 의미하지는 않는다. 이러한 이유에서, 그것은 중요하다. 그는 기독교 신조의 조항을 오해하고[3], 의심하며 이교도와 유대인 그리고 무종교인들과 논쟁이 되고 그렇지 않은 곳에서는 교회 안에서 논쟁이 되고, 그 조항의 근거를 찾는 것이 두려움 없이는 되지 않는다는 것, 그의 독자들도 그러하다는 것을 알고 있었다.[4] 이러한 상황을 다루어야 안셀무스의 '이해함*intelligere*'을 인식하고 나아가 증명함*probare*을 성취할 수 있다.

만일 여기서 우리가 '증명들'을 이해하려 한다면, 가장 먼저 보아야 할 것은 기독교 교리의 항목들 속에 담긴 진리의 이성*ratio veritatis*이다. 그것은 논의의 여지가 없으나 거꾸로 자기 증명적 토대를 구성한다. 안셀무스의 대화의 방식과 증명에 대한 욕구는 믿음과 불신앙, 즉 교회의 음성과 다른 여타의 음성이 동일한 권리를 가진다는 것을 결코 의미하지 않는다. 안셀무스가 이 특정한 대화 형식을 택한 것이 캔터베리의 주교가 이 논의를 위하여 잠시 그의 교회를 비웠다는 것을 말하지는 않는다.[5] 그리고 두 번째로, 대화의

---

[2] *Monol. Prol.*: I 8, 18f. ─ 내가 아는 한, 모놀로기온 1장에 따르면 이 외톨이 기독교 신학자는 비기독교적인 가능성을 가득 가지고 있었다.

[3] [편주] A: 그래서

[4] *C.D.h. Praef.*, II 42, 9ff.; *ib., I 1,* II 47, 2~48, 2; *ib., II 22,* II 133, 8; *Ep. De incarn. I,* II 6, 2f.

상대가 되어 질문을 던지는 척하는 보소는 안셀무스의 이해하기 위한 신앙*credo ut intelligam*에[6] 자신의 입장을 토대로 삼고 '가면'[7]으로서 '불신'의 입장을 취한 것을 설명하면서 신학에 대한 교회의 권위에 관심을 표명한다. 안셀무스와, 마르무티에의 수도승이며 『프로슬로기온』 2~4장의 비판자인 가우닐로의 관계는 정확히 동일하다. 가우닐로는 무신론자와는 거리가 멀다.[8] 그는 프로슬로기온의 모든 부분에 명시적으로 동의를 표명할 뿐만 아니라, 프로슬로기온

---

[5] 질문과 답변의 형식으로 진행되는 탐구의 방식은 많은 사람이 뚜렷하게 이해할 수 있고 납득할 수 있게 하는 이점이 있기 때문에 *Quoniam ea, quae per interrogationem et responsionem investigantur, multis et maxime tardioribus ingeniis magis patent et ideo plus placent* (*C.D.h. I 1*, II 48, 11ff.).

[6] *C.D.h.* I 1, II 48, 16ff. 안셀무스는 경건한 열심과 사랑으로 *ex caritate et religioso studio*부터 질문을 받는 가정을 하기 시작한다(*ib.,I 2*, II 50, 3f.).

[7] 불신자들의 표현을 사용하는 것에 대하여 양해를 부탁한다. 우리가 가진 신앙의 근거를 열렬히 탐구할 때에 그들의 반론을 숙고하는 것은 정당한 일이다. *Patere igitur, ut verbis utar infidelium. Aequum enim est ut, cum nostrae fidei rationem studemus inquirere, ponam eorum obiectiones* (*ib.,I 3*, II 50, 16f.). 당신은 아무것도 믿지 않으려 하는 이들의 입장에 서 있다. ... *accipis in hac quaestione personam eorum qui credere nihil volunt* ... (*ib.,I 10*, II 67, 1f.).

[8] 다음과 같은 그의 문장들이 모두 진지하다는 것을 명심하라. "나는 저 최고의 것, 즉 하나님이 존재하며, 존재하지 않을 수 없다는 것을 아무 의심 없이 이해한다." *Summum ...illud quod est, scilicet Deus, et esse et non esse non posse indubitanter intelligo* (*Pro insip. 7*, I 129, 15f.). *Cetera libelli illius tam veraciter et tam praeclare sunt magnificeque disserta, tanta denique referta utilitate et pii ac sancti affectus intimo quodam odore fragrantia...* (*Pro insip. 8*, I 129, 20ff.).

의 첫 장을 올바른 가르침*recte quidem sense*으로 묘사하고 심지어 거의 설득력이 없어 보이는 주장일지라도 그 모든 것에 동의할 수 있어야 한다고 생각한다.[9] 따라서 그가 논의하는 것은 신의 존재가 아니라 신의 존재에 대하여 안셀무스가 제시하는 증명인 것이다. 그는 또한 안셀무스가 명시적으로 확인한 것처럼, 어리석게*insipiens* 하는 것이 아닌 교회*catholicus*의 입장에서, 그것이 비록 교회에 대한 어리석은 이의*holicus pro insipiente* 입장일지라도[10], 기술을 한다. 따라서 교회의 어떤 부분도 위험에 빠지지 않게 되었다. 믿음의 객관적 합리성에 대하여 안셀무스는 질문을 던지려하거나 어떠한 설명을 하려고도 하지 않는다. 안셀무스 역시 객관적 합리성에 관심을 가져야 했다는 비난을 받았다. [그러나 그에게] 객관적 합리성에 대한 적절한 복음주의적 이해와는 별개로, 이해하다*intelligere*를 비롯한 신학적 논쟁과 변증에 대한 모든 질문과 답은 의미도 목적도 없었다. 다음과 같이 전제하며 말해야 한다. 즉, 하나님은 존재하고

---

[9] 위대한 존경과 찬미로 모든 것을 받아들여야 하는 *... omnia cum ingenti veneratione et laude suscipienda (Pro insip. 8, I 129, 24f.).*

[10] *C. Gaun. Prol.*, I 130, 4f. – 이 짧은 서문과 남아있는 안셀무스의 대답에서 볼 때, 다닐스가* 이 작품에 '어리석은 이에 반대하며(*Contra insipientem*)'이라는 제목을 붙이는 것은 완전히 불가하다(심지어 그렇게 볼 수 있는 원고가 남아 있었더라도 다닐스 서적의 3쪽에서 추론할 수 있는 그러한 것은 아니다). 이 제목은 안셀무스의 것일 수 없다.

\* P. Augustinus Daniels, *O. S. B., Quellenbeiträge und Untersuchungen zur Geschichte der Gottesbeweise im 13. Jahrhundert*, Münster, 1909.

지고의 존재이며 인간이 되신 삼위일체이시다. 안셀무스는 그 전제가 어떻게inwiefern 진리인지 논의하며 또한 믿음의 특정한 조항에서 '어떻게'에 대한 질문을 던지고 이에 대한 답을 하며 다른 모든 조항이 진리라는 전제를 출발점으로 삼는다. 따라서 만일 그가 스스로 모순되지 않았다면 그에게 이해하다intelligere는 분명히 증명하다probere라는 개념과 동일한 것이다. 그는 분명 '어떻게'에 대한 열정을 가지고 있었다. 다른 신학자들은 그 어려움을 인지하고 있었고 안셀무스 스스로도 더 많은 어려움을 심각히 인지하고 있었다. 그 열정은 적절한 것이고 중요하다. 그 열정은 심지어 가장 천박하며 우둔한 비판자들마저 무시하지 않으며, 발전해 나가면서 어떤 것도 설명하지 않은 채로 남기지 않으며[11], 형식적인 유비들convenientiae의 뜻을 단순히 밝히는 것에 만족하지 않는 이성적 탐구[12]로 보아야 한다. 이단 혹은 다른 종교로 인한 불신앙에서 비롯

---

[11] 나는 비록 탐구 중에 나에게 떠올랐던 단순하거나 거의 어리석어 보이기까지 하는 반론 중 어떤 것도 무시하고 넘어가고 싶지 않다. 내가 앞의 사실들에 대해 아무런 모호함도 남겨놓지 않는다면, 이어지는 것은 더욱 확실하게 나아갈 수 있을 것이다. 다른 사람에게 내가 관찰한 것을 설득하려면, 아주 하찮은 장애까지도 제거한다면, 아무리 둔한 지성을 가진 사람이라도 내용에 쉽게 접근할 수 있을 것이다. *Nullam vel simplicem paeneque fatuam obiectionem disputanti mihi occurentem negligendo volo praeterire. Quatenus et ego nihil ambiguum in praecedentibus relinquens certior valeam ad sequentia procedure, et si cui forte quod speculor persuadere voluero, omni vel modico remoto obstaculo quilibet tardus intellectus ad audita facile possit accedere* (*Monol. 6*, 1 19, 16ff., vgl. *ib.*, *Prol.*, I 7, 11f.).

한 불확실성, 즉 성서나 신조 속에서 하나님은 자신의 역할을 잘하시는가에 대한 불확실성, 계시를 거부할 것에 대한 심각한 고려, 이것들 중 어느 것도 안셀무스의 증명의 전제에 포함되는 것은 없다.

따라서 증명이 대상으로 하고 있는 이교도, 유대인 혹은 이단에 반대하는 이들에게는 특별한 의미가 있다. 안셀무스는 글을 쓸 때 자신의 전제인 기독교 계시를 거부하는 이를 염두하고 있었고 그에 반박하여 말하고, 그를 향해 말하고, 그에게 뭔가를 일러주거나 최소한 그를 침묵시키기를 바라면서 말한다. 분명, 안셀무스의 글 중 어떤 것도 현대적 의미에서의 '변증'으로서 외부인들을 직접 주목하며 쓴 것은 없다. 그가 염두하며 충족시키기를 원했던 독자는 바로 기독교 신학자, 더 정확히 말하자면 그와 동시대의 베네딕트 신학자들이었다.[13] 따라서 안셀무스의 신학은 비밀스러운 지혜가 담겨져 있는 것이 아니며 우리가 '일반적'이라고 말해야 하는 자신 속에 있는 희망의 이유를 묻는 사람*omni poscenti se rationem de ea quae in nobis est spe*[14]에게 설명을 해 나간다. 그것은 어느 정도 토론 상대의 역할을 부정하는 것이다.[15] 그러나 이것이 그가 반대자의 자리

---

[12] *C.D.h. I 3~4.*

[13] 다닐스(Daniels)의 책 112쪽 이하와 비교해 보라.

[14] *C.D.h. I 1*, II 47, 10f. [nach 1. Peter. 3, 15].

[15] 사악한 이들로부터 우리의 믿음을 이성으로써 보호해야 한다. *Fides ... nostra contra impios ratione defendenda est* (Ep. 136: III 280, 34f.). 나의 책자에 반

를 자신의 것으로 차지하려 했다는 것을 말하는 것은 아니다. 그는 그럴 수 없었고 그러지도 않았다. 그는 자신의 논쟁적이고 변증적인 기획을 체계화하자마자 — 이것은 현명하게 대답하고자 하는 우둔한 자들[16] *insipienter quaerenti sapienter respondere*[17] 혹은 얼마나 비이성적으로 우리가 경멸했는지를 이성적으로 보이는 자들 *rationabiliter ostendendum est, quam irrationabiliter nos contemnant*[18] — 현명하고 우둔하며, 이성적이고 비이성적인 서로 반박하는 토론에 참석한 이들이 서로 다른 두 가지 계획을 실행하고 있음을 명확히 인식하게 된다. 만일 이 구문에서 이성*ratio*과 같은 복잡한 개념을 안셀무스가 여러 곳에서 사용한 의미로 이해하지 않고 존재론적 유일자에 의해 조건지어짐 없는, 즉 최고의 진리*summa veritas*에 의해 궁극적으로 조건지어짐 없는, 다시 말해 계시와 은혜와 믿음 없는 18세기에 나타난 반변증법적이고 주체적인 의미로 이해한다면, 기독교에 대한 지식을 '순수이성'으로 제멋대로 짜깁기하여 불신자에게 신앙의 합

---

박하여 말했던 그 우둔한 이 *... ille insipiens, contra quem sum locutus in meo opusculo...* (*C. Gaun. Prol. I 130, 3f.*).

[16] [편주] A: 우둔한 이의 어리석음(*insipienti insipienter*) (*MPL. 158, 359*에서 동일하게 쓰이지만, 슈미트는 어리석음(*insipienti*)을 다룬다).

[17] *De casu diab. 27, I 275, 5.*

[18] *Ep. 136, III 281, 37f.*; 혹은 불신자는 훈련받아야 한다. 비이성적으로는 알지 못하는 것을 이성을 따라 나아간다. *ad ea, quae irrationabiliter ignorat, rationabiliter proficere* (*Monol. 1, I 13, 16*). 혹은 그(불신앙자)를 보호하려는 시도는 스스로 오류임을 나타낸다. *ratione ... qua se (sc. infidelis) defendere nititur, eius error demonstrandus est* (*Ep. De incarn 2: II 11, 7f.*).

리성*ratio fidei*을 설명하는 것을 포기하게 된다. 안셀무스는 어떠한 경우에도 자기 구속*Selbsterlösung*은 없다고 주장한 것과 같이[19] 비합리성 *irrationabilitas*과 합리성*rationabilitas* 그리고 우둔함*insipientia* 과 명석함*sapientia* 사이에는 그 무엇도 존재하지 않는다고 보았다. 반대로, 지적 합리성이 비합리성*irrationabilitas*에서 상승되고, 따라서 지적 합리성이 진리의 이성*vera ratio*이 될 때, 이것은 신앙의 이치 *ratio fidei*가 지적 이성을 밝히는 것이 진리의 이성*ratio veritatis*의 역할이 된다. 여기서 인간의 측면에서 우리가 할 수 있는 모든 것은 계시의 문서의 도움으로 지식과 양심에 최고의 것인 이 이성을 탐구하여, 그 이성이 스스로 반대자에 대하여 말할 수 있도록 탐구하는 것이다. 안셀무스는 이러한 인간의 역할[진리의 이성을 탐구하는 것]을 무시함으로써 신앙이 없는 이들이 고통을 받는다고 보았다. 신앙의 이치*ratio fidei*를 탐구하지 못하는 위치에 있고 누구도 그들을 위하여 그 일을 해주지 않음으로써, 불신자들은 기독교 교리의 말씀을 분명 듣지만 그 의미가 이성과 충돌하거나 역으로 이성이 그 의미와 상충한다.[20] 그들은 믿기 전에 이 이성에 대하여

---

19 깊이 상처 입고, 곤경에 빠져있으며 죽음과 질병을 가진 나는 하나님께로 돌아갈 수 없습니다. 오 은혜로운 하나님 나를 당신께로 이끄소서. 당신께로 가겠나이다. *Nec enim convertere me possum ad te tot et tantis vulneribus et aegritudinibus et morte ipsa depressus et impotens effectus. Sed tu, misericors Pater, converte me, et convertar ad te.*

20 그리스도교 신앙이 이성에 배치된다고 생각하여 이를 거부하는 불신자... [안셀무스: ... 모순된 ... 불신자...] *Infideles Christianam fidem quia rationi*

알고 싶어 한다.[21] 분명 이들의 입장을 본다면, 안셀무스는 그들을 돕고자 하지 않을 것이다. 만일 신학이 우둔한 이들*insipiens*에서 믿음을 지닌 이로의 변화를 가져오지 못하면, 신학은 역치된*rectus ordo* 믿음과 지식의 관계를 지식에 선행해야만 하는 권위에 복종하는 믿음으로도 풀 수 없게 된다.[22] 만일 변화가 일어나지 않고 복종이 없다면 안셀무스와 그들이 논쟁을 벌이는 사이에 남는 것은 양쪽 모두에게 도움이 되거나 동의하는 것이 불가능한 심연밖에 없게 될 것이다(양자의 입장에서 볼 때 그 두 가지 서로 다른 것을 동일한 언어로 표현하고 있다).[23] 모든 토론이 무의미하고 적절치

---

*putant illam repugnare respuentes ...* [Anselm: *... infidelium ... repuentium ...*] (*C.D.h. Praef.,* II 42, 10f.). 많은 사람은 하나님께서 이성에 반하는 것처럼 보이는 어떤 것을 하고자 하신다는 것을 인정하려 하지 않을 것이다. *Nequaquam enim acquiescunt multi Deum aliquid velle, si ratio repugnare videtur* (*ib.,* I 8, II 59, 12f.).

[21] 이성적인 근거 없이는 신앙에 동의하지 않으려는 이들 ... *qui nullatenus ad fidem eandem sine ratione volunt accedere* (*ib., I 3,* II 50, 17f.). 이성으로 입증하지 않는 한 아무것도 믿으려 하지 않는 자들 *...qui credere nihil volunt, nisi praemonstrata ratione* (*ib., I 10,* II 67, 1f.).

[22] *C.D.h. I 1,* II 48, 16.

[23] 예정론의 불가해성은 계시의 사실성에 상응한다. 안셀무스는 다음의 문구를 보았다. 세례의 은혜로 선발된 의로운 아이들과 그렇지 않은 의롭지 않은 아이들 모두 *mixtim et iustorum et iniustorum infantes ad baptismi gratiam eligi et ab ilia reprobari* (*De conc. Virg. 24,* II 167, 17f.) 그리고 다음의 문장에서 신비에 대하여 그는 어떠한 설명도 조언도 하지 않는다. "이것은 어떠한 식으로도 이해할 수 없다. 비슷한 악한 사람 중에서 어떤 사람들보다는 오히려 다른 사람들을 최고의 선하심으로 구원하길 원하시고 저 사람들보다는 이 사

못한 경우가 되어 토론의 상대가 우둔한 이로 남게 되는 불가해한 가능성 unerklärliche Möglichkeit이 존재하게 된다. 만일 안셀무스가 이 가능성이 있는 상황을 구체적으로 고려해야 했다면, 그가 할 수 있는 것은 분명 토론 상대자에게 인간적인 도움을 주기를 포기하는 것 이외에는 아무것도 없었을 것이다. 마지막 분석으로, 만일 이 상대자가 완전히 믿음을 가지고 있지 않은 사람이라면, 믿음을 가지고 있지 않은 믿음에 대한 지식 Erkenntnis der Glaubens에 관하여 안셀무스가 할 수 있는 것은 없을 것이다. 따라서 어리석은 질문 insipienter quaerere과 현명한 대답 sapienter respondere 또는 비이성적인 오류 irrationaliter contemner와 이성적 표식 rationaliter ostendere이 함께 양립하지만 공통되는 것은 없다. 이것을 인정하면, 그들은 오히려 [무의미한 토론으로 생긴] 모든 문제와 고심으로부터 자유로워질 것이다.

그러나 지금 우리는 안셀무스가 이러한 가능성이 있는 상황 Gegebensein jener Möglichkeit을 고려하지 않거나 최소한 의견을 내지 않았다는 사실은 대단히 놀라운 일이다.[24] 십자군의 목적과[25] 종종

---

람들을 지도의 의로우심으로 정죄하려고 하시는지를 말이다." ... *illud certe nulla ratione comprehendi potest, cur de similibus malis hos magis salves quam illos per summam bonitatem, et illos magis damnes quam istos per summam iustitiam* (*Prosl. 11*, I 109, 22ff.).

[24] 내 생각에 이것은 다음과 같이 두 번 등장을 한다. [보쇼] 그는 우둔한 이이다! [안셀무스] 그렇다면 그가 주장하는 것들은 무시받을 것이다. *quia insipiens est! ergo contemnendum est, quod dicit* (*C.D.h. I 25*, II 95, 20f.). 그리고

비교되는 안셀무스의 글들이 논쟁이 될 때는 대단히 온화하게 나타난다는 것은 자주 언급되었다.[26] 이것은 부분적으로 개인의 심리적 차원에서 이해할 수 있고 이해해야만 한다. 그러나 이 온화함에 더하여 조금의 반대의 여지도 없이 이해하기 위한 믿음 *Credo ut intelligam*과 예정설을 가지고 있었음에도 안셀무스가 불신자와 잘못된 신자들에게 증명하려 하였다는 것은 좀 더 실제적으로 설명을 해야 한다. (보소의 입을 통하여 다음과 같이 말한다) 그들이 이성적인 근거들을 찾는 것은 그들이 믿지 않기 때문이라는 것은 진실이며 반대로 신자인 우리는 믿기 때문에 그 근거를 추구합니다. 그럼에도 불구하고 그들과 우리 모두가 찾는 것은 동일한 것이다(*Quamvis enim illi ideo rationem quaerant, quia non credunt, nos vero, quia*

---

증명의 최고조에 이르는 부분에서 그렇다. (*Prosl. 3*, I 103, 11). 그러나 두 구문 모두에서 그것은 모두 거부된다.

[25] Z. B. Fr. Overbeck, *Vorgeschichte und Jugend der Mittelalterlichen Scholastik*, 1917, 228f. 안셀무스는 1094~1098년 사이에 『인간이 되신 하나님』(*Cur Deus homo*)을 썼고 우르반 2세는 첫 번째 십자군을 소집한다. 1099년 예루살렘은 함락된다.

[26] 거의 분노에 가까운 몇몇 예외적인 경우는 다른 특징으로 분류할 수 있다. ─ *Ep. De incarn I* (II 9, 20ff.)에서 그는 그와 동시대의 유명론적 철학의 맥락을 가진 이들에게 대단히 분노하여 말한다. *Ep. 136* (III 280, 26ff.)에서 그는 세례에 대한 그리스도교 이단을 이해할 수 없다고 말한다. *C.D.h. II 10* (II 108, 20ff.)에서 보소는 하나님은 왜 그와 같이 유혹에서 자유로운 인간을 창조하지 않았는가에 대한 질문을 던지며 토론의 시작이 된 자유의 문제 때문에 예리하게 비난 받는다.

*credimus: unum idemque tamen est, quod quaerimus)*.[27] 신자와 불신자가 의미하고 추구하는 것은 동일하다는 안셀무스의 인식은 놀라운 것이다. 그것은 무엇을 의미하는가? 신조*Credo*의 각각의 부분들의 상호 관계를 설명함으로써 안셀무스는 **이성을 추구함***quaerere rationem*의 믿음의 지적 합리성을 보이려고 하였다. 우리가 찾고 있는 것과 동일한 것 *Unum idemque est, quod quaerimus*이기에 안셀무스는 불신자들이 결여하고 있고 그렇기에 추구하고 있는 믿음의 이치가 자기 자신이 찾고 있는 것과 동일하다는 것이다. 이런 의미에서 그는 불신자들을 신뢰했다. 그들을 비난하는 것은 계시 그 자체가 아니다. 만일 그렇다면, 그들은 당연히 **어리석은 자들***insipientes*이며 어떠한 도움도 줄 수 없는 이들이 되고 말 것이다. 안셀무스는 이 가능성을 염두에 두며 그들을 짓누르지는 않았다. 그러나 그러한 계시의 문제를 뒤로 하더라도 계시의 구성 요건이 그들이 이해할 수 있는 범위를 넘어 있고(전체가 아닌 일부분이) 계시의 총체성이 그들에게 알려져 있지 않기에 그들은 계시를 받아들이지 못한다. 그들이 그 계시를 받아들이지 못하더라도 기독교 신학자는 무기력하지 않다. 안셀무스 스스로를 **믿음***Credere*에서 **이해***intelligere*로 나아가게 한 것과 동일한 동인이 그들에게도 있다는 것을 알 수 있어야 한다. 결국 그가 해야만 하는 것은 그의 토론자를 자신의 길로 인도하고 그가 추구하였던 질문에 대한 답을 그에게 주는 것이었

---

[27] *C.D.h. I 3*, II 50, 18ff.

다. 불신자의 추구에 대한 안셀무스의 이해가 위와 같다면, 우리는 그가 어떻게 보편적 인간 이성이나 토론자의 기준을 받아들이고 토론을 할 수 있으려면 먼저 신자가 되어야만 한다고 토론자에게 요구하지 않고 토론에 임하게 되었는가를 이해할 수 있다. 오늘날 교리적이라 부르는 신학적 객관성의 분명한 토대, 불신자도 충분히 토론할 수 있고 토론하길 원하는 그러한 토대를 안셀무스는 가정한다. 따라서 안셀무스는 자신의 토론 상대자를 자신의 토대로 이끌거나, 혹은 그 사람의 토대를 받아들여서 보소나 가우닐로와 같은 토론의 상대자로 대한다.[28] 안셀무스는 정말로 불신자들이 추구하는 것을 그렇게 해석했는가? 이것은 안셀무스의 글들의 실제 내용을 다시 검토해 보아야 알 수 있다. 한편 우리는 이렇게 말해야만 한다. "그렇다. 안셀무스는 그들의 추구를 이렇게 해석하였다." 우리는 안셀무스의 글속에서 불신자를 향하여, 믿음 그 자체를 탐구의 출발점으로 삼는 것이 아니거나, 또 다른 특별한 변증이 교리의 뒤를 이어 나와야만 하는, 즉 이러한 행위들이 스스로에 기반을 두거나 혹은 교리적 행위를 포함하는 명제가 먼저 유비적으로 혹은 간접 환원법적apagosisch으로 나타나는, '증명'의 한 문구를 발견할 수는 없을 것이다. 그러나 믿음의 이해에서 시작한 탐구는 심지어 그것이 내부[신자]를 위한 증명일지라도 외부[불신자]를 위한 증명

---

[28] 이것이 왜 그가 자신의 동료 신자인 보소를 불신자의 대표로 지목했는가 하는 이유이다.

이 된다. 불신자의 탐구는 단순히 시류를 따르지도, 신학적 작업으로 편입되는 것도 아니며, 종국에는 신자의 탐구와 실제로 동일한 것으로 볼 수 있다. 토론에서 안셀무스의 불신자 토론자가 등장하기 오래전, 안셀무스는 이성*ratio*과 신앙*fides* 사이의 불일치함*repugnare*을 분명히 폐기하려 했다. 지식을 결여한 채 자신의 신앙이 평화로이 되기를 허락하는 것은 안셀무스에게 불가능한 것이었다. 불신자의 어떠한 질문이 안셀무스에게 새로울 수 있었으며, 안셀무스의 어떠한 대답이 불신자가 할 수 있는 대답과 다를 수 있겠는가? 안셀무스의 증명은 신학자가 대중과 하나가 되거나 일반적인 대화 중 하나의 목소리를 내는 사람이 되는 것이 아니라, 세속인을 최소한 신학을 공유한 사람으로 보기에[29] 신학자와 세속인 사이의 연대감으로 그 역할을 한다. 따라서 그는 계시의 진리를 먼저 받아들이지 않고서도 자신이 어떻게 스스로 확신을 가지게 되었는지, 지식과 기독교 믿음의 근거를 얻게 되었는지에 대한 가르침을 불신자에게 약속할 수 있었다.[30] 비록 그것이 믿지 않는 것을 추구하는

---

[29] [편주] A: 신학이 ~에 있다.

[30] 우리가 하나님과 그의 창조에 대해 의심의 여지없이 믿는 다른 많은 것도 알지 못한다면 그가 그것을 듣지 못했거나 그것을 믿지 않거나 상관없이 나는 그 사람이 비록 평범한 재능만을 가지고 있더라도, 자기 스스로 그것들의 대부분을 오직 이성만으로도 확신할 수 있다고 생각한다. *Si quis … quae de Deo sive de eius creatura necessarie credimus, aut non audiendo aut non credendo ignorat: puto quia ea ipsa ex magna parte, si vel mediocris ingenii est, potest ipse sibi saltem sola ratione persuadere. Quod cum multis modis*

것 *quaerit, quia non credit* 일지라도, 기독교 교리의 가르침을 주는 조건 아래, 질문은 외부[불신자], 실제로는 방관자 zuschauerhaltung[31]에서 나오며, 그 불신자는 의심할 뿐만 아니라 부정하고 비난하기까지 한다! 그러나 이것은 정확히 이 사람을 위한 가르침이었다!

안셀무스의 신학은 단순하다. 이것이 그의 증명의 평범한 비밀이다. 안셀무스는 기독교 지식을 세속적 사유의 냉정한 빛을 피하려 신비로운 비전으로 만들려는 태도를 취하지 않았고 그렇게 하지도 않았다. 그는 자신의 신학이 외부[불신자]를 위하여 특별한 교정 없이 확신할 만하고 설득력 있는 것으로 믿었다. 만일 외부인 [불신자]에게 도움을 주고자 자신만의 논증보다 특별한 증명에 더 주력했다면, 그는 자신의 신학을 교란해 놓았을 것이고 더 이상은 그 자신도 자신의 신학에 확신하지 못했을 것이며 그 신학은 나쁜 신학이 되었을 것이다. 그리고 안셀무스는 세상에서 받은 것 이외의 것으로는 세상에 공헌할 수 없었을 것이다. 그 이유는 그가 할 수 있는 것이 없었거나 자신이 확신하던 증명 이외의 것은 알지 못했기 때문만이 아니라, 이 세상에 대한 책임을 지고 있고 최선의 것을 할 수 있기를 바라기 때문이다. 이 이유 때문에, 안셀무스는

---

*facere possit, unum ponam* … (*Monol. 1*, I 13, 5ff.). 그리고서 하나님 존재에 대한 우주론적 증명이 뒤따라 나온다.

[31] [편주] 바르트는 이것을 표현하면서 "역사학자 또는 이론가의 관객적 입장에서 고찰"을 이야기한 브루너(E. Brunner)의 어법을 차용한 것 같다(Die andere Aufgabe der Theloogie, in: Zwischen den Zeiten, Jg. 7(1929), S. 255-276).

신학에서 한 목표, 한 언어 그리고 하나의 질문만을 알고 있었다.[32] 그는 자신과 교회의 회중뿐만이 아니라 모든 이들에게 믿음을 이해시키려는 바람으로 증명함으로써 자신의 임무를 수행하였다. 그러나 그는 마치 계시와 교리에 대한 반대가 전혀 없는 것 같은 절대적인 신학적 중립성의 토대 위에서만 그 증명을 할 수 있다.

따라서 여기서 이 장의 결론인 마지막 비밀 명제가 드러난다. 안셀무스가 이 과정을 스스로를 위하여 단순화하였다고 말하는 것은 대단히 우둔한 것이어서 그 반박을 하는 데 긴 논증이 필요하지 않다. 안셀무스의 증명을 아는 사람은 그가 이 과정을 스스로를 위해 단순화하지 않았다는 것을 안다. 또 다른 가능성인 불신자의 토대 위에서 토론을 하는 것은 안셀무스에게 그것이 쉽든, 어렵든, 배제되거나 금지된 것이었다. 그것은 전혀 가능하지 않은 일이었다. 그러나 의심의 여지도 없이, 그의 전제에 대하여 다음과 같은 질문을 제기할 수 있고 제기해야만 한다. 안셀무스의 증명들이 불신자들, 즉 믿지 않고 추구하는 이들*quaerunt, quia non credunt*에게 이해되었고, 불신자들과 신학적 토론을 하는 것뿐만이 아니라 그들에게 믿음의 합리성을 확신하게 할 수 있다고 보았다면, 그는 스스로를 속이고 있는 것은 아닌가? 어떠한 불신자들을 염두하고 안셀무스는 그들이 좋건 싫건 신학의 영역으로 끌어들이려 한 것인가? 그의 이해

---

[32] 문제가 되는 것은 논쟁적 내지 논쟁술적 신학을 '교의적' 신학 옆에 나란히 놓으려고 하였던 브루너의 논쟁적인 암시이다, a. a. O., S. 259f. u. ö.

하기 위하여 믿음*credo ut intelligam*은 헌신되지 않은 이해의 가능성, 신학적이지만 기독교적으로 중립성을 지닌 회심되지 않은 신학의 가능성과는 상관없는 것이 아닌가?[33] 또한 이러한 그의 가르침의 최선의 결과는 사람들이 모든 것에 대하여 하나하나 의심하고 부정하고 경멸하는 것을 막지 못하고 기독교적 명제들의 내적 일관성에 대한 불필요한 정보일 뿐이지 않은가? 어떠한 의미에서 [토론의] 결과가 없다면 문제가 더 심각해진다는 것인가? 시작부터 증명을 하려는 모든 시도는 잘못된 것이고 비난받을 만한 시도이지 않은가? 또한 만일 안셀무스가 자신의 신학에 비밀의 학문 esoterischen Wissenschaft이라는 분명한 특징을 부여했다면, 그는 그의 목적을 더 진실하게, 잘 수행할 수 있지 않았을까? 이러한 질문에 우리는 다음과 같이 말한다. 신학의 역사를 볼 때, 신학의 발전에서는 신적 단순성 der göttlichen Einfalt이라는 왕의 길 *via regia*[34]과 가장 놀라운 속임수

---

[33] [편주] 이 어법은 루터적 정교 신봉의 교의교양(敎義敎養)까지 거슬러 올라가며, 이러한 교의교양은 CA VIII과 연결되고, 경건주의에서 증대된 중생한 이들의 신학(*theologia regenitorum*)의 요청과의 대결에서 신학자 오리게네스의 신학적 작업이 참된 것일 가능성을 강조하였다(D. Hollatz, *Examen theologicum acroamaticum, prol, I, q. 18*, Stagard (Pommern) 1707 [Nachdruck: Darmstadt 1971. S. 21f.]).

크벤슈테트는 처음으로 명시적으로 이러한 가능성을 인정받았고 다음과 같이 근거를 제시하였다. "하나님에 대한 지식을 탐구하는 신학자들은 성자들이 아니라 그들을 바르게 이끌어 가시는 성령님께 감사를 표해야 한다."(J. A. Quenstedt, *Theologia didacticopolemica sive systema theologicum, I, c. I, s. II, q. III, Ekth. V*, Wittenberg 1961, fol. 16).

는 언제나 평행하며, 그들은 털끝만한 차이로 구분될 뿐이다. 왕의
길과 신뢰할 수 없는 길 어느 쪽에 설 것인가는 어떠한 신학자의
주장에서도 분명하게 드러나지 않는다. 따라서 안셀무스 신학의 한
가운데서 가장 놀라운 속임수의 가능성을 발견한들, 우리는 놀라지
않을 것이다. 그러나 이 이유에서 처음에 가장 놀라운 속임수로 보
이는 것이 실은 악한 모습이 아니라 실체가 분명한 신적 단순성일
수 있다는 가능성을 알아야 한다. 이것이 안셀무스의 증명을 이해할
때 그의 신학 전반을 파괴하는 것은 아니다. 아마도 그는 불신자들
의 불신앙, 의심, 부정과 조롱이 그들 스스로 생각하는 것보다 더
심각한 것으로 가정하지 않았을 것이다. 아마도 안셀무스가 불신자
에게 증거로 호소하며 오직 믿음만을 신뢰한 것은 그 불신자가 믿음
이 없기 때문은 아닐 것이다. 아마도 안셀무스는 그 불신자가 신학
의 영역에 있는 것뿐만이 아니라 더 중요하게는 교회의 영역에 있다

---

[34] [편주] 한편 이 어법에 관하여 프로클로스 디아도코스가 전하는 이야기와 비
교. 거기서 그는 유클리드에 대해서 다음과 같이 보고한다.
언젠가 프톨레마이오스가 유클리드에게 물었다. "기하학을 초등학문보다 더
쉽게 터득하는 지름길은 없습니까?" 그러자 유클리드가 대답했다. "기하학을
쉽게 배우는 왕도는 없습니다." ... ὅτι Πτολεμαῖος ἤρετό ποτε αὐτόν, εἴ τίς
ἐστιν περὶ γεωμετρίαν ὁδὸς συντομωτέρα τῆς στοιχειώσεως ὁ δὲ ἀπεκρίνατο,
μὴ εἶναι βασιλικὴν ἀτραπὸν ἐπί γεωμετρίαν (Proklos Diadochos, *In Primum
Euclidis Elementorum Librum Commentarii*). 또한 이것에 관하여 헤겔의 정신
현상학, 총서 비교. 다른 한편으로 이 어법은 민수기 21장 22절의 그리스도론
적 수용과 비교할 수 있다. M. Luther, *Diui Pauli apostoli ad Romanos
Epostola* WA 56, 283, 7 및 해당 주석 비교.

고 보았다. 불신앙인에게 있는 어떠한 특질 때문인가? 타락도 없애지 못한 창조에서 불신앙인이 가진 주관적 이성*ratio*의 어떠한 힘 때문인가? 아니면 자연인으로서의 인간도 가지고 있는 불분명하고 일반적인 경건함 때문인가? 물론 이러한 것들은 안셀무스에게는 낯선 가능성이며 이성의 관점에서 보면, 고려할 가치가 없는 것이다. 그러나 아마도 안셀무스는 최고의 진리*summa veritas*로서 위에서부터의 깨달음과 깨우침을 주며, 한 인간 존재의 힘 너머에 존재하는 진리를 가르쳐주는 믿음의 대상에 대한 객관적 이성*ratio*의 힘 때문에 이 놀라울 만한 상상에 모험을 걸었을 것이다. 아마도 안셀무스에게 신학은 그리스도를 선포해온 만큼 설교자의 처음과 마지막 전제는 객관적 이성을 신뢰하는 것이고, 결국 죄는 전가될 수 없고, 죄인은 자신의 죄 그 자체가 아니라, 하나님에 대한 죄성에 죄책감을 가져야 하고, 과거의 청중의 비극적 불신앙*non credo*을 용납할 뿐만 아니라, 실제로는 요구하기까지 하는 유머를 이해하는 마음으로 우리의 임무로 나아가야 함을 설교해야 한다고 보았다. 안셀무스는 실제로는 "~처럼Als ob"이 전혀 아니지만, 최종의 결정적인 수단인 "더 큰 ~처럼grossen Als ob"이 되는 죄인을 죄 없는 이처럼, 비기독교인을 기독교인처럼, 불신자를 신자처럼 보는 것 외에는 그리스도교적 신앙*Credo*을 말할 다른 방법을 알지 못했을 것이다. 안셀무스는 회자되어 온 것과 같이 신자와 불신자 사이의 협곡에 남아 휴전을 찾은 것이 아니라, 십자군을 회상할 수 있을 정도로 불신자를 신자로, 그들을 동일하게 여기고 무기를 지닌 정복

자가 되어 그 경계를 뛰어 넘었다. 그러나 우리는 이 지점을 지나치게 확대해서는 안 된다. 단지 이것이 불신자에 대한 자신의 태도가 합리적이라고 보았던 안셀무스의 사유 방식이고, 스스로를 합리적이라고 속이지 않는다면, 증명에 대한 그의 태도는 우리의 것과 정확히 동일하다고 말할 수 있을 것이다.

# 제2부
## 하나님의 존재 증명

# 01 증명의 전제들

## 1. 하나님의 이름

프로슬로기온 2~4장에서 안셀무스는 하나님의 존재를 증명하길 원한다. 그는 하나님의 이름이 '하나님이 존재하신다Gott existiert' 가 필연이 되는 명제(즉 하나님은 존재하지 않는다가 불가능한 명제)를 전제로 하여 증명을 한다. 프로슬로기온 5~26장에서 그는 '하나님은 완전하시고 근원적으로 지혜로우시며 전능하고 의로우시다 등등'의 명제가 필연적이다(그 반대가 되는 모든 명제는 불가능하다)라는 명제로 하나님의 본성을 전제하여 증명하려 한다. 따라서 프로슬로기온의 그 두 부분[2~4, 5~26]에서 분석을 하는 명제 *argumentum*는 하나님의 이름을 전제한다.[1] 그것은 프로슬로기온의

---

[1] 논증은 그 어떤 강력한 반박되는 논증으로도 흔들리지 않는다는 것도 제시하였다. 이 정형의 의미는 자기 안에 힘을 가지고 있다. 곧 언급하는 것 자체가

저자가 서문에서 어떻게 하나님의 이름을 추구했고 그 추구를 포기한 뒤에, 어떻게 그것을 예상치 못하게 찾게 되었는지 말하는가와 관련된다.

프로슬로기온 2장의 첫 부분에서 처음으로 등장하는 이 이름은 다음과 같이 표현된다. 그보다 더 큰 것을 아무 것도 생각할 수 없는 그 무엇 *aliquid quo nihil maius cogitari possit*. 하나님의 이름을 표현하는 구체적인 형식은 프로슬로기온이나 가우닐로를 반박하는 글들에서도 정형화하지 않는다. 다시 말해 안셀무스는 그 무엇 *aliquid* 대신 그것 *id*을 쓰기도 한다. 더 나아가 그 이름은 명사형을 빼버리고 축약하기도 한다. 있는 *possit*은 *potest*로 대체될 수 있고 때로는 *valet*로도 가능하다. *Nihil*은 *non*으로, *nihil* 혹은 *non … possit* 혹은 *potest*는 *nequit*로, 그리고 자주 등장하는 *maius*나 *melius*로도 대체 가능하다. [하나님 이름의] 정형화 형식을 이해하려면 오직 이 마지막 대치가 중요하다. 제일 앞부분에서 등장한 그 형식의 문자적 의미는 분명하다. 그것은 불어로 다음과 같이 아주 쉽게 번역될 수 있다. '더 큰 것을 상상할 수 없는 것[2] un être tel qu'on n'en peut

---

존재한다는 사실을 필연적으로 이해하거나 생각하는 것 자체로 거꾸로 증명되는 힘을 갖는다. 그리고 하나님의 본질에 관해서 믿어야만 하는 것이 바로 언급한 것 자체가 되는 힘이 정형 안에 있다. *Tantam enim vim huius prolationis in se continet significatio (d. h. eben der vorausgesetzte Name Gottes), ut hoc ipsum quod dicitur, ex necessitate eo ipso quod intelligitur vel cogitatur et revera probetur existere et id ipsum esse quidquid de divina substantia oportet credere (C. Guan. 10, I 138, 30~139, 3).*

concevoir plus grand'3 혹은 '우리가 더 큰 것을 상상할 수 없는 그것 Quelque chose don't on ne peut rien concevoir de plus grand.'4 독일어로는 다음과 같이 가능하다. '더 이상 큰 것을 생각할 수 없는 무엇Etwas über dem ein Grosseres nicht gedacht warden kann' 여기서 '큰'은 나은 melis으로 대체할 수 있고 다양한 형식에서 볼 수 있듯, 기술된 대상에서 보편적으로 쓰이는 모든 속성을 의미한다. 따라서 정신적 속성이나 그 힘, 또는 내적이면서 외적인 가치나 그 존재의 형식의 궁극적인 위대함만큼 시공간과의 관계 속에서의 큼을 의미한다. 기술된 것 이상을 상상할 수 없는 '더 위대함'은 대단히 일반적인 것이어서, 이름보다도 더 뛰어난 것을 의미한다. 특별히 프로슬로기온 2~4장에서 나타나는 그 개념을 보면, 정확한 의미는 다음과 같다. 근본적으로 이름보다 더 높은 존재의 형태로 실재하는 존재. 이 이름의 문자적 의미를 충분히 이해한다면, 가장 먼저 알아야 하는 것은 그 이름이 의미하지 않는 것이다. 그 이름은 하나님은 인간이 더 높은 것을 상상할 수 없었던, 사실상 상상해온 것 중 최고의 것을 의미하지 않는다. 또한 하나님은 인간이 상상할 수 있는 최고의 것이라는 것도 의미하지 않는다. 따라서 그 이름은 전자의 실체

---

2  바르트의 제2판의 저자보존본에서는 'un être(존재)'라는 단어에 밑줄이 쳐져 있고 가장자리에 의문무호가 있다.

3  *Dictionnaire de théologie Catholigue.*  I,  Sp.  1351.

4  A. Koyré, Saint Anselme de Cantorbery, *Fides quaerens intellectum*, Paris 1930, S. 13.

와 후자의 가능성 모두를 거부하고 두 가지 모두에서 질문을 열어 놓는다. 그 이름은 기술하는 대상이 인간이 실제로 상상한 것이거나 상상할 수 있는 것과는 완전히 별개인 존재로 신중히 선택된 것이다. 그렇게 선택된 이름은 개념뿐만 아니라, 그 가능성은 근본적으로 표현되지 않는 조건에 근거하여 존재하는 것으로 나타난다.[5] 이 대상에 대하여 그 형식[이름]이 의미하는 모든 것은, 내가 이해하는 한, 다음과 같은 한 가지 부정이다. 그것보다 더 큰 것은 상상되지 않는다(모든 측면에서 볼 때, 그것을 뛰어넘을 수 있고 뛰어넘는 것은 상상할 수도 없다. 모든 측면에서 볼 때, 그 누구라도 그것보다 더 큰 어떤 것을 생각하자마자, 그것을 생각하기를 멈추었거나, 아직 시작하지도 않은 것이다). 다음과 같이 말할 수 있다. 여기서는 안셀무스가 하나님에 대한 개념으로 기술한 순전히 지적인 내용의 개념을 다룬다. 이것은 하나님이 누구인지 인간이 이해할 수 있는 것을 금하는 형태로 하나님이 존재하신다는 것을 의미하지 않는다. 이것은 하나의 순전히 개념적 정의이다 une définition purement conceptuelle.[6] 이 이름은 존재나 기술된 대상의 본

---

[5] 옥시르의 빌헬름(Wilhelm von Auxerre, 1232년 사망)이 그의 책 '안셀무스의 증명에 대한 논거'에서 안셀무스는 생각하다(*cogitari*)를 생각할 수 있는 (*excogitari*)으로 바꾸어 쓸 수 있다고 했는데, (Daniels, S. 27 ([편주] *Summa aurea in quattuor libros sententiarum. A subtilissimo doctore Magistro Guillermo Altissiodorensi edita*, Paris (Philippe Pigouchet) 1500 (Unveränderter Nachdruck: Frankfurt 1964), fol. III)) 그는 심각한 오해를 했다고 볼 수 있다.

질을 담은 명제를 포함하고 있지는 않다.[7] 따라서 어떠한 본질에 대한 명제들도 그 이름에서 분석을 통하여 유추해서는 안 된다. 만일 어떠한 경우 그 이름으로 하나님의 존재와 본질을 증명해야 한다면, 첫 번째 것과는 분명 구분되는 두 번째 가정은 필연적으로 하나님의 도우심으로 증명되는 하나님의 존재와 본질에 대한 사유와 지식을 전제하는 것Vorausgegebensein이다. 따라서 더 큰 것을 생각할 수 없는 것Aliquid quo nihil maius cogitari possit은 결코 후에 확장되는 하나님에 대한 교리의 집약된 형식이 아니라, 다양한 이름 가운데서 선택한 하나님에 대한 참된 기술significatio이 되는 유일한 이름이다. 이러한 분명한 목표 때문에 하나님에 대한 지식에 이르기 위하여 동일한 하나님의 계시를 분명히 가정해야만 한다. 예상할 수 있는 것은 안셀무스 신학의 기획과 일치하는 이 이름이 하나님의 이름과 그의 존재와 본질의 계시 사이에는 다른 것들과 구분되며 분명히 식별할 수 있는 연관성을 보여 주어야만 한다는 것이다.

무엇보다도 먼저 우리는 이 이름의 전제가 분명히 신학적 성격을 띤다는 것을 알아야 한다. 어떻게 이 명제가 소개되는가를 명심하라 - 우리는 당신이 그 무엇보다 더 크다는 것을 믿는다(et quidem

---

[6] A. Koyré, *L'idée de Dius etc.*, S. 203.
[7] 요한네스 벡캄(Johannes Peckham, 1292년 사망)이 안셀무스의 증명을 명제에서 도출한 정의*argumentum a definitione sumptum*로 인용했다면, 이것 또한 중요한 오해를 한 것이다(Daniels, S. 203).

*credimus te esse aliquid quo maius…*).[8] 이 말은 안셀무스가 나중에 제시한 하나님의 이 이름에 대한 반박, 즉 그 이름이 기독교인에게 알려지지 않았다는 것에 관한 다음의 결론 명제에서 다시 확인된다. 그 주장을 하는 것은 당신의 믿음과 양심에 잘못된 것이다(*quod quam falsum sit, fide et conscientia tua pro firmissimo utor argumento*).[9] 이 명제에서 지목하는 가우닐로의 믿음은 그가 하나님의 이 이름을 잘 알고 있고, 그의 양심은 이 이름을 가진 이를 잘 알고 있다는 것을 확인한다. 즉, 믿는 신자로서 가우닐로는 더 큰 것을 생각할 수 없는*quo maius cogitari nequit* 이가 누구인지 잘 알고 있다. 여기서 또한 프로슬로기온 서문에서 이 개념을 제시하는 안셀무스의 설명과 비교할 필요가 있다. 그는 이것을 다음에 찾을 수 있다고 때로는 영영 찾을 수 없을 수도 있다고 생각하며 자주 진지하게*saepe studioseque* 그것을 추구하였다. 결국, 그는 그것을 얻는 것이 불가능하다고 보아 그것을 고민하는 데 시간을 낭비하지 않으려고 그 시도를 포기하였다. 그러나 그가 그것을 포기하자마자, 영감이 떠올랐다. 어느 날 그 매정함에 맹렬히 저항하여 지쳤을 때, 그 생각의 싸움터에서 포기하였던 것이 그에 대한 생각을 열렬히 사랑하게 하도록 자신을 드러내었다(*Cum igitur quadam die vehementer eius importunitati resistendo fatigarer, in ipso cogitationum conflictu sic*

---

[8] *Prosl. 2*, 1 101, 5.
[9] *C. Gaun 1*, I 130, 15f.

116 | 제2부 하나님의 존재 증명

*se obtulit quod desperaveram, ut studiose cogitationem ample-*
*cterer, quam sollicitus repellebam).*[10] 이것은 안셀무스의 탐구에 대
한 학문적 보고서인가 아니면[11] 전형적인 예언자적 통찰력에 대한
경험적인 설명인가? 아마도 안셀무스는 하나님에 대한 칭호를 주
요한 교의<sup>Theologumenon</sup>나 하나님에 대한 인간의 보편적 깨달음[12]
의 일부가 아닌, 신조<sup>Glaubensatz</sup>로 보았을 수도 있다. 만일 안셀무
스에게 계시의 말씀과 함께, 동일하게 중요한 것에서 나온 결론이
있었더라면, 그것은 더 큰 것을 생각할 수 없는 이가 자신에 대하여
[계시의 말씀만큼 중요하게 생각하는] 권위 있는 문헌을 제시하는
증명을 허락하지 않을 것이라는 사실을 받아들이는 것이다. 따라
서, 그에게 이 신조는 자신의 생각에서 나온 것이 아니라, 주어

---

[10] *Prosl. prooem.*, I 93, 10ff. Vgl. auch die *Vita* des *Eadmer* [*lib.*], *I* [*cap.*] *2* [§],
*9* (*MPL.* 158, 55)
[역주] Eadmer (1093~1125)의 *Vita Anselmi*는 안셀무스의 인격과 공적 생활
을 기록한 책이다.

[11] [편주] A: 혹은

[12] 이 말은 후에 지속적으로 영향을 미쳤다. "안셀무스는 인간의 보편적 생각으
로 보아도 하나님은 [자신보다] 더 큰 것이 없는 분이라고 말한다." ...
*Anselmum, qui dicit, quod Deus secundum communem animi conceptionem*
*est quo nihil maius* ... (Bonaventura, Daniels, 38쪽 ([편주] *Commentarius*
*in I. livrum sententiatum, d. 7, p. 1, 4. 1, q. 2, Doctoris seraphici S. Bonavernturae*
*poera omnia, t. I*, Quaracchi 1882, S. 153)). "안셀무스는 보편적으로도 하나
님은 [자신보다] 더 큰 것이 없는 분이라고 주장한다." ... *arguit Anselmus*
... *Deus est secundum omnes quo nihil maius* ... (Joh. Peckham, Daniels,
S. 43).

진 것이라고 분명하게 말한다. 다시 말해 그가 하나님의 이름을 지었을 때, 그것은 한 사람이 다른 사람의 개념을 형성하는 것이 아닌, 창조자 앞에선 피조물과 같은 것이었다. 하나님의 계시의 능력에 의해 현실화되는 이 관계 속에서, 안셀무스는 하나님에 대해 생각하는 데에 다음과 같은 한계가 있다는 것을 알고 있다. 오류에 빠지지 않고서는, 믿음 없이 자신을 하나님보다 더 위에 위치시키지 않고서는, 그는 하나님보다 더 큰 것을, 정확히 말해 더 나은 것을 상상할 수 없다.[13] 더 큰 것을 생각할 수 없는 이 *Quo maius cogitari nequit*는 오직 자기 스스로를 형상화하는 개념으로만 나타난다; 이것은 하나님에게서 계시된 이름과 관련되는 한에서 사실이다.[14] 따라서 안셀무스가 하나님의 존재에 대한 증명에 착수했을

---

[13] 그 어떤 정신이 당신보다 더 나은 것을 생각할 수 있다면, 그것은 피조물을 창조자 위에 놓는 것이며 창조자를 판단하는 것이 되기 때문입니다. 이것이야말로 모순입니다. *Si enim aliqua mens posset cogitare aliquid melius te, ascenderet creatura super Creatorem et iudicaret de Creatore: quod valde est absurdum (Prosl. 3,* I 103, 4ff.).

[14] 후기 안셀무스의 증명을 다루었던 스콜라주의자 중 보나벤투라[a.a.O., S.155]와 토마스 아퀴나스[*Summa contra gentiles I 1, c. 10f.*, Texte zur Forschung 15, Darmstadt 1974, S. 30-36]는 특별히 안셀무스가 전제한 개념에 속한 것이 하나님의 이름 *nomen Dei* (Daniels, S. 39 u. 65f.)이라는 것을 정확히 보았다. 로마의 아이기디우스(Ägidius von Rom, 1316년 사망)의 글에는 후반부가 아니라면, 안셀무스의 의도를 가장 정확하게 해석할 수 있었던 다음과 같은 구문이 있다. 하나님의 존재를 입증하는 것은 하나님의 이름이 가리키는 것을 보여주는 것이다. *Demonstare Deum esse est declarare quid est quod importatur per hoc nomen Deus.* 후에 나오는 구문은 다음과 같다. 이를 증명

때, 그가 완전히 신학적 기획을 드러냄을 알게 된다. 그에게 하나님의 존재[15]는 당연히 신조로 주어진 것이다. 믿음으로 수용한 하나님의 존재를 인식해야만 하고 하나님의 이름이라는[16] 전제를 토대로 증명하고 나아가 하나님의 존재는 믿음으로 받아들이고 사유를 위한 필수 사항으로 이해해야만 한다. 따라서 여기서 하나님의 이름은 신조에서 수용된 a[17]이고 그 신조에서 X로 대표되는 하나님의 존재는 알려지지 않은 것에서, 알려진 더[18] 큰 것으로 변모해야만

---

하는 모든 측면을 볼 때 이것은 명확하다. *Quod patet ex omnibus demonstrationibus quae hoc probant* (Daniels, S. 76). 모든 측면에서 이름 *nomen*은 그에게 한 사람의 이름 *nomen personae*을 의미하지 않고 하나님의 본질적 이름 *nomen essentiale dei*을 의미한다. 그리고 이것이 보나벤투라와 토마스 아퀴나스의 입장이기도 하다. 그러나 안셀무스에게 더 위대한 것을 생각할 수 없는 존재 *quo maius cogitari nequit*는 한 사람의 이름으로서 역할을 하고 그러한 의미를 가지고 있다.

[15] 나에게 믿는 것과 같이 당신이 존재함을 이해하게 해주소서. *Da mihi, ut ... intelligam quia es, sicut credimus* (Prosl. 2, I 101, 3f.).

[16] 안셀무스의 증명에 대한 주요한 이 전제의 계시신학적 특징(offenba-rungstheologischen Charakter)에 대한 그의 언급들은 특히 토마스 아퀴나스가 자주 제시하였듯이* 하나님의 존재는 스스로 자명한 것인가? *Utrum Deum esse sit per se notum?* 라는 질문에 대한 답으로 이해할 때 간과하곤 한다. 안셀무스에게, 신학에서 스스로 자명한 *notum per se* 것은 없으며 믿음의 이름 아래 존재하지 않는 지식은 존재하지 않는다.

\* [편주] A: 이

[17] 믿음에 의해 수용되고, 또한 이미 하나님의 존재의 개념을 정의하는데 필요불가결한 하나님의 본질은 분명히 b의 지점으로 나아가기 위해 고려해야 한다. 신조의 c, d, e ... 지점들은 어느 정도는 눈에 띄게 나타난다.

[18] [편주] A: 더욱

한다. 하나님이 무엇인지 이해하는 사람은 하나님이 존재하지 않는다고 생각할 수 없다(*Nullus intelligens id quod Deus est, potest cogitare quia Deus non est*).[19] 신조의 이 지점에서 출발한 다른 지점인 하나님의 존재는 스스로를 믿음의 대상이 아닌(이미 그것을 전제하였기에) 이성적인 것이 되어야 한다. 하나님에 대한 이 특정한 이름의 발견, 즉 이 특정한 지점의 선택은 증명을 향한 발전으로 그를 이끄는 첫 단계가 된다. 그에게 이것이 대단히 중요하다는 것은 나중에 가우닐로에게 변증한 방식만큼이나 그의 발견을 말하는 서문에서도 나타난다. 우리는 다음의 것을 발견할 수 있다. 어떠한 경우에도 이 첫 단계는 특별한 신학적 사유의 한계에서 멀어지는 것이 아니라 오히려 신학적 사유를 향한다. 이 질문과 관계하는 만큼 지식을 향한 구체적 결합의 선택과 관련한다.

안셀무스의 증명에 규범이 되는 하나님의 이름에 대한 해석과 함께 그 첫 단계에 뒤이어 나오는 가우닐로의 두 가지 실수에 대한 논의를 결합하고 있다.

1. 가우닐로는 그의 응답 4~5장에서[20] 인간이 하나님의 이름을 들을 때, 인간은 [하나님의 이름에 대한] 어떠한 대응적 직관도 가지고 있지 않기에 [하나님의 이름에 대한] 어떠한 적절한 보편적 개념도 가지고 있지 않으므로 단순한 말 *vox*을 넘어서는

---

[19] *Prosl. 4*, I 103, 20f.
[20] [편주] I 126, 24 - 128, 13

하나님과의 관계 안에서 진리*rei veritas*를 얻을 수는 없다는 생각을 발전시켜 나간다. 이것이 하나님*Deus*이라는 단어일지 아니면 안셀무스의 공식 [더 큰 것을 생각할 수 없는 존재]인지와는 관계없이, 만일 단어가 가리키는 바를 다른 것에서도 얻지 못한다면, 그 말 자체는 그에게 하나님에 대한 어떠한 지식도 줄 수 없었다. 여기에서 안셀무스에게 분명한 영향을 미친 네 가지가 있다.

a) 하나님에 대한 지식의 가능성에 대해 회의적인 가우닐로는 하나님의 불가해성을 대표하는 인물로 나온다. 하나님에 대한 지식을 줄 수 있는 단어가 정말 있어야만 하는가? 하나님에 대한 인간의 언어는 불가해한 것을 이해하려는 욕망을 의미하며 어느 정도 의미 있는 인간의 상징보다 더 많아야 하는가? 그는 이러한 질문을 안셀무스에게 던진다.[21] 분명 모놀로기온 26~27장과 64~65장을 보기만 해도, 이러한 질문을 안셀무스에게 던지는 것이 무의미한 일이라는 것을 알게 된다. 또한 프로슬로기온 자체만 보더라도, 1장에서 다음과 같은 문구를 보게 된다. 그것에 제 지성을 비교하지 않습니다(*quia nullatenus comparo illi intellectum meum*).[22] 15장에서는, 그러므로 주님, 당신은 그것보다 더 큰 것을

---

[21] 신이 그것을(하나님과 유사한 것이 있을 수 없다는 것) 주장했던 것처럼 비슷한 다른 것에서 유추할 수도 없다. *Quandoquidem et tu talem asseris illam (sc. rem), ut esse non possit simile quicquam (Pro insip. 4, I 127, 3f.).*

[22] *Prosl. 1*, I 100, 16.

생각할 수 없는 것뿐만 아니라 생각할 수 있는 모든 것보다 더 큰 것입니다(*Ergo Domine, non solum es quo maius' cogitari nequit, sed es quiddam maius quam cogitari possit*).[23] 또한 16~17장에서는 믿음으로 하나님을 아는 이들을 위한 하나님의 총체적 은폐성das Gänzliche Verborgensein Gottes에 대한 놀라운 논증이 계속해서 나온다. 가우닐로가 이 구절들을 설명하지 못한 것은 안셀무스에게는 하나님의 불가해성에 대한 논증조차도 하나님의 이름이 신조라는 사실을 그가 인식하지 못했다는 것을 의미한다. 그렇다면 안셀무스는 어떻게 하나님이 불가해하다는 것을 알게 되었는가? 어떻게 하나님에 대한 인간의 모든 개념이 적절치 않다고 주장하게 되었는가? 분명 안셀무스에게 하나님의 본성은 믿음 안에서 믿음에 의해 생겨난다. 즉 믿음 안에서 우리는 지식을 얻고 믿음에 의해 하나님에 대한 호칭이 완전히 부적절하지만은 않은 상징 이상인 것으로 인식한다. 그 이유는 상징으로서의 호칭이 신의 본성에 대하여 아무것도 표현하지는 않지만, 오히려

---

[23] *Prosl. 15*, I 112, 14f.
이렇게 증명된다. "왜냐하면 이러한 종류의 것은 생각할 수 있기에, 만일 당신이 이러한 것이 아니라면 [더 큰 것을 생각할 수 없는 이가 아니라면], 당신보다 더 큰 것은 생각할 수 있는 것이 되기 때문입니다. 이것은 있을 수 없습니다." *Quoniam namque valet cogitari esse aliquid huiusmodi* (*sc. quiddam maius quam cogitari possit*): *si tu non es hoc ipsum, potest cogitari aliquid maius te: quod fieri nequit* (*Prosl. 15*, I 112, 15ff.).

그것을 따르면 믿음 속에서 받아들인 하나님의 본성에 대한 명제를(예를 들어, 하나님의 불가해성에 대한 명제) 필연적인 사유로 받아들이는 사유 법칙Denkregel의 체계를 세우게 하기 때문이다. 필연적 사유인 증명은 당연히 하나님의 불가해성의 그림자 아래에 머문다. 그 증명은 사유가 단순한 사변이 아닌, 그 속성에 의한 것이 아니라*per proprietate* 비유를 통한*per similitudinem* 것이라는 조건, 그 자체는 텅 비어있어 진리 그 자체로 위에서 채워지는 빈 형상leere Form이라는 조건 아래에 존재한다. 그러나 이 조건 역시 보호막을 가지고 있다. 즉, 모든 신학이 포함한 한계 속에서, 그 조건은 언제나 진리이고 불가침의 정당성이 있다. 우리는 가우닐로가 선호하는 하나님의 불가해성이 다름 아닌, 믿음에 토대하지 않았으며, 하나님에 대한 지식을 어떠한 것도 제공하지 않는 세속의 영지주의적 명제인지, 그 지식이 분명히 가져야 하는 중요한 힘을 진실로 지니었는지 진지하게 물어야 한다.[24]

b) 그러나 가우닐로는 하나님의 공허한 이름과 상호 작용하는 지식의 두 번째 요건을 가능하다고 본다. 만일 그가 안셀무스를 이해했더라면, 그는 안셀무스조차도 무에서 – 사실, **무로부터의 창조**creation ex nihilio! – 하나님의 존재와 본질에 대한 지식을 산출하지 않았을 것이며 오히려 프로슬로기온이 분명히 보여주듯이, 다른 출처에서 나온 지식의 요건은 – 진리의 내용의 측면

---

[24] [편주] A: 설명할 수 있어야 한다.

이 아니라, 지식의 내용의 측면에서 보면 알려지지 않은 것이며, 진리이지만 아직은 이해되지 않는 ─ 하나님의 존재와 본질에 대한 신조를 전제로 한다는 것을 알았을 것이다. 만일 안셀무스가 생각했던 것과는 대단히 다른 무엇인가를 그가 가정한 지식의 두 번째 요건으로 생각하지 않았다면, 가우닐로는 이러한 사실을 무시하지 않았을 수도 있다. 그가 하나님의 개념을 통하여 하나님의 존재를 알기 위해 논의의 여지가 없는 논증 *indubium aliquod argumentum*[25]을 요구할 때, 참된 진리는 스스로 더 위대함 *re vera esse alicubi maius ipsum*[26]을 확인하고 싶어할 때, 분명하고 의심의 여지가 없는 존재들 *res vere atque indubie existens*[27]인 모든 것보다 더 큰 본질 *natura maior et melior omnium*의 존재 *esse*가 증명되길 원할 때[28], 그가 말하려는 것은 다른 것에서 하나님의 개념을 충족시키며 이 개념으로 증명해야 하는 신조가 주어진다는 것을 의미하지 않는다. 다만 그는 상응하는 개념의 주어짐을 생각했을 뿐이다. 이 사실은 반대 입장에 대해 그가 제시한 예에서 나온 것이다. 누군가가 그에게 하나님을 아는 것에 대해 말을 걸었을 때, 그는 마치 그가 개인적으로는 모르는 특정한 사람을 아는 사람을 통하여 최소한 대략적으로는 아는 것처럼, 다른 근거를 통해 신을 알고 싶어했다.[29] 그리고 그

---

[25] *Pro insip.* 2, I 126, 9f.

[26] *Ib.*, 5, I 128, 12f.

[27] *Ib.*, 6, I 128, 31.

[28] *Ib.*, 7, I 129, 8f.

[29] *Ib.*, 4, I 127, 4ff.

는 알려지지 않은 하나님의 존재가 너무 먼 곳에 있는 것으로 보고 이에 대한 묘사를 완벽히 하지 않고 다만 사람들이 습관적으로 믿어온, 그 존재를 알지 못하는 섬으로 비유한다. 이것은 어떻게 안셀무스가 하나님의 불가해성을 논증했는가를 보여준다. 안셀무스가 생각해온 하나님의 이름 이외의 지식의 요건은 그에게 덜 중요하고 안심할 만한 것도 아니었다.

c) 사람들이 관련된 대상을 가지고 혹은 그것 없이 대상에 대한 개념을 형성하듯, 가우닐로에게 더 큰 것을 생각할 수 없는 이 *quo maius cogitari nequit*는 하나의 개념일 뿐이다. 따라서 그는 안셀무스가 지식의 타당성을 반박하는 논증을 하듯, 하나님의 불가해성을 논의의 장으로 끌어들인다. 그러므로 그는 안셀무스의 공식이 타당성을 지니기 위하여 관념으로 완성할 필요가 있다고 가정하였다. 그에게 단어 그 자체는 모든 측면에서 볼 때, '단순히' 단어인데, 그것은 대응 개념이 있을 때, 그 비어있음에서 벗어난다. 그러나 대응 개념이 하나님일 때는 제외가 된다. 여기서 가우닐로는 안셀무스의 다른 출처에 근거한 지식의 요건을 거부할 수 있었고, 하나님의 존재의 인식론적 타당성이 다름 아닌 공허한 단어*vox*라는 차원에서 이에 대한 믿음조항을 기술할 수도 있었음은 분명하다.[30] 단어가 '단순한' 단어에 머물지 않고, 인간의 논리를 따라 뇌에서 인식되고 라틴어로 표현한 무엇인가에 신적인 계시가 임한다는 것은 안셀무스와 달리 가우닐로에게는 완전히 이질적인 것이었다.

---

[30] *Ib.*, *6*, I 128, 14ff.

d) 가우닐로는 더 큰 것을 생각할 수 없는 이*quo maius cogitari nequit*와 하나님*Deus*이라는 단어가 인식론적으로 타당하지 않다고 기술한다.[31] 안셀무스의 공식을 세밀히 고려하지 않고, 그는 더 큰 것을 생각할 수 없는 이*quo maius cogitari nequit*와 하나님*Deus*이라는 단어는 공허한 말*vox*이고 하나님의 완벽한 본성을 타당하지 않게 정의한 것이라 보았다. 이것은 나중에 더 명확히 다룰 것이다. 말*vox*은 어느 정도 지적인 하나님이라는 말*vox 'Deus' aliquatenus intelligibilis*과는 구분되어야만 한다는 사실을 가우닐로는 그 말이 단순히 지적인 것이고 존재론적인 본질을 지닌 것이 아니라는 이유로 간과하였다. 안셀무스는 물론 다음과 같이 밝힌다. 주여 내가 당신의 높으심에 도달하게 하시지 않고 … 그러나 당신의 진리를 어느 정도라도 알기를 원합니다(*Non tento, Domine, penetrare altitudinem tuam … sed desidero aliquatenus intelligere veritatem tuam*).[32] 프로슬로기온에서는 하나님의 개

---

[31] 말하고 들었음에도 이것이 없다고 생각하는 것은 하나님이 없을 수 있는 것과 같은 방식이라고 믿어야 한다. *Vix umquam poterit esse credibile, cum dictum et auditum fuerit istud, non eo modo posse cogitari non esse, quo etiam potest (cogitari) non esse Deus* (*Pro. insip. 2*, I 126, 4ff.).

[32] *Prosl. 1*, I 100, 15ff. 이러한 이해의 대상이 생각될 수 있고 이해되면 생각과 지성 속에 존재한다는 것을 당신도 어느 정도는 생각할 수 있지 않은가? *Putasne aliquatenus posse cogitari vel intelligi aut esse in cogitatione vel intellectu, de quo haec intelliguntur?* (*C. Gaun. 1*, I 132 3f.). 만일 어떻게든 이해한 것을 언젠가 부인하면서 그것은 그가 한 번도 이해하지 못한 것과 같은 것이라고 하자. 그렇다면 그 어떤 지성에도 존재하지 않은 것이 의심스럽다는 것보다는 그 어떤 지성에라도 존재한다는 것이 의심스럽다고 하는 것이

넘을 볼 때 어느 정도*aliquatenus*가 인간 통찰력의 범위에서 양적 한계를 의미하지는 않는다. 그 이유는 하나님의 이름은 존재론적인 내용을 결여하고 있기 때문이다. 이때, 하나님의 이름에 대한 지적 묵상을 기술할 수 있을 뿐이다. 그 이름은 하나님을 그의 높으심*altitudine sua*이 아닌 큰 망설임과 머뭇거림으로 – 하나님을 그렇게 생각되어서는 안 되는 방식으로 생각함으로써 – 오직 자기가 생각할 수 있는[33] 범위 내에서만 생각할 수 있다. 그러나 하나님을 이러한 방식으로 생각해서는 안 된다. 이 가능성 – 하나님보다 더 큰 어떤 것이 생각될 수 있거나, 심지어 오직 생각될 수 있는 것으로서만 생각될 수 있다 – 은 하

---

증명하기 더 쉽지 않겠는가? 이 때문에 더 이상 큰 것을 생각할 수 없는 것을 듣고 이해하였지만 하나님의 의미는 생각할 수 없다고 하면서 하나님을 부인한다는 것은 믿을 수 없다. 만일 전혀 이해할 수 없기에 부인하더라도 아무런 방식으로도 이해하지 않는 것보다 그 어떤 방식으로라도 이해하는 것을 증명하는 것이 쉽지 않겠는가? *Aut si aliquando negatur, quod aliquatenus intelligitur, et idem est illi quod nullatenus intelligitur: nonne facilius probatur, quod dubium est, de illo quod in aliquo, quam de eo quod in nullo est intellectu? Quare nec credibile potest esse idcirco quemlibet negare 'quo maius cogitari nequit' quod auditum aliquatenus intelligit: quia negat 'Deum', cuius sensum nullo modo cogitat. Aut si et illud, quia non omnino intelligitur, negatur: nonne tamen facilius id quod aliquo modo, quam id quod nullo modo intelligitur, probatur?* (*ib.*, 7, I 136, 27~137, 3).

[33] 내가 어리석은 자에게 하나님이 계심을 증명하기 위해서 '더 이상 큰 것을 생각할 수 없는 것'을 제시하였다. 이유는 하나님은 전혀 이해되지 않더라도 이것은 어떤 방식으로든 이해되기 때문이다. ... *contra insipientem ad probandum Deum esse attuli 'quo maius cogitari non possit', cum illud nullo modo, istud aliquo modo intelligeret* (*C. Gaun.* 7, I 137, 3ff.).

나님의 계시와 믿음의 관계에 의해 없어져 버리고 만다. 이와
같은 생각에 연연해온 사상가에게 주님의 계시된 이름- 더 큰
것을 생각할 수 없는 분*quo maius cogitari nequit*을 받아들이기 어렵
다.[34] 신학은 이러한 질서를 따르고 있기에, 믿음의 지적 **합리성**
*ratio*이 믿음의 대상의 합리성을 따르고 결과적으로 존재론적
합리성을 따르기에, 신학은 하나님의 이름을 신념으로서 받아
들이고 모든 이들을 위하여 그것을 전제하기에, 그 이름은 믿음
의 지적 필연성(이것은 그 이름이 가리키고 있는 하나님의 완
벽한 본성과 존재를 부정하는 것이 불가능하다는 것을 의미한
다)을 존재론적 합리성과는 불가분의 관계인 존재론적 필연성
을 통하여 조망할 수 있다. 이러한 의미에서, **프로슬로기온**
*Proslogion*에서 하나님의 개념은 바로 그 한계 때문에 인식론적
타당성을 지닌다. 안셀무스에 따르면, 하나님의 이름이 그가 가
지고 있는 하나님에 대한 개념과 동일한 것이 아니기에 어느
**정도***aliquatenus*를 **결코 아닌***nullatenus* 혹은 하나님의 이름에 대
한 지식의 타당성을 부정하는 것으로 여기는 것은 우리의 눈이
태양의 광선을 볼 수 없기에 햇빛을 볼 수 없다고 주장하는 것
과 같다.[35] 무엇인가를 아무것도 아닌 것으로 만든 이러한 터무

---

[34] *Monol.* 15 (I 29, 17ff.): 실체가 최고 본성이 아닌 것이 어떤 방식으로든 그
실체보다 더 좋은 것이라는 생각은 옳지 않다. *nefas est putare, quod
substantia supremae naturae sit aliquid, quo melius sit aliquomodo non
ipsum.*
[35] 만일 당신이 정확하게 이해되지 않는 것을 이해되지도 않고 지성 안에 있지도
않다고 말한다면, 차라리 순수한 태양 빛을 정확히 볼 수 없는 자는 빛이 있어

니없는 오해 때문에 안셀무스를 비난해서는 안 된다.

2. 가우닐로는 지속적으로 안셀무스의 공식을 그렇게 이해하였고 많은 구문에서 마치 안셀무스가 실제로 프로슬로기온에서 무엇보다도 더 큰 존재*Aliquid, quod est maius omnibus*라는 문구를 쓴 것처럼 인용을 한다. 안셀무스는 왜 이러한 곡해에 지나치게 온화하게 대응했고[36] 모든 것을 혼돈에 빠지게 하는 반대자, 가우닐로에게 보낸 서신의 마지막에서 가우닐로의 선의를 인정한다는 사실에 우리는 대단히 의아할 것이다.[37] 가우닐로의 과오는 안셀무스가 『프로슬로기온』에서 사용한 공식이 단순히 특정한 내용을 담고 있을 뿐 아니라 그가 『모놀로기온』에서 아우구스티누스와 연관지어 사용한 정의들과는 다른 내용을 담고 있음을 알지 못한 데 있다.[38] 만일 안셀무스의 새로운 논증과 동일한

---

야만 존재하는 한낮의 빛을 보지 않은 것이라고 말하라. *Quod si dicis, non intelligi et non esse in intellectu, quod non penitus intelligitur: dic quia qui non potest intueri purissimam lucem solis, non videt lucem diei, quae non est nisi lux solis (C. Gaun. 1, I 132, 5ff.).*

[36] 나의 모든 말 가운데서 그러한 형식은 찾아볼 수 없다. … 당신의 비난은 정당하지 못하다. *... nusquam in omnibus dictis meis invenitur talis probatio… iniuste me reprehendisti dixisse quod non dixi (C. Gaun. 5, I 134, 26f; 135, 22f.).* 모든 말*Omnia dicta*이라는 표현으로 프로슬로기온에서는 가우닐로가 언급하는 점을 인정하지만, 모놀로기온에서는 무엇보다도 더 큰 *maius omnibus*을 하나님의 존재 증명에 적용하지 않는 한에서만 가우닐로의 언급을 인정한다.

[37] 지복(*Benevolentia*). (*C. Gaun. 10, I 139, 11*)

[38] 가우닐로가 분명히 숙지한 모놀로기온에서의 하나님의 개념은 다음과 같다. 더 위대한, 더 큰, 최고의 … *aliquid … maximum et optimum, id est summum*

*omnium quae sunt* (*Monol. 2*, I 15, 22f.). 그 최고 실체는 필수적으로 그것이 아닌 것보다 완전히 더 좋은 것이다. ... *necesse est, ut sit* (*sc. substantia supremae naturae*) *quidquid omnino melius omnino est, quam non ipsum* (*ib.*, 15, I 29, 19). 하나님은 하나님이 아닌 모든 본성을 뛰어넘는 어떤 실체 *aliqua substantia quam censet* (*sc. homo*) *supra omnem naturam, quae Deus non est* (*ib.*, 80, I 86, 20f.). 문자적으로는 아니지만, 가우닐로는 이것을 '무엇보다도 더 위대한 *quod est maius omnibus*'이라 말했다. 이러한 측면에서 아우구스티누스는 다음과 같이 말했다. 하나님보다 더 위대하고 더 높은 어떤 것이 있다고 생각할 수 없다. (*Deus*) *ita cogitatur, ut aliquid, quo nihil sit melius atque sublimius, illa cogitatio conetur attingere* ... 따라서 하나님은 상상할 수 있는 가장 위대한 존재이다. − 아마도 이것은 안셀무스가 나중에 자신의 공식을 형성한 동기부여가 된 문구일 것이다. − 다음의 문구는 아우구스티누스의 것과는 차이가 있을 것이다. ... 하나님보다 더 위대한 것이 있다고 믿는 이를 찾아볼 수 없다. ... *nec quisquam inueniri potest, qui hoc Deum credat esse, quo est aliquid melius* (*De. doctrina. Christiana, I 7* ([편주] A. Augustinus, De doctrina christiana libri IV, I, 7,3-4.20-21, CChr. SL XXXII, S. 10)). 이 두 번째 문구에서 아우구스티누스와 안셀무스의 차이를 볼 수 있을 것이다. 이것은 다음의 문장과 같은 맥락이다. 나는 분명히 그 무엇도 그 위에 세울 수 없는 하나님에 대해 고백할 것이다. *Hunc plane fatebor Deum, quo nihil superius esse constiterit* (*De lib. arb. II 6, 14* ([편주] A. Augustinus, De libero arbitrio libri tres, II, 6, 14, 48-49, CChr.SL XXIX, S.247)). 다음의 문장에서 안셀무스와 아우구스티누스의 관계가 정리된 것을 볼 수 있을 것이다. "신성한 실체에 관해, 존재하지 않기보다 존재하는 게 더 좋다고 절대적으로 생각할 수 있는 모든 것을 우리는 믿는다." *Credimus namque de divina substantia quidquid absolute cogitari potest melius esse quam non esse* (안셀무스는 여기서 아우구스티누스와 의견을 함께 한다). "그보다 더 큰 어떤 것이 생각될 수 없는 그 어떤 것도 이렇게 존재할 수 없다. 따라서 그보다 더 큰 것이 생각될 수 없는 것이 존재하는 것은 필연적이다. 따라서 하나님의 존재를 믿어야만 한다." *Nihil autem huiusmodi non esse potest, quo maius aliquid*

정의가 과거에도 발견된다면, 안셀무스가 프로슬로기온 서문에서 새로운 논증*argumentum*을 찾고자 할 때의 불안감과 그가 발견했다고 말할 때의 기쁨을 설명할 수 없다. 다음의 문구에서, 그가 찾고 있던 새로운 논증이 얻으려 하는 것을 밝힌다. 말하자면 하나님의 존재와 본질을 증명하는 것은 하나의 논증 *unum argumentum*으로 충분할 것이다.[39] 그리고 분명히 그 논증은 증명될 수 있다. 따라서 하나님의 본질은 다음과 같이 정리된다. 하나님은 홀로 자신의 존재와 선한 존재를 위하여 모든 것을 요청하는 유일한 최고의 선이 되신다(*summum bonum nullo alio indigens et quo omnia indigent ut sint et bene sint*[40]). 그러나 이것은 이 하나님의 존재와 본질이 증명된다는 전제하에 하나님의 이름이 형성되어야만하고, 하나님의 존재와 본질을 믿지만 증명되지 않기에[41] 그것을 완성하는 것은 이 이름을 생각하거나 표현하는 것으로 충분하다는 것을 의미한다.[42] 안셀무스의

---

*cogitari non potest. Necesse igitur est 'quo maius cogitari non potest' esse, quidquid de divina essentia credi oportet* (여기서 안셀무스가 아우구스티누스에게서 독립해 있다는 것을 보게 된다).

[39] *Prosl. prooem..* (I 93, 6ff.). 그는 모놀로기온을 이름하여 여러 논증을 한데 묶어서 이룬 것 *multorum concatenatione contextum argumentorum* (*ib.*, I 93, 5)이라 부른다.

[40] [편주] Vgl. *Prosl. prooem.*, I 93, 8f.

[41] 증명의 주제를 선수용함(Vorausgegebensein)은 먼저 전제한 이름의 자존성 (Aseität) 때문에 자연히 배제할 수 없다.

[42] 그 증명을 위하여 자신 이외에는 다른 것을 요하지 않는 하나의 논증 *... argumentum, quod nullo alio ad se probandum quam se solo indigeret* (*Prosl. Prooem.*, I 93, 6f.). 후자는 더 이상 큰 것을 생각할 수 없는 것이 자신

앞의 입장에 상응하는 가우닐로의 공식인 무엇보다 더 큰 존재 *Quod est maius omnibus*는 이러한 조건에 부합하지는 않을 것이다. 이것은 안셀무스가 신중히 선택하고 강조한 지적 용어를 실체적 용어로 단순히 역번역Rückübersetzung한 것이다. 또한 무엇보다 더 큰 존재*Quod est maius omnibus*인 그것, 협의적 의미의 더 큰 것을 생각할 수 없는 존재*Quod maius cogitari nequit*는 하나님의 이름이나 칭호가 될 수 없고 하나님의 본질에 대한 간략한 윤곽Umschreibung이다. 모놀로기온의 다양한 구문에서[43] 안셀무스는 하나님의 존재를 믿는다고 주장하지만 그것을 증명하지는 않았다는 사실은 우연이 아니다. 모놀로기온에서 하나님의 개념에 기초하여 이러한 증명을 하는 것이 불가능함은 나중에 얻은 통찰일 것이다. 그것은 가우닐로에 보내는 답변에서[44] 공식적으로 나오며 무엇보다 더 큰 존재*quod est maius omnibus*는 존재하지 않는 것으로 생각할 수 있다는 사실에 기초한 것이다. 그러나 전제된 개념이 그 가능성을 제외시키지 않는 한, 그 개념을 전제하고서 하나님의 비존재를 상상할 수 있는 한, 이 개념은 증명에 걸맞지 않다. 그 이유는 하나님의 존재의 증명은

---

에게서 자신을 통해서 검증하는 것과 같다. ... 자신에게서 자신을 통하여 더 이상 큰 것을 생각할 수 없는 것을 증명한다. ... *in isto vero (sc. argumento) non est opus alio quam hoc ipso quod sonat: quo maius cogitari non possit ... de se per seipsum probat 'quo maius nequit cogitari'* (*C. Gaun. 5*, I 135, 19ff., 또한 *C. Gaun. 10*, I 138, 30ff.).

[43] Explizit *Monol. 6*, implizit *ib.*, *31* u. *34*.

[44] *C. Gaun. 5*, I 134, 27ff.

그 존재가 필연적 사유(사유되지 않는 것이 불가능한 것)라는 것을 보일 때에만 논의가 가능하기 때문이다. 그러나 동일한 상황에서 안셀무스는 다음과 같이 말한다. 그 개념은 하나님의 이름을 믿는 것을 증명하는데 충분하지 않으며 그런 이유로 무엇보다 더 큰 존재 *quod est maius omnibus*는 하나님보다 더 큰 것 *maius eo*을 상상할 수 있는[45] 최소한의 가능성을 배제하지 않는다.[46] 그러나 이러한 가능성을 배제한다는 것도 근원적으로 완벽한 하나님의 본질을 실제 증명으로 완성되어야만 한다. 분명 가우닐로는 안셀무스가 프로슬로기온에서 소개한 새 공식을 실체적 용어로 잘못 번역하였다. 하나님을 생각하는 법칙으로서 엄숙한 특성을 지닌 증명이 새 공식과는 차이가 있고 이를 바탕으로 가우닐로가 안셀무스의 증명을 받아들일 수 없었다는 것은 그리 놀라운 일이 아니다. 안셀무스가 의도했던 바는 그 공식을 타당한 것으로 만드는 것이었다. 가우닐로는 이 개념을 사용하여 증명이 불가능하다는 것을 안셀무스에게 전하려

---

[45] [편주] A: 격자체로 쓰임
[46] 누군가가 모든 존재하는 것보다 더 큰 것이 있다고 말한다면, 어떻게 이것을 없다고 생각할 수 있으며 더 큰 것을 생각할 수 있는가? 그러므로 그것은 존재하는 모든 것보다 큰 것이 아니다. *Quid enim: si quis dicat esse aliquid maius omnibus quae sunt et id ipsum tamen posse cogitari non esse et aliquid maius eo etiam si non sit posse tamen cogitari? An hic sic aperte inferri potest: non est ergo maius omnibus quae sunt ...?* (*C. Gaun. 5*, I 135, 14ff.). 프로슬로기온뿐 아니라 후기 작품인 하나님의 본성의 증거를 제시하는 **진리론**(*De verit. 1*: I 176, 12)에서도, 그가 사유하는 것이 불가능하다 *impossible est cogitare*는 결론을 내린 것을 볼 수 있다.

할 때 그는 또 한 번 허튼짓을 한 셈이다.[47]

안셀무스가 수행한 무엇보다도 더 큰 존재*quod est maius omnibus*에 대한 증명의 비타당성은, 마치 하나님의 이름[48]이 자기 충족성을 지니고 있지 못하고 그 주체의 본질에 이득이 되지 않는다는 두 번째 고려와 대단히 상응한다. 무엇보다 더 큰 존재*quod est maius omnibus*를 증명하기 위해서는 그 자체에 포함되지 않는 전제를 필요로 한다. 최고가 되기 위하여[49] 스스로를 넘어 가장 높은 봉우리로 향하는 모든 것*omnia*의 존재와 본질을 먼저 전제해야만 한다. 피라미드의 나머지 부분 없이는 봉우리는 봉우리가 될 수 없다. 더 나은 것을 향하여 오르며*De minoribus boni ad maiora conscendendo*[50] (안셀무스가 가우닐로에 대한 응답에서 기술하였듯이) 우리는 최고 중의 최고*optimum maximum summum* 개념에 도달한다. 그것은 더 높은 것이 시야에 들어오는 다른 곳에서 나온다. 낮은 것의 본질과 존재를 유추하여*conicere* 우리는 가장 높은 것을 사유한다. 다음과 같이 말할 수 있다. 로마서

---

[47] 안셀무스의 증명이 13세기 신학계에 널리 알려졌다는 사실은 대단히 불운한 일이었다. 안셀무스를 처음으로 다루었던 이들은* 실체적 전제들을 기반으로 한 여러 증명 중의 하나로 안셀무스를 소개함으로써 그 가치를 훼손하였다. * Richard Fischacre, Wilhelm von Auxerre ([편주] a.a.O., fol. IIf.), Alexander von Hales ([편주] *Doctoris irrefragabilis Alexandri de Hales Summa theologica, t. I, l. 1, p. 1, inq.* 1, q. 1, Quaracchi 1924, S. 41f.), vgl. Daniels S. 24, 27, 30f.

[48] [편주] A: 하나님의 이름

[49] [편주] A: 한편으로는

[50] [편주] Vgl. *C. Gaun. 8,* I 137, 16f.

1장 20절에 나온 대로 신자는 우리가 할 수 있는 능력은 진리의 계시에서 온다고 말하고, 불신자는 이것을 우리의 힘으로 할 수 있다고 말한다.[51] 그러나 이러한 것으로도 가장 높은 것의 존재나 본질이 모두 알려지거나 증명되지는 않는다. 왜 가장 높은 것은 존재하지 않는다고 생각할 수 없으며 초월할 수 없는 것일까?[52]

증명의 타당성을 제시하기 위하여 "가장 높은"이라는 개념에는 이러한 사유의 가능성 [더 ~한 것을 생각할 수 있는 가능성]을 배제하는 또 다른 개념을 보완해야 한다. 그 주요한 개념은 "더 큰 것을 생각할 수 없는 이" 이다. 모든 것보다 더 큰*maius omnibus*이 더 큰 것을 생각할 수 없는 것*quo maius cogitari nequit*과 동일시되는 한 그것의 존재와 완전성을 증명할 수 있고, 그렇지 않은 경우는 증명할 수 없다.[53] 따라서 그것[가장 높은]은 그

---

[51] *C. Gaun. 8*, I 137, 18 u. 27ff.

[52] 안셀무스가 어느 정도 실제인지 아닌지 *sive sit in re aliquid huiusmodi, sive non sit*에 대한 질문의 답은 모놀로기온에서의 방식*으로는 찾을 수 없다는 사실을 크게 강조한 것은 *C. Gaun.*(가우닐로를 반박하며) 8에서만 나온다. 여기서 안셀무스의 새 공식과 모놀로기온에서의 하나님의 개념 사이에 있는 고유한 연속성이 가장 분명하게 나온다.

\* [편주]  Vgl. Dionysios Areopagita, *De divinis nominibus VII/3*, Migne PG 3, 869ff.

[53] 이러한 관점에서, 가우닐로의 섬에 대한 비유는 불필요한 것으로 보인다. 가우닐로는 더 위대한 것을 생각할 수 없는 것*quo maius cogitari nequit*을 하나님의 본질에 대한 정의로 받아들이고, 안셀무스의 증명을 하나님의 본질에서 하나님의 존재를 도출하는 것으로 받아들였다. 안셀무스에게 하나님의 존재 증명만큼이나 하나님의 본질에 대한 증명은 더 위대한 것을 생각할 수 없는

대상에 상응할 수 있는 자기 충족성Selbstgenugsamkeit을 가지고 있지 못하다. 그러나 이 자기 충족성은 프로슬로기온에서 발견되는 하나님의 이름에 포함이 된다. 더 큰 것을 생각할 수 없는 것quo maius cogitari nequit이라는 하나님에 대한 명칭은 하나님 자신과 어떠한 여타 피조물의 존재와 본질도 전제하지 않는다. 이것은 만일 하나님이 상상될 수 있거나, 상상되어야만 한다면, 그것은 분명히 또 다른 사실을 전제하는데 그것이 증명의 실체이므로 하나님보다 더 큰 것은 그 어떠한 것도 상상될 수 없다

---

것quo maius cogitari nequit에서 나오고 이러한 의미에서 하나님 존재의 증명은 본질을 증명하는 것에 우선한다. 안셀무스 역시 그 '섬'의 존재를 알기 위하여 완전성을 먼저 생각하지는 않는다; 그 역시 무엇보다도 그것의 [섬] 존재를 알기 원했으나 가우닐로가 생각한 일반 경험보다는 더 신뢰할 만한 근거를 통하여 알 수 있기를 바랐다. 더 나아가 그는 다른 어떤 것으로도 흔들리지 않는, 그것의 유일한 완전성을 알고자 했다.

'더 이상 큰 것을 생각할 수 없는 것'은 '모든 것보다 큰 것'이라고 밖에는 달리 이해할 수 없다. 그러므로 '더 이상 큰 것을 생각할 수 없는 것'이 이해되고 지성 속에 있으며 때문에 실제로도 있다고 주장한다면, '만물보다 큰 것'이 이해되며 지성 속에 있으며 따라서 실제로도 존재한다는 것은 필연적인 결론이다. 그러므로 설명된 것이 이해된다는 이것 하나로 사라진 섬이 있다고 주장하는 저 어리석은 자와 나를 비교하는 것이 올바르겠는가? *Nullatenus enim potest intelligi 'quo maius cogitari non possit', nisi id quod solum omnibus est maius. Sicut ergo 'quo maius cogitari nequit' intelligitur et est in intellectu, et ideo esse in rei veritate asseritur: sic quod maius dicitur omnibus, intelligi et esse in intellectu et idcirco re ipsa esse ex necessitate concluditur. Vides ergo quam recte me comparasti stulto illi qui hoc solo, quod descripta intelligeretur, perditam insulam ... vellet asserere?* (C. Gaun. 5, I 135, 26 - 136, 2.).

는 것이다. 공식적·지적 측면의 불충족성에도 불구하고 그것은 자기 충족성을 지닌다. 하나님의 이 명칭을 전제하는 증명은 분석이 아닌 종합 명제가 될 것이다.[54] 이 이름은 그것의 대상에 상응한다.[55] 또한 이름은 증명과 같은 타당성을 지닌다. 즉, 하나님에게 전제된 이름이 하나님을 증명하는 것과 같은[56] 기능을 수행할 수 있다. 더 큰 것을 생각할 수 없는 것 *quo maius cogitari nequit*으로 적(부정 혹은 의심)은 하나님의 실체적 개념을 전제로 하는 지식에 대한 질문을 지속적으로 던지는 토대가 되는 자신의 사유 속에서, 하나님의 봉인된 이름 아래 자리 잡는다. 따라서 부정과 의심은 하나님에 대한 필연적인 지식에 도전하는 자신의 본거지에서 생겨난다. 더 큰 것을 생각할 수 없는 것 *quo maius cogitari nequit*은 하나님에 대한 실체적 개념의 맥락 속에 그의 불완전성이나 비존재성을 사유하는 가능성을 배제하는 것이고 – 피조물에 대한 창조주의 명령의 힘과 급진적인 사

---

[54] 무엇보다, 명제(*argumentum*)는 131쪽 각주 42에 인용된 문구에서 제시되었다. 따라서 명제는 증명의 수단으로 이용되듯이 스스로를 증명한다.

[55] 하나님의 자존성(Gottes Aseität)에 대한 이 오래된 명제를 참조하라. 최고 본성과 관계를 맺음으로써 최고 또는 더 크다고 할 만한 어떤 것도 존재하지 않는다면, 그 본성을 최고이거나 더 큰 것으로도 인식하지 못할 것이다. 비록 그것이 덜 좋은 것이 아니고, 본질적인 크기에서 어떤 부분적인 손실도 겪지 않을지라도 말이다. *Si enim nulla earum rerum umquam esset, quarum relatione summa et maior dicitur, ipsa nec summa nec maior intelligeretur: nec tamen idcirco minus bona esset aut essentialis suae magnitudinis in aliquo detrimentum pateretur* (*Monol. 15*, I 28, 13ff.).

[56] [편주] A: 뿐만 아니라

유의 가능성을 배제하는 것. 즉, 하나님과 같이 될 수 없다*non eritis sicut Deus*. — 하나님의 완전성과 존재의 진리의 지식을 세우는데 적절하다.

가우닐로는 안셀무스가 이 특정한 이름을 선택한 동기를 완전히 오해하였다. 그렇지 않으면 무엇보다 큰*maius omnibus*은 완전히 나타나지 않았을 것이다. 안셀무스의 의도를 이해하려면 가우닐로가 처음부터 잘못 만들어놓은 이러한 상황을 거부하여야 한다.[57]

---

[57] 오버벡(Fr. Overbeck, a. a. O., S. 220)과 같은 독창적이고 유능한 역사가조차 증명의 기본 개념을 잘못 설명하고 있다는 것은 놀라운 일이다.

## 2. 하나님의 존재에 대한 질문

프로슬로기온에서 하나님의 존재에 대한 질문*quia es*은 본질*quia hoc es*에 대한 질문과 별개인 특별한 문제라고 본 것은 모놀로기온보다 진일보한 입장이다. 심지어 모놀로기온에서도 안셀무스는 하나님의 존재를 신조에서 주장하였듯이, 존재하다*existere*혹은*subsistere*의 의미인 존재*esse*의 개념에 익숙하였다.[1] 그러나 안셀무스는 모놀로기온에서 이것[존재의 개념]을 알 수 있는 것이라 여겼고, x가 해결되었듯 그는 이것을 문제 제기하는 것이 가능하지 않다고 보았다. 프로슬로기온이 되서야 안셀무스에게 존재는 믿음의 이해*intellectus fidei*와 증명의 대상이 되었다. 그는 하나님의 본질에 대한 질문에 앞서서, 책의 제일 앞에서 존재*esse*에 대한 질문에 파고든다.

모놀로기온에서 존재의 개념을 의미하는 세 구문, 본질*essentia*, 실존이나 존재하는*esse existens sive subsistens*을 서로 비교하고, 그것들이 빛*lux*, 비추다*lucere* 그리고 빛나는*lucens*처럼 서로 연계되었음을 알면 명확해진다.[2] 나중에 인용할 안셀무스의 후기 논증에서 다음과 같이 해석할 수 있다. 존재*essentia*는 가능태*potentia*, 즉 대상 존재의 실재*actus*가 있음*esse*을 의미한다. 그러나 이것은[존재] 단순

---

[1] Z. B. *Monol. 6*, I 19, 21f.; *ib.*, *16*, I 30, 22ff.; *ib.*, *28*: I 45, 25ff.; *ib.*, *31*, I 49, 3f; *ib.*, *34*, I 53, 17f.

[2] *Monol. 6*, I 20, 15ff.

히 인간 사유 안에서, 인간 사유를 위하여 존재하지 않고, [스스로] 존재하며 이것은 *existens sive subsistens*이라 불린다. 본질*essentia* 과 있음*esse*은 그 대상의 존재함이 인간 사유 활동의 전제가 된다는 의미에서 하나의 대상에 속한다. 왜냐하면 그 대상을 생각하는 한, 그 대상은 존재한다고 생각할 수 있기 때문이다. 그러나 이 사유 활동이 그 전제와의 관계에서 단순한 가정, 허구, 거짓, 혹은 실수를 하는 것이 아닌지는 구분되지 않는다. 이 모든 것은 다음을 의미한다. [가정, 허구, 거짓, 혹은 실수와] 관계된 그 대상은 오직 사유 행위의 전제로만 존재한다. 따라서 이것은 존재를 포함하지 않는다. 그러나 이것은 결국 다음과 같다. 비록 그 본질의 실재와 가능태(예를 들어 허구적 특징의 가능성과 시행들)에 대한 논리적이고 의미론적인 명제를 만들 수 있다 하더라도 그것은 존재하지 않는다는 것이다. 다른 한편 대상을 묘사하는 *ex-sistens*나 *sub-sistens*는 대상의 존재뿐만 아니라 독립적으로 존재하는 대상의 실제 존재, 즉 실재 혹은 가능태에 대한 모든 사유에 반하여, 추상적 존재의 내적 영역에서 밖으로-드러나*ex-sistens* 존재하는*für sich seined* 것으로 특징지을 수 있다. 이 논의를 계속 따라가면, 모놀로기온 문구에 대한 이 해석은 프로슬로기온과 존재의 개념에 대하여 가우닐로에게 답한 안셀무스의 응답에서 분명하게 해명할 수 있을 것이다. 여기서 안셀무스는 다음을 분명히 한다. 이해 속에 존재하는 것과 그것이 존재한다고 이해하는 것은 다른 것이다(*aliud rem esse in intellectu, aliud intelligere rem esse*).[3] 첫 번째, 있다*esse*는 마치 실제 그림의 완성을 앞둔 화가의 이해 속에*in intellectu* 그림이 존재하듯이, 그 존재에서 멀어진 것*res*이 사유 속에서 존재하는 비존재성을 의미할 것이다. 두 번째, 있다*esse*는 화가의 그림이 완성되었을 때 그림이 있듯*esse*, 첫 번째 있다*esse*에 더하여서, 사유 속의 그 존재에서 멀어진 것*rem*의 존재이다. 즉, 생각 속에서만 존재하는 것이 아니라 있는 것을 생각하는 것 *et habet in intellectu et intelligit esse*이다.[4] 두 번째 구분은 다음과 같이 더욱 깊어진다. 대상은 오직 이해 속에 존재하거나*esse in intellectu solo* 사유 속만이 아니라 실제로도 존재한다 *esse et in intellectu et in re...*[5] 안셀무스에 따르면, 원의 안은 그것의 밖과 연관되어 있듯이(대상을 존재의 가능태와 존재의 실재태가 있다고 여길 때, 이것이 존재한다고 여기는 것은 단순한 가정일 뿐이며, 시적 표현이면서 거짓이거나 실수일 뿐이다), 사유 속에서 존재하는 대상을 규정하는 존재의 가능태와 현실태, 실재태는 서로 밀접히 연계된다.[6] 그러나 존재가 그것에 속하고 단순히 존재한다고 여기는 것이 아니며 그 존재가 가정도, 거짓도, 실수도 아니라는 사실은 존재로의 힘[7]과 실재의 힘[8]에 대한 사유 속에는 포함되지

---

[3] [역주] *Prosl. prooem.*

[4] *Prosl. 2*, I 101, 10ff.

[5] *Prosl. 2*, I 102, 3; *C. Gaun. 2*, I 132, 22f, ; *ib.*, 6, I 136, 7f.

[6] 그는 분명히 오직 실제로만 존재하는 *esse in re sola*(창조 '이전'의 하나님) 더욱 많은 경우를 제외하기를 원하지 않았다. 그러나 이것에 대한 지식을 묻지는 않았다.

[7] [역주] 존재의 가능태에서 현실태로 나아가는 힘.

않는다. 그것은 특별한 사유가 되어야만 하며 만일 그것이 인식되고 증명된다면, 그것은 특별히 알려지고 증명된 것이어야 한다.

이 특별한 사유와 증명에 대한 질문은 존재에 대한 것이다. 이것은 지식의 대상에 대한 질문으로 지식에 대한 다른 질문과는 구분된 것이고, 나아가 단순히 **생각하는** 것을 넘어 우리가 **무엇을** 생각하는가까지 나아간다. 이 질문은 그 대상이 사유의 대상인 한에서 사유를 넘어 존재하고, 단순히 어떤 사유된 것만으로 환원되지 않는지의 여부, 어느 정도 그러한지 묻는 것이다; 한편으로 그 대상이 사유의 내부에 속하지만, 사유와는 별개로 존재하는 외부로 도출되는지의 여부, 어느 정도 그러한지 묻는 것이다. 안셀무스에게 그것의 진실성은 그 대상의 **존재**_ex-sistere_에 의거한다. 안셀무스에게 진리에 의거한 존재는 과거에도 그랬듯이 진리의 세 번째이며 마지막 영역인 존재와 존재의 내부, 즉 사유 속의 존재를 포월包越해야만 하는 외부 둘레가 된다. 대상은 무엇보다도[9] 그것이 존재한다는 사실에서, 사유될 수 있다는 것의 결과에서 도출한 실재이다. 존재함이라는 연계 고리가 없이 사유된 것은 실재할 수 없다. 이해 속에만_in intellectu solo_ (실제로 존재한다_esse in re_를 제외하고) 존재하는 것은 **거짓**_falsum_일 수 있다. 다른 한편 이해 속에, 실제로도 존재하는 것_et in intellectu et in re_은 실재하는 것과[10] 동일한 것이다. 왜냐하면

---

[8] [역주] 존재의 현실태의 힘.
[9] [편주] A: 처음에

만일 그것이 먼저 실재하지 않는다면 실제로도 존재할 수 없기 때문이다. 앞에서도 말했듯이 이것은 진리 명제의 다음의 사실에 근거한다. 명제는 실제로 존재하는 어떤 것을 그대로 기술한다.[11] 대상의 지식에 대한 질문은 존재하는 것을 아는 것을 넘어서 있다.(존재의 실재와 힘을 갖는 대상을 아는 것을 의미한다.) 참된 지식, 진리의 지식이 되기 위해 지식은 홀로 존재하는 대상의 존재에 대한 지식에서, 실재하는 대상에 대한 지식으로 옮겨 가야만 한다. 지식에 대한 질문이 두 번째 둘레에 도달해서야, 즉 그 대상이 단순한 사유를 넘어서 실재로서 존재하는지의 여부를 탐구할 때가 되어서야 비로소 그 지식은 진실로 실재한다. 그제야 그 지식은 진리의 세 번째이자 포괄적인 영역에 이르게 된다. 그러나 존재에 대한 질문이 진리에 대한 질문으로 보일 때, 그 진리에 대하여 질문하고 특별한 본질에 대하여 답하는 것에 초점을 맞추게 될 것이다. 이 질문은 존재의 힘과 실재에 대한 질문, 즉 대상의 잠재태 Potentialität와 실재태 Aktualität로서의 존재 esse와 본질 essentia과 혼돈되어서는 안 된다. 더 나아가 사유 속의 존재를 실재하는 것으로 고양하는 것은 지양해야만 한다. 본질에 대한 질문과 달리, 존재에 대한 질문은 전적으로 새로운 질문인 것은 분명하다. 따라서 본질에 대한 질문에 답해야 한다고 가정하는 것은 별개의 문제이다. 그러나

---

[10] *C. Gaun.* 6, I 136, 7f.
[11] *De verit.* 2, I 178, 6f., 다음을 참조 60쪽, 각주 4.

존재는 그 존재가 의문인 대상의 본질에서 추론되지는 않는다. 존재에 대한 질문은 어떠한 경우에도 본질에 대한 질문과 함께 물을 수 없다.[12] 안셀무스는 존재에 대한 질문을 본질에 대한 질문에서 분리했고 존재에 대한 질문의 탐구보다 우선해야 한다고 보았다.

모놀로기온과 프로슬로기온 5~26장에서 논의하는 하나님의 본질에 대한 교리는 하나님의 **본질**essentia과 **존재**esse를 다루고, 모든 피조된 존재와 달리 하나님의 존재와 본질은 둘이 아닌 하나라고 **요약**in nuce 한다. 하나님은 하나님으로서의 자존성과 창조주로서의 영광을 지니었고, 어떤 가능태에 참여하거나 자신의 실재적 힘과 동일한 것에 의하지 않고 하나님은 하나님이시다was er ist; 그의 모든 가능태가 먼저 자신의 힘을 현실화하기 전에 그는 스스로 언제나 자신이시고er selbst ist, was Immer er ist 그는 언제나 스스로 이시다was immer ist, das ist er selbst. 그의 가능태와 실재태는 동일하다.[13] 하

---

[12] 보나벤투라*에 이어 아쿠아스파르타의 마테오(Matthäus ab Aquasparta)는 가우닐로의 섬 이론(*Pro insip. 6*)을 반박하여 다음의 주장을 하였다. 가우닐로의 완전한 섬은 하나님에게 동일하게 적용할 수 없는 용어상의 모순*oppositio in adiecto* (Daniels, S. 40 u. 62)이다. 따라서 그들의 반박은 타당하고 가우닐로는 하나님의 본질에 대한 올바른 개념을 세우고 하나님의 존재에 대해 결론 내려야 한다는 점에서 이들은 안셀무스의 입장을 대변한다.

\* [편주] *Quaestiones disputatae de mysterio trintatis, q. 1, a. 1, Doctoris seraphici S. Bonaventurae opera omnia, t. V, Opuscula varia theologica,* Quaracchi 1891, S. 50.

[13] … 그것에(최고의 존재) 대하여 서술하는 것은 무엇이 어떠한가나 얼마나 큰가가 아니라, 무엇인가를 보여주는 것이다. *Quidquid … de illa (sc. summa*

나님의 실재화된 가능태 혹은 가능태적 실재의 증거는 모놀로기온에서 무엇보다 더 큰*maius omnibus*이라는 하나님의 개념을 전제하고 하나님의 존재에 대한 질문을 열어놓는다. 우리는 프로슬로기온에서 안셀무스가 어떻게 하나님의 개념과 더 큰 것을 생각할 수 없는 이*Quo maius cogitari nequit*를 치환하였고, 하나님의 본질조차도 다른 방식으로 증명하였는가를 보았다. 그는 분명 그 질문[하나님의 존재에 대한 질문][14]이 하나님에 대한 그의 교리의 다른 부분과 유사하다는 것에 불안했을 것이다.[15] 물론 신앙의 차원에서 하나님의

---

essentia) *dicatur: non qualis vel quanta, sed magis quid\* sit monstratur* (*Monol. 16*, Ⅰ 31, 1f.). 그것들 중의 하나에도 마찬가지고(신적 속성), 동시이거나 각각이거나 관계없이 전체에도 마찬가지이다. *Idem igitur est quodlibet unum eorum* (der göttlichen Eigenschaften) *quod omnia, sive simul sive singula* (*ib.*, *17*, Ⅰ 31, 23f.). 당신은 당신이라는 그것이 바로 당신인 분이십니다. 왜냐하면 당신이 언제, 어떤 식으로 그 무엇이었다면 당신은 온전히 그것이시고 항상 그것이시기 때문입니다. *Tu vero es, quod es, quia quidquid aliquando aut aliquo modo es, hoc totus et semper es* (*Prosl. 22*, Ⅰ 116, 20f.). 최고의 진리에는 … 어떤 의구심도 없다. 그것이 존재하는 데는 존재하는 것 이외에는 다른 이유가 없다. … *summa veritas …nulli quicquam debet; nec ulla ratione est quod est, nisi quia est* (*De verit. 10*, Ⅰ 190, 2ff.). 당신은 다름 아닌, 선함과 전능하신 본질을 지니셨습니다. … 당신이 말하는 것과 생각하시는 것 또한 그러합니다. … *non tibi est aliud essentia quam bonitas et omnipotentia … et omnia illa quae similiter de te dicuntur et creduntur* (*Medit. 19*, 3, *MPL.* 158, 805).
\* [편주] A: 격자체로 쓰임
[14] [편주] A: 옆에
[15] *Prosl. 2* (Ⅰ 101, 2) 제목의 첫 번째 가능한 의미: 하나님은 진실로 존재하신다

존재는 열린 질문이 아니다. 신조로서 하나님의 존재가 거짓이고 실수이며 가설적이고 가짜일 것이라는 의심은 있을 수 없다. 그러나 하나님의 비존재를 생각하는 것이 불가능하다고 보는 것은 신앙으로 하나님의 존재를 생각하는 것과 일치하지는 않는다. 하나님의 존재를 볼 수 없는 것은 이미 성취된 하나님의 본질에 대한 지식을 위협하는 것이다. 여기서 신앙의 필수적인 지식은 해결되지 않은 X에 머물 수 없다. 하나님으로 묘사한 대상을 단지 개념으로만 생각하는 것이 불가능하다는 것을 보여야만 한다. 이것을 보이는 것이 프로슬로기온 2~4장에서 다루는 하나님 존재 증명의 목적이다.

*

그러나 앞에서는 안셀무스가 하나님의 존재에 대한 증명을 하게 하는[16] 특별하고 독특한 중요성을 아직은 충분히 다루지 않았다.

이 점에 대한 설명은 [안셀무스에 대한] 오래된 오해를 증폭시킬 수 있을 것이다. 분명히 우리는 안셀무스 스스로가 하지 않은 것을 하였고, 처음에는 대상들의 존재 그리고 이에 따라 하나님의 존재에 대한 질문을 던졌다. 이것은 오해를 부를 수 있는데 그 이유는

---

*quod vere sit Deus*는 다음과 같은 의미를 지닌다. 하나님의 존재에 대한 질문은 그 대상에 대한 단순한 사유의 내적 둘레를 넘어 특별한 대상을 사유하는 외적 둘레로 발전해 나가는 방식이어야 한다. 그렇게 하여 이 질문은 진리로 나아간다.

[16] [편주] A: 격자체로 쓰임

하나님의 존재에 대한 질문은 어떠한 일반적 대상과 다른 특수한 경우로 인식해야 하고 그렇게 대답해야만 한다는 것을 제시하기 때문이다. 이 오해의 근원지는 바로 가우닐로이다. 그가 하나님의 개념을 일반적 개념으로 생각했고 하나님의 존재를 일반적 존재로 여겼다. 그렇게 함으로써 가우닐로는 첫 번째도 그러했듯 안셀무스의 두 번째 논증도 곡해하였고 하나님의 존재에 대한 질문에 안셀무스에게만큼 중요한 것이 되지 못하는 섣부른 결론을 내렸다.

가우닐로가 하나님의 존재와 바다의 알려지지 않은 섬에 대한 이야기를 한다는 것은 다음의 두 가지를 의미한다. 하나님의 존재에 대한 특수한 질문을 존재에 대한 일반적 질문으로 격하한 것, 그리고 그 질문에 대해 혼합적이고 비루한 결론을 내렸다는 것이다.[17] 섬의 비유를 통한 존재 증명은 하나님의 존재 증명과 근원적으로 다르고 증명을 할 필요가 없을 수도 있다. 왜냐하면 이 특별한 섬의 존재를 생각하는 것이 별로 필요 없다는 데에는 의문의 여지도 없기 때문이다. 그러나 가우닐로에게 섬 증명은 하나님 증명과 정확히 동일하다. 안셀무스는 하나님의 존재를 믿었고 이에 대해

---

[17] 나중에 그 토론의 참가자들이 심지어 날개달린 말 페가수스와 '은화 100냥'을 말한다는 사실을 용납할 수 없다.*

* [편주] Vgl. R. Descartes, *Meditationes de prima philosophia, V, 9,* hrsg. von L. Gäbe, Philosophische Bibliothek 250a, Hamburg 1959, S.120.
I. Kant, Kritik der reinen Vernunft, B 627, Akademieausgabe Bd. 3, Berlin 1911, S.401.

사유해야만 했기에 하나님의 존재를 알기 원했던 열정이 가우닐로에게는 대단히 이질적인 것이다. 가우닐로에게 그 열정은 증명할 수 없는 것으로 남아 있을 것이다. 다른 한편 그의 호기심 어린 열정은 하나님이 개념으로만 존재한다고 생각하는 것이 가능하다는 것을 주장한다.[18] 이 자유는 온전히 어리석은 자를 위하여 *Pro Insipiente* 변증하기 위함이다. 이 책은 문제를 파악하지 못했고 안셀무스의 해답보다 더 나은 해답도 제시하지 않는다. 분명 가우닐로는 열정적이고 명석하며 성실한 사상가이다. 그러나 안셀무스의 입장에 대한 열정적인 비판에서 그는 단지 안셀무스의 입장을 비판하고만 있을 뿐이다. 그는 자신의 믿음에 확신이 없는 것일까? 아니면 그는 이해를 추구하는 믿음 *fides Quaerens intellectum*을 전혀 인지하지 못하고 있는가? 그는 전통주의자이자 회의론자로 불렸고 어쩌면 둘 다 일지 모른다. 분명한 것은 이 문제에 대한 그의 과도한 활동이 자신의 주장을 뒷받침할 만한 지식에 반영되지 않았다는 것이다. 그는 하나님의 존재를 사유하지 말아야만 한다. 그는 진정 하지 말아야 하는 것을 확인하게 된 것이고 그는 하나님의 존재를 증명할 수 없었던 것이다. 이 두 가지 의무 [하나님의 존재를 사유하는 것과 하나님의 존재를 증명하는 것]에서 자유로워지고 또한 진리를 편견 없이 추구함으로써 그는 자신을 어리석은 자를 위한 자유 *Liber pro insipiente*를 즐길 시간과 여유로움이 있는 이로

---

[18] *Pro insip. 2*, I 125, 14ff.; *ib 7*, I 129, 14.

보았다. 이러한 신학을 하는 자는 그가 처음이자 마지막 신학자는
아니었다.

안셀무스가 증명을 하는데 필수적인 것으로 보았던 것은 잃어버
린 섬에 대한 가우닐로의 해석에 대하여 그가 다음과 같이 고전적
으로 응답한 것에서 가장 잘 드러난다. 만일 누구라도 하나님의 이
름으로 묘사되는 것과는 다르지만 동일한 증명의 주제가 될 수 있
는 어떤 존재나 개념을 그에게 확인시킬 수 있다면, 그는 이 섬의
존재를 한번 그리고 계속하여 증명할 수 있다고 확신할 것이다.[19]
이것은 다음을 의미한다. 안셀무스는 사물의 존재가 증명될 수 있
는 존재일 때 증명한다.[20] 하나님의 존재 증명은 그에게 대단히 중

---

[19] 확신하여 말하건대, 누군가 나에게 그것보다 더 큰 것을 생각할 수 없는 것
이외에, 나의 논증의 연쇄를 적용할 수 있는 어떤 것이 실제로 또는 사고상으
로도 존재한다는 것을 일깨워 준다면, 나는 사라진 섬을 찾아 더는 사라지지
않을 그 섬을 그에게 줄 것이다. *Fidens loquor, quia si quis invenerit mihi
aut re ipsa aut sola cogitatione existens praeter 'quo maius cogitari non
possit', cui aptare valeat conexionem huius meae argumentationis: inveniam
et dabo illi perditam insulam amplius non perdendam* (C. Gaun. 3, I 133,
6ff.).

[20] 이 때문에 없다는 것을 하나님께 속한 것으로 보며 그것이 없다고 하는 것은
이해할 수 없다. … 왜냐하면 아무리 존재하는 것은 아무것도 없다고 할 수
없다 하더라도 최고의 존재를 제외한 모든 것은 없다고 생각할 수 있기 때문
이다. … 시작과 끝을 가지고 조각들로 이루어진 만물은 없다고 생각할 수
있다. 그 안에 시작도 없고 끝도 없으며 부분의 연결도 없고 언제나 전체로만
발견하게 되는 생각은 없다고 할 수 없다. *Proprium est Deo, non posse
intelligi non esse.* [Vgl. *ib.*, 4, I 133, 27] … *illa quippe omnia et sola possunt*

요한 것이다.

우리는 다음의 사실을 보게 된다. 하나님이 존재한다는 사실은 그의 본질에서 도출되지 않는다. 하나님은 무엇인가라는 질문에 대한 모든 답에 비해, 하나님은 있는가gibe es einen Gott라는 질문은 특별한 것이며 열린 질문으로 남는다.(믿음의 확실성과 관계있는 한 닫혀 있을지라도) 하나님의 존재 증명에 전제가 되는 하나님의 개념은 그 본질을 위장하는 교리가 되어서는 안 된다. 우리는 분명히 하나님의 본질에서 존재하는 것이 무엇을 의미할 수 있고 의미하는지에 대한 추론을 이끌어 낼 수 있지만, 이것은 하나님에게는 우리가 얼마나 옳고 그른지 말하는 것일 뿐이다. 하나님에게서 비롯하는 존재의 진정한 의미는 비록 그것이 사유 속에서만 그렇다 할지라도, 언제나 개념으로만 존재하는 하나님에 대하여 생각하는 것

---

cogitari non esse, quae initium aut finem aut partium habent coniunctionem et … quidquid alicubi aut aliquando totum non est. Illud vero solum non potest cogitari non esse, in quo nec initium nec finem nec partium coniunctionem, et quod non nisi semper et ubique totum ulla invenit cogitatio (ib., 4, I 133, 27, 134, 2ff.). 보나벤투라*는 그가 이 구절(Daniels, S. 39)에서 하나님의 존재에 대한 안셀무스의 증명이 더 있을 것이라고 생각하였으나 그는 옳지 않았다. 4장에서 가우닐로를 반박하는 안셀무스의 논의의 초점은 하나님의 존재 증명이 아닌, 엄밀한 의미에서 증명할 수 있는 유일한 것은 하나님의 존재라는 사실을 증명하는 것이었다. 이러한 보조증명은 하나님의 본질에서 도출되는 것이다. 그러나 이러한 이유에서 그것은 하나님의 존재 증명을 의미하지도, 그것을 돕지도 않는다.

\* [편주] Comm. in I. libr. sent., d, 8. p. 1, q. 2, Opera omnia, t. I, S. 154.

이 불가능한지 – 이것은 증명해야만 하는 문제이다 – 연구해야 한다. 존재는 그것의 존재를 사유함과 관계없이 일반적으로 대상의 존재를 의미한다. 대상의 실재와 그것을 사유한다는 것은 그것이 존재한다는 것을 전제한다. 실재는 그것의 존재 여부와 존재에 대한 참된 사유 모두를 요구한다. 그것이 존재하는지 그리고 그것이 참되게 사유되는지 그 여부에 대한 결정은 그것 자체로 이루어지지 않고, 이 모든 것을 포괄하고 진리를 토대로 한 세 번째 둘레 안에서 결정된다. 이 중요한 진리는 하나님이다. 하나님은 유일하며 단순한 존재라는 것은 분명하다. 즉, 사유 속에서의 존재와는 구분된 하나님의 존재. 하나님이 진리라는 것은 분명히 하나님은 존재한다는 것을 의미한다. 두 번째 혹은 중간 둘레에서 진리로 조건화 된 대상의 **존재함**_existere_이 아니고, 다른 모든 존재의 근원이자 조건이며, 모든 대상의 외적이며 내적인 참된 존재의 토대가 되는 진리 그 자체가 **존재함**_existere_이다. 하나님은 – 만일 하나님이 존재한다면 – 궁극적으로 실재하는 유일자가 할 수 있는 특별한 방식으로 존재한다.[21] 하나님의 외부에 존재하는 것들은 하나님의 은혜

---

21 ([편주] ~하게 보인다) 이 정신이 놀랍게도 특별하고 놀라운 방식으로 존재한다는 결론이 나오는 것처럼 보인다. 그것만이 특정한 의미에서 존재하는 것이고 존재하는 것처럼 보이는 다른 모든 것은 이것과 하나로 일치할 수 없다. _iste spiritus, qui sic suo quodam mirabiliter singulari et singulariter mirabili modo est, quadam ratione solus sit, alia vero quaecumque videntur esse, huic collata, non sint_ (_Monol._ 28, I 45, 25ff.). 이런 이유에 따라 이 창조주

때문에 존재하게 되고[22], 무에서 창조되었으며[23], 하나님의 은혜로
운 창조적 행위 때문에 완전한 소멸을 겪지 않게 된다.[24] 따라서

---

정신만이 존재하고 모든 창조된 것은 존재하지 않는다. *Secundum hanc igitur*
*rationem solus ille creator spiritus est, et omnia creata non sunt* (*ib.*, 28,
I 46, 29f.). 그러므로 당신만이 홀로 참되게 존재하며, 다른 것은 그 정도로
참되지는 않습니다. 따라서 그들은 존재하되 가장 최소한의 존재를 가지며,
당신은 존재하되 만물의 모든 것을 가지십니다. *Solus igitur verissime*
*omnium et ideo maxime omnium habes esse, quia quidquid aliud est, non*
*sic vere, et idcirco minus habet esse* (*Prosl. 3*, I 103, 7ff.). 만물 중에서
홀로 최고로 존재하시는 당신은 누구인가? *... quid es nisi ... summum*
*omnium solum existens per seipsum?* (*Prosl. 5*, I 104, 11f.). 진실로 당신만이
계십니다. *Tu vero vere es, et non est aliud nisi tu* (*Medit. 19, 3, MPL. 158,*
*805*).

[22] 모든 피조물은 은혜로 존재한다. *Omnis enim creatura gratia existit, quia*
*gratia facta est* (*De Concordia. III 2*, II 264, 18).

[23] 최고의 본질과 그것에 따라 만들어진 것은 ... 그것 자체가 무에서 만들어졌
다. ... *illa summa essentia tantam rerum molem ... sola per seipsam*
*produxit ex nihilo* (*Monol. 7*, I 22, 7ff.).

[24] 무엇인가 다른 것이 아닌 그것으로 존재하고 유지될 수 있는 것은 다름 아닌
창조자의 본질 때문이다. ... *non solum non est aliqua alia essentia nisi illo*
*faciente, sed nec aliquatenus manere potest quod facta est nisi eodem ipso*
*servante* (*De casu diab. 1*, I 234, 19ff.). 창조적으로 현존하는 본질을 통해서
가 아니면 아무것도 만들어질 수 없는 것처럼 현존하는 본질이 아니면 아무
것도 번성할 수 없다는 것은 필연적이다. ... *necesse est ut, sicut nihil factum*
*est nisi per creatricem praesentem essentiam, ita nihil vigeat nisi per*
*eiusdem servatricem praesentiam* (*Monol. 13*, I 27, 13ff.). 다른 것은 무엇이
든지 무화되지 않기 위하여 본질을 통해 현존하기 때문이다. *Quidquid aliud*
*est, ne in nihilum cadat, ab ea praesente sustinetur* (*ib.*, 22, 1 41, 6f.; vgl.
*ib.*, 28, 146, 17f.).

하나님의 사역과 의지에서 멀어진 모든 것은 존재할 수 없다. 말하자면 하나님이 아닌 모든 것은 하나님이 의도한 생각der Absicht des göttlichen Denkens의 테두리 안에 존재하는 것이다.[25] 존재 그 자체는 오직 하나님 때문에 가능성을 가지게 된다.[26] 존재는 하나님의 말씀으로 그 존재를 얻는다.[27] 또한 하나님의 말씀 안에 있는 것 외에는 존재하는 것이 없다; 존재하는 한, 존재로 있는 한 그것은 하나님의 말씀 안에서, 말씀으로 그러하다.[28] 바로 이러한 이유에서 존

---

[25] 무에서 창조된 것은 그것을 만드신 분의 본질과 관련되는 한 그것이 만들어지기 전(창조 전)에 완전한 무가 아니었다. ... *non ... nihil erant (sc. ante creationem) quantum ad rationem facientis, per quam et secundum quam fierent (Monol. 9, I 24, 19f.).*

[26] 어떠한 경우에도, (이 세계) 이전에 존재할 수 없었고 ... 무엇도 [이 세계] 이전에 있을 수 없었다. 권능을 지니신 하나님만 가능하였다. 이 세계가 먼저 있었기 때문이 아니라, 하나님의 부르심으로 있을 수 있었다. *... omnino nihil potuit (sc. mundus) antequam esse ... Non ergo potuit esse antequam esset ... sed Deo, in cuius potestate erat ut fieret, erat possibile. Quia ergo Deus prius potuit facere mundum quam fieret, ideo est mundus, non quia ipse mundus potuit prius esse (De casu diab. 12, I 253, 9ff.).*

[27] [그러나 비록] 최고의 실체가 사전에 스스로 전체 피조물을 말하고, 그 이후에야 이 말씀에 따라, 그 내밀한 말씀을 통해 창조된다는 사실이 확정되어 있다. *[sed quamvis] summam substantiam constet prius in se quasi dixisse cunctam creaturam, quam eam secundum eandem et per eandem suam intimam locutionem conderet (Monol. 11, I 26, 3ff.).*

[28] 진리에 대한 이해는 말씀 속에 존재한다. *... existendi veritas intelligatur in verbo (Monol. 31, I 49, 3).* 최고의 영이 자기 스스로 말할 때 모든 창조물에 대해 말하는 것이다. 그 이유는 그것들이 만들어지기 전에, 그리고 이미 만들어졌을 때, 또 소멸되거나 어떠한 방식으로 변화되었을 때, 그것들은 항

재는 일반적으로 존재한다고 분명히 알려질 수 있지만 존재한다고 증명되는 것은 아니다.[29] 이러한 방식으로 안셀무스가 말하고 증명하는 하나님의 존재는 다른 모든 존재와 구분된다.

모놀로기온은 이러한 맥락에서 이해할 수 있는 다음과 같은 단어들로 끝을 맺는다. 따라서 이분은 참으로 하나님일 뿐만 아니라, 형언할 수 없는 셋이며 하나인 유일한 하나님이다(*Vere igitur hic et non solum Deus, sed solus Deus ineffabiliter trinus et unus*).[30] 그 무엇과

---

상 그 최고 영 안에 있는 것으로 자기 안에 있는 것이 아니라, 그분과 동일한 것이기 때문이다. 왜냐하면 그것들은 변하지 않는 이성에 따라 창조된, 변화되는 본질이기 때문이다. 그러나 그분 안에서 그것들은 이 제일의 본질이며, 존재의 진리이다.  *... cum ipse summus spiritus dicit seipsum, dicit omnia, quae facta sunt. Nam et antequam fierent et cum iam facta sunt et cum corrumpuntur seu aliquo modo variantur: semper in ipso sunt, non quod sunt in seipsis, sed quod est idem ipse. Etenim in seipsis sunt essentia mutabilis secundum immutabilem rationem create; in ipso vero sunt ipsa prima essentia* (존재, Das Wesen) *et prima existendi veritas* (*ib.*, *34*, I 53, 21ff.). 당신은 어느 때 어느 곳에서든 최고의 진리에 있지 않은 것, 최고의 진리에서 지금의 존재를 부여받지 못하거나 최고의 존재 안에서 지금의 존재가 아닌 다른 것이 될 수 있는 것이 있다고 보는가? ... 분명히 모든 것은 그것으로 존재하는 것 이외에는 될 수 없다고 결론내릴 수 있다. *An putas aliquid esse aliquando aut alicubi, quod non sit in summa veritate, et quod inde non acceperit quod est inquantum est, aut quod possit aliud esse quam quod ibi est? ... Absolute concludere potes quia omne quod est, vere est, quoniam non est aliud quam quod ibi est* (*De verit. 7*, I 185, 11ff.).

[29] 그것이 무엇이든 ... 심지어 있다는 것이 알려진 그 어떤 것도 없다고 할 수 있다는 것을 이해할 수 있게 된다. *Quidquid est... etiam cum scitur esse, posse non esse cogitari (C. Gaun. 4*, I 134, 15f.).

도 비교할 수 없는 이러한 유일자는 유일무이하게 존재하고 또한 증명할 수 있는 존재이며, 이를 증명하는 것은 분명히 다른 존재 증명과 비교할 수 없을 정도로 중요하다. 하나님이 다른 존재들이 존재하는 것과 같은 방식으로 존재한다는 지식이 하나님의 진리를 아는데 필연적이기에 요구되는 것이 아니다. 물론 하나님은 이러한 방식으로도 존재한다. 그러나 하나님은 궁극적으로 이렇게만 존재하는 것은 아니다. 만일 하나님이 홀로 이렇게 존재한다면 그 존재 증명은 다른 존재 증명과 마찬가지로 바람직하면서도 필연적인 것은 아닐 것이다. 하나님의 존재는 특별할 뿐만 아니라 다른 모든 존재의 토대가 되며 유일하고 실재하는 궁극적 존재이므로 엄밀한 의미에서 증명할 수 있는 존재이다. 또한 하나님은 모든 존재가 존재하는 것과 같은 방식으로 존재하는 한편, 하나님은 무엇보다 가장 먼저 스스로만의 방식으로 존재한다. 필히 하나님에 대한 믿음으로 하나님의 존재를 사유함으로써 하나님의 존재를 알아야 하고 증명해야만 한다. 단순히 다른 모든 존재에 대한 지식이 (가우닐로가 생각했던 것과는 반대로) 하나님의 존재에 대한 지식 때문에 가능하거나 불가능한 게 아니고 오직 여기에서만 존재 그 자체에 대한 질문을 제기할 수 있기 때문이다. 다른 존재에 대한 지식은 어떠한 특정한 존재에 대한 (가우닐로가 말한 것과 같이!) 질문 때문이 아니다. 진리에 대한 질문을 제기하듯, 이 존재에 대한 질문

---

30 *Monol. 80*, I 87, 12f.

또한 제기해야 한다.[31] 우리는 이것이나 다른 것의 존재에 대한 질문을 피하는 것이 가능하다. 어떠한 것도 실재의 궁극적 존재성을 가지지 않기에, 필연적으로 존재하는 것이 아니기에 그것에 대한 지식이 반드시 필요한 것은 아니다. 하나님은 존재하는 유일자로서 절대적 필연성을 지닌 지식의 대상이다. 만일 하나님을 믿음 안에서 계시에 기반을 두고 사유하지 않는다면, 이 믿음의 대상을 증명하는 필연성은 없을 것이다.

---

[31] 프로슬로기온 2장의 제목인 하나님은 진실로 존재하신다 *Quod vere sit Deus* 의 또 하나의 의미는 다음과 같다. 그 존재는 진리 안에서 유일무이한 방식으로 존재하는 한 모든 경험의 토대가 된다.

# 02 증명의 전개
### 프로슬로기온 2~4장 주해

## 1. 하나님의 보편적 존재성 프로슬로기온 2장

사료비판Der quellenkritische을 통하여 다음의 사실을 가정할 수 있다.[1] 프로슬로기온의 장 제목kapitelüberschriften은 안셀무스 자신이 만든 것이다. 2장의 제목은 이렇다.

*Quod vere sit Deus.* (I 101, 2) 하나님은 진실로 존재하신다.

이러한 큰 맥락에서 *esse*는 *existere*로 번역해야만 한다. 서문의 첫째 줄과는 별개로 프로슬로기온 2~4장은 하나님의 존재에 대한 질문을 다루기 때문이다. 프로슬로기온 5장의 출발인 당신은 무엇

---

[1] 이것은 또한 『인간이 되신 하나님』(*Cur Deus homo*)의 서문의 마지막 문구에서도 제시되고 있다.

입니까? *Quid igitur es...?* 는 책의 두 번째 주제인 하나님의 본질을 소개한다. 부사인 **참으로**<sup>vere</sup>는 *existere*를 뜻하는 신적인 **존재**<sup>esse2</sup>의 문제를 다루는 두 가지를 의미한다.

1. **참으로**는 보편적인 하나님의 존재를 지칭한다. 하나님은 사유만이<sup>im Denken</sup> 아니라 사유에 반하여서<sup>gegenüber</sup>도 존재한다. 하나님은 안으로<sup>drinnen</sup>만이 아니라 밖으로도<sup>draußen, *in intellectu et in re*</sup> 존재하기에 하나님은 (인간의 눈으로 보았을 때!) 참으로 존재하고 진리의 측면에서도 존재하기에 하나님은 실제로 존재한다.

2. **참으로**는 하나님이 완전히 유일무이한 존재임을 의미한다. 하나님은 다른 존재자의 방식으로 존재할 뿐만 아니라 (사유에 반하여, 대상으로 또한 독립적으로) 하나님 이외의 모든 존재의 근원이자 토대로서 유일무이한 진실한 방식으로 존재한다. 따라서 하나님은 어떠한 존재의 개념 너머에 있는 실재의 근원이자 토대이다. 프로슬로기온 2장은 **참된 존재**<sup>*vere esse*</sup>의 첫 번째 의미로 하나님의 존재를 증명하고, 프로슬로기온 3장은 두 번째 의미로 증명한다. 프로슬로기온 4장은 다음과 같은 반명제의 사실을 조망한다. 하나님은 없다. 따라서 하나님은 진실로 **존재한다**<sup>*Quod vere sit Deus*</sup>는 그 자체로 프로슬로기온 2장과 3장의 내용을 제시하고 있는 것이다. 안셀무스가 프로슬로기온 3장의 표제를 주제로 삼았기에 프로슬로기온 2장의 표제를 통하

---

² [편주] A: 격자체로 쓰이지 않음

여 우리가 생각하고 있던 것이 그 내용에 상응하는 **참된 존재** *vere esse*의 첫 번째 의미라는 것을 추측할 수 있다. 즉, 여기서 주제가 되는 것은 보편적 의미의 하나님의 현존<sup>das allgemeine</sup> Dasein Gottes, 즉 '하나님은 존재한다'이다.

> *Ergo Domine, qui das fidei intellectum, da mini, ut, quantum scis expedire, intelligam quia es sicut credumus, et hoc es quod credimus. (I 101, 3f.)*
> 그러므로 신앙에 이해를 더하시는 주님이 이롭다는 것을 아는 한 우리가 믿는 것처럼 당신이 존재하시며 당신이 바로 우리가 믿는 그분임을 이해하게 해주십시오.

앞에서 본 대로 안셀무스는 논리적 전제가 아니라 그 존재를 사유하고 증명하기 위해 유일자의 존재를 받아들임으로써 기도로 사유하였고 증명하였다. 만일 안셀무스가 하나님에게 말하면서 동시에 하나님에 대하여 말한다는 사실을 간과한다면, 프로슬로기온 3장에서 나타나는 증명의 주안점을 간과하게 될 것이며 모든 것을 오해하게 될 것이다. 증명으로 설명하려 하는 것은 참된 믿음에 대한 지식, 믿음의 대상에서 출발한 지식이고 인간이 얻어야만 하는 지식이다. - 이러한 이유에서 그 지식은 기도로써 추구해야만 한다. 당신이 아는 한*quantum scis expedire*이라는 조건은 프로슬로기온 1장 마지막의 어느 정도 아는 것*aliquatenus intelligere*과 관계있다. 말하자면 이것은 진취적인 학문은 하나님이 부여한 지적 탐구의 한계 안에서 일어나야 한다는 것을 설파한다. 여기에서 신적 깊이*altitudo*에 대한 탐구에는 의문이 따를 수 없다. 이 점에서 탐구하는 이들이 역사의 특정 지점에서(이전 그리고 이후에 올 이들과의 관계에서) 보게 될 지식의 명료함과 뚜렷함의 척도가 하나님의 뜻에 따라 결정된다는 것을 암시한다. 프로슬로기온 전체는 하나님의 완전한 본질*quia hoc es*과 존재*quia es*를 다룬다. 양자 모두 계시받고 믿어지는 것으로 전제된다. 여기에서 믿는다*credimus*는 것은, 믿음으로 진리의 문제는 양자 모두를 말함을 의미한다. 진리*Veritas*는 사유의 진리 *veritas cogitationis* 없이는 존재하지 않으며 믿음도 이 임무 없이는 존재하지 않는다. 즉, 이해함*ut intelligam* 그리고 이해하다*intelligere*는 다른 신조를 전제함으로써 이것의 필연성을 인식하고 그 신조의 완전한 부정 불가능성을 의미한다. 하나님의 완전한 본질과 존재에 대하여 프로슬로기온에서는 이렇게 나온다.

> *Et quidem credimus te esse aliquid quo nihil maius cogitari posit.*
> (*I 101, 4f.*)
> 우리는 당신이 더 큰 것은 아무것도 생각할 수 없는 어떤 것이라고 믿습니다.

이 문구에서는 프로슬로기온에서 나오는 두 증명 가운데 하나의 전제를 소개한다. 이것은 이미 충분히 논의하였다. 기도에서 나온 당신*tu*을 대체할 공식은 하나님의 이름을 알기를 갈구하는 신자들에게 명백한 하나님의 이름이다. 이 이름은 하나님의 본질과 현존에 대하여 그 어떠한 것도 은폐하는(그 안에 은폐된!) 것이 거의 없다. 그 공식은 신자의 생각 속에 계시로 인식된 하나님(나는 당신이 …라고 믿습니다 *credimus te esse*)보다 더 큰 것을 상상할 수 없다는(그 결과로 무엇보다 더 큰 것이라는 하나님에 대한 개념은 참된 하나님의 개념이 될 수 없다) 명령을 반복한다. 신앙의 이해 *intellectus fidei*를 추구하는 이에게는 하나님은 더 큰 것을 생각할 수 없는 분 *aliquid quo nihil maius cogitari possit*이다. 다시 말해 이 대상과 분리할 수 없는 그 명령을 우리가 인식하지 못한다면, 그 대상은 모든 지식에서 사라질 것이다. 여기서 논의하는 유일자이며 믿음의 대상이신 하나님이 이 이름을 부여했다. 그리고 프로슬로기온에서 안셀무스는 하나님의 이 완전한 본질과 존재를 증명하고자 한다.

> *An ergo non est aliqua talis natura, quia dixit insipiens in corde suo: non est Deus? (I 101, 5ff.)*
> 우둔한 이가 하나님은 존재하지 않는다고 마음속으로 말했기에 그러한 실재가 없겠는가?

이 질문으로 안셀무스는 하나님의 현존의 문제로 향하고 그 보편적 의미를 먼저 묻는다. 즉 인간이 할 수 있는 사유 속의 존재가 아닌 현존하는 하나님의 독립성 문제. 여기서 있다 *est*는 존재한다 *existit*를 의미한다. 그러한 실재 *Aliqua talis natura*는 참된 것, 이 이름의 대상이다. 따라서 존재의 그 개념은 질문의 주어와 서술어 모두에 놓여 있다. 이때, 전제한 대로 이 이름을 부여받은 대상은 완전히 참된 대상이 아닐 수 있지 않은가? "하나님은 참된 대상이 아니다"라는 주장은 가능하고 실재하는 것이기에 이 질문은 신앙 그 자체가 아니라 신앙 안에서의 사유와 관련된다. 안셀무스가 불가타 본[3] 시편 13장 1절에서 인용한 완료형 우둔한 이에게 말했다 *dixit insipiens*는 위의 주장이 이미 일어난 것임을 강조한다. 그러한 실재가 현존하기에, 위의 질문은 믿음의 사유에 실재하는 것이다. 여기에서 불신자가 '아니오'라고 말할 때, 신자는 분명히 '예'라고 말해야만 한다. 이것은 사유를 초월한transmentalen의 존재에 대하여 안셀무스가 믿는 것을 필연적으로 사유하도록 요청받았다는 것을 말한다. 이러한 반박에서 하나님은 오직 사유 속에서만 존재하는 것으로 생각할 수 있고, 하나님의 독립적 존재는 가설, 거짓이나 실수로 이해할 수 있다는 주장을 할 수도 있다. 그러한 실재가 있다*est aliqua talis natura*를 질문이 아닌 긍정문으로 이해해야 한다는 필연성은 없다. 그러나 실재가 있다고 이해하는 이들은 이해의 내적 필연성을 가진 그 대상을 제시함으로써 외적 필연성이 결여된 사실을 제시하고, 이 이해를 반박하는 것은 실수이기에 그것에 반대하기를 거부할 수 있다는 것을 보여줄 의무가 있다. 그렇다면 이 반박은 어디서 비롯된 것인가? 그 반박은 근원적으로 논의를 거치지 않고 거부하는 것과 상관있지 않은가? 신자 스스로 이 질문에 답을

---

3 [역주] 불가타(Vulgata): 5세기 초에 히에로니무스가 라틴어로 번역한 새 라틴어 성경을 일컫는다.

해야 한다고 인식하는 것은 의미 있는 것이 아닌가? 사실, 안셀무스가 하나님이 있다*Deus est*라는 명제*die These*를 단순한 논리적 가능성만이 아닌 믿음의 명제로서 이해한 것과 같이, 하나님은 없다*Deus non est*라는 반명제는 앞의 것과 상응하는 논리적 가능성만이 아니라 믿음이 부재한다는 반명제로서 자격을 얻거나 그렇지 않는 것이다. "하나님이 없다"라고 말하는 이는 우둔한 자이다. 안셀무스는 시편을 불가타본으로만 읽었다. 그럼에도 안셀무스가 말한 **우둔한 이***insipiens*는 구약에 나오는 나발*Nabal*[4]과 같다. 그는 지적 능력과 학식을 결여하지 않았고 우둔하지도, 우둔하게 행동하지도 않는다. 그는 대단히 명석하지만 주님에 대한 두려움을 알지 못하고 하나님에게서 멀리 떠나 있기에 파멸적이고 사악한 원리를 따랐다.[5] 안셀무스가 말하는 **우둔한 이***insipiens*는 이와 다르지 않다. 우리는 프로슬로기온 3장 끝에서 그에 대한 반어적인 표현인 어리석고 우둔한*stulus et insipiens*이라는 말을 잘못 이해해서는 안 된다. 같은 장에서 나발의 모순은 자신을 창조주의 위에 있는 피조물로 보는 것이다. 프로슬로기온 4장에서 그는 하나님이 존재한다고 생각하지 않는다 *intelligens id quod Deus est*.[6] 그가 하나님은 존재하지 않는다 *quia*

---

[4] [역주] 마온에 살던 갈렙족의 부자.

[5] 이 점에 대해서 나는 본(Bonn)의 틸로 박사([편주] Martin Thilo (1876-1950), Pfarrer in Eitorf/Sieg 1918-1945, Lehrbeauftragter in Bonn seit 1923, Dozen für Altes Testament 1939, beurlaubt 1945)의 조언을 따랐다.

[6] I 103 21.

*Deus non est*라고 생각할 수 있는 것은 그가 교육을 받지 못했거나 관심이 없어서가 아니다. 마지막으로, 그의 고집스러운 반론을 볼 때 안셀무스가 할 수 있었던 것은 마지막 날까지 그를 홀로 남겨두고 계속하여 그렇게 하도록 놓아두는 것이었다. 그러나 다음에서 더 고려해야 하는 것이 있다. 안셀무스가 불가타본의 시편 13장 1절을 인용했다는 것을 고려하면[7], 우둔한*insipiens*이라는 말은 모든 인간을 타락한 무리*massa perditionis*라고 규정한 아우구스티누스의 말을 생각한 것이 분명하다.[8] 타락한 무리*massa perditionis*는 하나님이 한 개인을 해방시키지 않음으로써 그를 저버릴 수 있고 하나님의 정의에 부합하는 희생을 통하여 그 사람에게 징벌을 내리거나 인간의 본성이 회복되지 않게 하는 사람을 말한다.[9] 신자는 우둔한

---

[7] 우둔한 이는 진심으로 말한다: 하나님은 없다. 그들은 타락했고, 가증스러운 행위를 한다. 누구도 선함을 행하지 않는다. 그 누구도. 하나님을 이해하고 찾고자 하는 이가 있다면, 하늘의 구주는 자녀들을 보살피신다. 그들은 모두 무익하고, 선한 일을 행하지 않는다. 그 누구도.... *Dixit insipiens in corde suo: Non est Deus! Corrupti sunt, et abominabiles facti sunt in studiis suis; non est qui faciat bonum, non est usque ad unum. Dominus de coelo prospexit super filios hominum, ut videat, si est intelligens aut requirens Deum. Omnes declinaverunt, simul inutiles facti sunt; non est qui faciat bonum; non est usque ad unum...* 로마서 3장 9절에서 바울이 그리스인과 유대인의 무익함을 지적하며 동일한 부분을 인용한 것을 기억해야만 한다.

[8] [편주] 고린도전서 4장 7절 참조 "타락한 무리로부터 누가 당신을 분별할 수 있겠는가?" ... *quis enim te discernit? utique ab irae uasis, a massa perditionis, quae per unum omnes misit in damnationem.* A. Augustinus, *Contra duas epistulas Pelagianorum libri quattuor, II, 7, 15,* CSEL LX, S.476, 27f.

[9] 안셀무스의 이러한 징벌교리에 대해서는 다음을 참조하라.

이와는 다르게 사유하겠지만, 안셀무스는 우둔한 이와 신자와의 연대책임과 동시에 그것을 꿰뚫어durchbrechen 없애시는aufheben 하나님의 은혜 또한 묵시적으로 인지하고 있다. 앞에서 다룬 꿰뚫음der Durchbruch에 대한 안셀무스의 주장과 우둔한 이의 주장은 논리적으로 단순히 모순된 것만이 아니라, 하나님에 대한 인간의 근본적으로 상이한 태도 때문에 결정된 실존의 두 양태를 상징하는 것이다. 이 둘은 궁극적으로 하나님을 보여주는 두 가지의 상이한 표현인 것이다. 아마도 안셀무스는 처음부터a limine 우둔한 이와의 토론을 거절할 수도 있고 그렇게 해야 한다고 우리는 생각할 것이다. 그러나 그는 스스로 알아야만 한다! 우둔한 이insipiens를 반박하려고 제기된 하나님의 현존에 대한 신조의 내적 필연성은 그에게 새로운 것이 아니다. 하나님을 멀리하는 어리석음이 그에게 처음으로 문제를 제기한 것이 아니라, 우리가 추구하는 것과 동일한 것 Unum idemque est quod quaerimus인[10] 이해를 추구하는 믿음 fides quaerens intellectum이 제기한 것이다. 이와 다르게, 계속되는 반박을 통해 신자에게 자신의 임무를 상기시켜 주는 우둔한 이insipiens[11]와의 인간적 연대책임을 신자는 인식하고 있음을 생각한다면, 그는 그 물음에 대해 답을 제시해야 할 것이다. 그와 우둔한 이insipiens 사이에

---

De casu diab. 18~20, I 263ff.; De conc. Virg. 25, II 168f; De Concordia. II 2, II 261.
[10] 102쪽, 각주 30 참조.
[11] [편주] A: 우둔한 이

는[12] 공통점이 없음에도, 오늘의 우둔한 이*insipiens*는 실제적으로 *in concreto* 내일의 신자가 될 수 있으며, 심지어 오늘날에도 그는 믿음의 응답에 일조하기 위해 나와야 한다.

> *Sed crete ipse idem insipiens, cum audit hoc ipsum quod dico: 'aliquid quo maius nihil cogitari potest', intelligit quod audit ⋯ (I 101, 7f.)*
>
> 그러나 심지어 이 우둔한 이도 내가 말한 것을 들었을 때 그것을 다음과 같이 아주 분명히 인식하였다. '더 큰 것을 생각할 수 없는 존재⋯.'

'하나님'은 더 큰 것을 생각할 수 없는 존재*aliquid quo maius nihil cogitari potest*라고 내가 말한 것을 그가 들었을 때*cum audit hoc ipsum quod dico*라는 결정적인 전제를 염두해야 한다. 안셀무스는 이것보다 덜 철학적인 말로 할 수 없었다. 그는 분명히 하나님에 대한 보편적인 최소 지식*ein gemeinsames Minimum von Erkenntnis Gottes*에 대한 논의에서(혹은 철학자로서의 역량을 지닌 스스로와의 논의에서) 논쟁자와 합의에 이를 마음이 전혀 없었다. 그는 논쟁자가 주장하는 것의 토대로 거의 다가가지 않는다. 그는 스스로 논의에서 하나님이라는 말의 의미를 정의한다. 다시 말해 그는 말하고 다른 이는 들어야만 한다.[13] 전혀 자기 명증적이지 않은 이 과정은 안셀무

---

스가 마련한 논의의 토대인 계시나 신조로서 하나님에 대한 정의를 풀이할 때 분명해진다. 만일 하나님의 현존에 대한 계시의 다른 신조를 이해하고자 한다면, 그 신조는 이미 알려진 것을 전제해야 한다.[14] 그래서 이러한 논의를 시작하고자 할 때 우둔한 이*insipiens*가 믿기 힘든 것이 있다. 즉 이 이름은 그에게 새로운 것이고, 그를 더 이상 우둔한 자*insipiens*로서 생각하지 않아도 되므로 이것을 완전히 다른 결과를 가져올 수 있는 지점으로 그를 인도하고 그리스도에게서 선포된 말씀*verbum praeducantium Christum*[15]이라는 권능을 가질 수 있었다. 그러나 말하다*dico*의 의미와 동일하게 규정된 듣다*audit*의 가능성은 잠재된 것으로 남는다. 말하다*dico*가 명시적으로 의미하는 것은 '나는 이 형식으로 말한다*Ich spreche diese Formel aus*'

---

[13] 만일 안셀무스가 더 큰 것을 생각할 수 없는 이*quo maius cogitari nequit*를 13세기의 스콜라주의자들이 일반적으로 사용하는 단어와 사유로 생각했더라면, 안셀무스는 스스로를 전혀 다르게 표현했을 것이다.

[14] 논의의 토대에 대한 가능한 반박은 가우닐로에 대한 응답의 서두에서 간단히 나온다. 이것은 가우닐로가 명시적으로 제시한 것이 아니다. 그러나 그것은 [토대] 믿음을 다루며 바로 사라진다. 만일 '더 이상 큰 것을 생각할 수 없는 이'가 이해되거나 생각될 수 없다면 …분명히 하나님은 더 큰 것을 생각할 수 없는 이가 아니다. … 이것이 틀렸음을 말하기 위해, 확고한 논증 대신 하나님에 대한 믿음을 이용한다. *Si 'quo maius cogitari non potest' non intelligitur vel cogitatur … profecto Deus … non est quo maius cogitari non possit … Quod quam falsum sit, fide … tua pro firmissimo utor argumento* (C. Gaun. I, I 130, 12ff.).

[15] [편주] *De concordia Qu. III 6*, II 271, 10.

이고, 듣다 *audit*는 '그는 물리적으로 그것을 듣는다 er hört sie physisch'이며 그것을 문법적으로 논리적으로 이해함을 의미한다. (안셀무스는 나중에 이렇게 자신을 설명한다.)[16] 이 듣다*audit*를 전제해야 안셀무스가 말한다고 주장할 수 있다. 그는 듣는 것을 이해한다*intelligit quod audit*. 이것은 다음과 같은 것을 의미한다. 마음으로 하나님의 존재를 부정하는 어리석은 이는 이 공식을 들을 때 그것을 생각하고 그것의 문자적 의미를 고려한다. 하나님은 자신보다 더 큰 것을 상상할 수 없는 방식으로 자신을 드러내신다. 안셀무스는 우둔한 자는 이것을 문자적 의미로 이해하여 이 공식을 되풀이할 수 있고 그렇게 묘사된 하나님의 존재를 부정할 수 있다고 본다. 여기서 그는 우둔한 자가 스스로 하나님의 이름을 상상조차 하지 않고 그가 부정한 것의 의미에 대한 책임을 지지 않고서는 하나님의 존재를 부정할 수 없다고 본다.[17] 또한 제시한 하나님의 이름은

---

[16] 이미 알고 있는 언어로 말하는 것도 이해하지 못하는 자는 지성이 전혀 없거나 형편없는 자이다. *Utique qui non intelligit, si nota lingua dicitur, aut nullum aut nimis obrutum habet intellectum* (C. Gaun. 2, I 132, 11ff.).

[17] 어떤 사람이 '더 이상 큰 것을 생각할 수 없는 이'가 없다고 말할 만큼 어리석을지라도, 자기가 말한 것을 이해하거나 생각할 수 없을 만큼 미련할 수는 없다. 또 누군가가 혹시 그러한 사람이라면 그의 주장만 반박할 것이 아니라, 그 사람 자신이 창피를 당해야 한다. 그러므로 '더 이상 큰 것을 생각할 수 없는 이'가 있다는 것을 부인하는 자는 누구든지 자기가 부인하는 것을 이해하고 생각하고 있는 것이다. 부인하고자 한다면 그것의 부분들이 있어야만 이해하거나 생각할 수 있다. *… etsi quisquam est tam insipiens, ut dicat non esse aliquid quo maius non possit cogitari, non tamen ita erit impudens,*

불가해한 것이 아닌, 이해할 수 있는 것이다. 공식으로 표현한 금령 [더 큰 것을 상상할 수 없는]은 그것이 지켜지건 그렇지 않건 간에 그것 자체로 분명하다. 하나님 *Deus*이라는 말을 더 큰 것을 상상할 수 없는 이 *quo maius cogitari nequit*로 해석하는데 언제나 동의하는 이는(안셀무스는 이 동의에 대하여 별로 개의치 않는다고 말한다![18]) '하나님' 이라는 문자적 의미가 의미를 지니지 않는다고 불평할 수 없다.

> … *et quod, in intellectu eius est, etiam si non intelligat illud esse.* (I 101, 8f.)
> 그리고 그가 이해한 것은 심지어 그것이 존재한다는 것을 그가 모를지라도 그의 지식 속에 존재한다.

이해 속에 존재함 *Esse in intellectu*은 이 장 뒷부분에서 실제로 존재

---

*ut dicat se non posse intelligere aut cogitare quid dicat. Aut si quis talis invenitur, non modo sermo eius est respuendus, sed et ipse conspuendus. Quisquis igitur negat aliquid esse quo maius nequeat cogitari: utique intelligit et cogitat negationem quam facit. Quam negationem intelligere aut cogitare non potest sine partibus eius; Pars autem eius est 'quo maius cogitari non potest'. Quicumque igitur hoc negat, intelligit et cogitat 'quo maius cogitari nesquit'* (*C. Gaun. 9*, I 138, 11ff.).
여기서 우리는 하나님에 대한 기술과 관련된 전제에 대해 안셀무스가 토론 상대에게 자신의 입장을 어떻게 변증하고 있는지 알아야 한다.
[18] [편주] A: 요청하다

함*esse in re*과는 분명히 구분되어 나타나고 가우닐로와의 논쟁에서는 인식 속에 존재함*esse in cogitatione*과 동일한 것을 의미한다.[19] 따라서 이 표현은 다음을 의미한다. 지식 속에, 생각 속에 존재한다는 것은 사유하는 어떤 것으로 존재하는 대상, 존재하는 것으로 사유하는 어떠한 것이다. 이에 대해 안셀무스는 네 가지 구분을 하는데 이들은 서로 완전히 다른 것을 의미한다.(1. 말하다*dicere* 2. 듣다*audire* 3. 이해하다*intelligere* 4. 이해 속에 존재하다*in intellectu esse*) 그가 말하려 하는 것은 청자가 그 공식을 사유할 수 있다기보다 이 공식은 심지어 우둔한 이*insipiens*에게도 무엇인가를, 누군가를 묘사한다는 것이다. 그는 이 공식을 위대한 유일자에 대한 언어적 상징인 하나님*Deus*이라는 단어에 대한 묘사로서 이해한다. 이 공식을 생각함으로써 그 역시 이 문제의 더 큰 이*problematische Grösse*를 생각하고 더 이상 큰 것을 생각할 수 없는 이*quo maius cogitari nequit*가 존재하는 하나의 대상인 것으로 본 것이지만, 문제의 더 큰 이는 존재하는 대상이 아니다.[20] 심지어 '이것이 존재하는 것을 그가 모

---

19 *C. Gaun.* 1, I 130, 13.

20 이것을 코이레(A. Koyré)는 다음과 같이 묘사한다. "지성에서 어떤 것을 가진다는 것이 지성적 활동의 대상을 의미하는 가장 보편적 방식일 뿐이다. 아마도 존재로서 대상이 나타날 때 지성이 대상의 존재를 함께 가지고 있다고 말할 수 있을 것이다. 우리의 지성 속에 있는 존재는 실질적 존재의 모방, 이미지, 재현이나 상징이 아니다. 이 존재는 그 자신이다. 지성에 존재하는 것은 단지 지성적 계획의 대상이라는 것, 그리고 계획적 존재라는 것을 의미할 뿐이다." *Avoir quelque chose dans l'intelligence n'est que la manière*

를 때', 더 큰 이의 존재를 개념 이상으로는 생각할 수 없을뿐더러, 우둔한 그가 실제로 그 존재를 부정할 때, 더 큰 이는 존재하는 대상이 아니다. 이 문제를 특별히 다루는 가우닐로와의 논쟁에서 이것은 명확해진다.

1. 가우닐로는 안셀무스의 주장을 다음과 같이 공식화했을 때 그를 올바르게 해석했다고 할 수 있다. "하나님의 현존은 이 공식을 아는 것이며 그 지식의 근거가 된다."[21]
2. 가우닐로가 이 문장의 문자적 의미를 넘어서 인용한 안셀무스의 주장[22]에 동의하며 심지어 하나님의 존재를 의심하거나 부정하는 이라도 이해 속에*in intellectu*[23] 존재하는 하나님을 가지

---

*la plus générale de dire que cette même chose est l'object d'un acte intellectuel. On pourrait peut-être dire que dans le cas, où l'on se représente l'object comme existent, on l'a dans l'intelligence avec son existence. l'être que l'on a dans l'intelligence n'est pas une copie, une image, une représentation ou un symbole de l'être réel. C'est cet être lui-même. In intellectu esse ne veut dire qu'être objet d'une intention intellectuelle, avoir une existence intentionnelle* (*l'idée de Dieu* etc., S. 208f.).

[21] 그것이 이미 내 지성 속에 있다고 말하는 것은 이것을 내가 이해하기 때문일 뿐이다. *Quod hoc iam esse dicitur in intellectu meo, non ob aliud, nisi quia id, quod dicitur, intelligo* … (*Pro. insip. 2*, I 125, 14f.). 안셀무스가 재인용한 다음의 문장을 참조하시오. 내가 어떤 것을 이해했다면 그것은 지성 속에 있다고 말할 수 있다. *dixi quia si intelligitur, est in intellectu* (*C. Gaun. 2*, I 132, 14).

[22] 168쪽, 각주 17 참조.

[23] 이 본성에 대해서 말하는 것을 들으며 이해하며 그 본성을 거부하거나 의심하

고 있다<sup>habe</sup>라고 설명할 때, 그는 안셀무스를 바르게 해석하였 다고 할 수 있다.

3. 안셀무스가 증명하려 했던 것은 하나님이 그 안에 현존하고 있는 사람에게는 지성이 있다는 것임을 말함으로써 이후에 이 주장을 풀이한다.[24] 그는 역설적인 의도로 혼란스러운 질문을 던지고 이 결론을 근거로 삼는다. 참된 필연적 존재인 것으로 증명된 것은 어떠한 사람의 지성에 존재할 수 없는가?[25] 여기서 전제한 것은 존재 증명을 하려는 것이지, 존재 증명을 함으로써 생긴 결론이 아니다. 즉, 어떠한 사람에게는 이(참된) 존재 증명의 대상은 그들의 지성 속에 선험적으로(문제의<sup>problematische</sup>) 현존해야만 한다. 이러한 사람들도 있다. 따라서, 하나님은 어떤 생각 속에 존재한다(*Ergo: Deus est in ullo intellectu*). 이 이해 속에서의 명제는 안셀무스의 목적에 충분히 부합한다.

4. 이 질문에 이어 (전체 문맥에서 벗어나) 논쟁자가 하나님은 이해 속에 존재한다<sup>esse Deus in intellectu</sup>를 생각하지만 있다<sup>esse</sup>에 대한 이해<sup>intelligere</sup>에 대하여 의심을 품을 것이라고 안셀무스는 예측

---

면서 그것은 이미 지성 속에 있는 것이 되기 때문이다 … *quod ipse negans vel ambigens de illa (sc. natura) iam habeat eam in intellectu, cum audiens illam dici, id quod dicitur, intelligit* (Pro insip. 1, I 125, 4ff.).

[24] 만일 '더 큰 것을 생각할 수 없는 이'가 지성 속에 없다면 … '*quo maius cogitari nequit*', si est in ullo intellectu … (C. Gaun. 2, I 132, 30f.).

[25] 참된 실재로서 필연적으로 존재한다고 제시한 것이 지성 속에 존재하지 않겠는가? *An est in nullo intellectu, quod necessario in rei veritate esse monstratum est?* (ib., I 132, 14f.).

을 한다.[26] 처음에 안셀무스는 이 이해하다*intelliger*에 대한 질문을 파고들지 않고 이해하다*intelligere* (듣는 것을*quod audit*)에서 이해 속에 있음*esse in intellectu*[27]으로 나아가는 논리적 필연성을 보이는데 주력한다. 그는 다음의 사항이 알려지고 동의된 것으로 전제한다. 1. 사유라는 현실태*cogitatio*에는 사유*cogitare*라는 행위 때문에 사유된 것*quod cogitatur*의 재현이 일어나서 사유된 것은 다음과 같이 말할 수 있다. 그것은 이 사건 속에서, 그 사건과 함께 *in und mit disem Ereignis* 존재한다 *est in cogitatione*. 2. 이해

---

[26] 그러나 당신이 아무리 지성 속에 있다고 해도 이해하였다고 말할 수 있는 것은 아니다. *Sed dices quia etsi est in intellectu, non tamen consequitur quia intelligitur* (*ib.*, I 132, 15f.)*.

\* [편주] 바르트는 제1판에서는 이 문장을 다니엘스에서 재인용하고 있다, 다음의 18행 이하 참조 "그러나 당신은 그것이 지성 속에 존재한다고 할지라도 그것이 이해된다는 사실로 귀결되지 않는다고 말할 수 있을 것이다." *Sed dices quia etsi est in intellectu, non tamen consequitur quia intelligitur.* 위의 책, 다니엘스의 이본(異本)에서는 '이해되는 것으로 귀결되다'라는 상치되는 견해가 전해진다. 이것은 제2판에서 삭제되었으며, 다음과 같은 주석이었다. "사람들은 이해된 것(*intelligitur*) 앞에 ('왜냐하면'을 의미하는) *quia*를 삽입한 옛 필사자의 의도를 이해한다. 그는 그렇게 함으로써 그 문장에서 이어지는 것이 거기서 부정되는 것에 대한 증명으로 이해되어야 할 때, 그 문장이 가져야 했던 형태를 부여하였다. 그러나 그것은 그렇지 않다. 이해된다는 것으로 귀결되다(*consequenter intelligitur*)는 이미 안셀무스적 증명의 다음 단계와 관련이 있으며, 거기서 지성 속에 존재하는 것에서 문제적인 (사물적) 존재의 인식으로 도출되어야 한다."

[27] 이해했다는 사실에서 그것이 지성 속에 있다는 것은 당연한 귀결임을 보라. *Vide, quia consequitur esse in intellectu ex eo quia intelligitur* (*ib.*, I 132, 16f.).

*intellectus*는 인식*cogitatio*의 특별한 형태이고 이해하다*intelligere*는 인식하다*cogitare*의 특별한 형태이다. 따라서 이 법칙을 여기에 적용해야 한다. 이러한 전제에서 더 이상 큰 것을 생각할 수 없는 것으로 명명한 대상을 알게 될 때, 그것을 아는 행위 *intelligere*와 지성의 사건*intellectus*에 의해 이 대상은 재현되기에, 다음과 같이 말할 수 있다. 대상은 이 사건에서 이 사건과 함께 *in unnd mit* 존재한다*est in intellectu*.[28] 여기서 우리는 프로슬로기온의 한 문장에서 나온 다음의 조건을 기억해야만 한다. 그가 그것을 이해하지 못한다 할지라도*etiam si non intelligat illud esse*. 이 사건이 자발적이거나 그렇지 않은 허구(표현된 대상 *extramentalen Existenz*의 마음 밖에 있는 존재성) 때문인지는 아직도 결정되지 않았다. 이것이 말하고 보이는 것은 이 사건에서 이 대상의 재현이 일어나고 그것의 내적 존재성이 명증해진다는 것이다.

5. 텍스트에서 내린 결론에 대해 가우닐로는 두 가지 반대 의견을 제기한다. 그것은 가우닐로가 오히려 동의하는 것으로 보이는

---

[28] 생각되는 것은 사고를 통해서 되며 사고를 통해 생각되는 것은 생각되는 것처럼 그렇게 사고 속에 있다. 이와 마찬가지로 이해하는 것은 지성을 통해 이해되며 지성을 통해 이해되는 것은 이해되는 것처럼 지성 속에 있는 것이다. 무엇이 이것보다 더 분명할 수 있는가? *Sicut enim quod cogitatur, cogitatione cogitatur, et quod cogitatione cogitatur, sicut cogitatur, sic est in cogitatione: ita quod intelligitur intellectu intelligitur, et quod intellectu intelligitur, sicut sicut intelligitur, ita est in intellectu. Quid hoc planius ?* (*ib.*, Ⅰ 132, 17ff.).

결론의 타당성에 대한 것이 아니라, 안셀무스가 부가한 그 결론의 중요성에 대한 것이다. 첫 번째 반대: 가우닐로의 관점에서 볼 때, 대상들은 진짜 존재하는가, 그렇지 않은가는 동일한 존재성을 가진다는 것이다.[29] 이것에 대해 안셀무스는 가우닐로는 이러한 주장을 함으로써 헛수고를 하고 있다고 응답한다. 하나님은 (이해 속에 그리고) 실제로 존재한다 *Deus est (in intellectu et) in re*라는 명제는 처음에는 일반적이고 모호하며 불분명한 형태로 등장하였다. 하나님은 이해 속에 존재한다 *Deus est in intellectu*. 무엇보다 먼저 보아야 하는 것은, 이 명제가 제한적인 *in solo intellectu* 혹은 확대된 해석 *in intellectu et in re*을 하는가의 여부, 의심의 여지가 없는 *dubium*이라는 말이 실제로 거짓 *falsum*인가 아니면 진실 *verum*인가 하는 것이다. 가우닐로는 어떻게 이 결론이 이미 전제에서부터 명백하다고 예상할 수 있었는가?[30]

---

[29] 거짓된 것과 실제로 존재하지도 않는 것도 마찬가지로 지성 속에 있다고 어떤 사람이 말할 때, 그가 말한 것을 내가 이해하기 때문이 아니겠는가? … *nonne et quaecumque falsa ac nullo prorsus modo in seipsis existentia in intellectu habere similiter dici possem, cum ea, dicente aliquo, quaecumque ille diceret, ego intelligerem?* 가우닐로는 이 이해 속에 존재함 *esse in intellectu* 이 절정에 이른다고 말한다. 거짓되고 의심스러운 것도 생각 속에 있다는 그러한 방식으로 존재한다. … *e modo, quo etiam falsa quaeque vel dubia haberi possit in cogitatione … in quo (sc. in intellectu meo, cum auditum intelligo) similiter esse posse quaecumque alia incerta vel etiam falsa ab aliquo, cuius verba intelligerem dicta (Pro. insip. 2, I 125, 5ff.; 126, 11f.).*

[30] 놀라운 것은 여기서 그대가 의심스러운 것을 증명하려는 나를 반박하였다는 사실이다. 나는 그것이 어떠한 방식으로든 이해되고, 또 지성 속에 존재한다는 것을 보여주는 것으로 만족하였으며 이것을 기초로 하여서 그것이 거짓된

당연히 오직 지성 속에서(참된 대상성Gegenständlichkeit에는 진리가 다른 방식으로, 이름 하여 실제로in re 존재해야만 한다는 주장을 받아들임으로써) 그만큼만 존재하는 것은 거짓인 것이다![31] 안셀무스의 공식이 기술하는 현존재들의 참된 존재에 대한 지식은 일반적인 것이 아니라 특별한 것이다. 즉 이 지식이 참된 대상이나 거짓된 대상을 기술하는지의 여부를 결정해야한다! 그러나 이 지식은 다음의 가정에 반反하고 있지 않은가. 하나님은 청자의 이해 속에, 더 이상 큰 것을 생각할 수 없다는 지성 속에 존재한다(Deus est in intellectu audientis et intelligentis 'quo maius cogitari nequit').[32] 사실, 이러한 반박은 안셀무스가

---

대상으로 단지 지성 속에만 존재하는지, 참된 것으로 실제로 존재하는지 고찰할 수 있었다. *Miror quid hic sensisti contra me dubium probare volentem, cui primum hoc sat erat, ut quolibet modo illud intelligi et esse in intellectu ostenderem, quatenus consequenter consideraretur, utrum esset in solo intellectu, velut falsa, an et in re, ut vera* (C. Gaun. 6, I 136, 4ff.).

[31] 만일 거짓된 것과 의심스러운 것을 언급할 때 듣는 자는 말한 자가 무엇을 나타내려고 했는가를 이해하는 방식으로 이해하며, 지성 속에 있다 하면 내가 말했던 것을 이해하며 지성 속에 있는 것을 막을 수 없다는 것이다. *Nam si falsa et dubia hoc modo intelliguntur et sunt in intellectu, quia cum dicuntur, audiens intelligit quid dicens significet, nihil prohibet quod dixi intelligi et esse in intellectu* (ib., I 136, 8ff.).

[32] 만일 거짓된 것이 어떠한 방식으로든 이해되고 이 정의가 모든 지성이 아니라 특정한 지성이 작용한 것이라면, '더 큰 것을 생각할 수 없는 이'가 실제로 존재한다는 사실이 증명되기 전에 그것이 이해되고 지성 속에 존재한다고 말했다는 이유로 나를 비판하여서는 안 된다. *Quodsi et falsa aliquo modo intelliguntur, et non omnis sed cuiusdam intellectus est haec definitio: non debui reprehendi quia dixi 'quo maius cogitari non possit' intelligi et in*

프로슬로기온 본문에서 제기한[33] 문제라는 것을 알아야 한다.

6. 더 명민한 가우닐로의 두 번째 반대 의견은 다음과 같다. 발화 되고 청취된 이름인 더 이상 큰 것을 생각할 수 없는 이*quo maius cogitari nequit*로 명명된 대상은 청자의 지성 속에 존재하게 된 다. 그러나 이것은 생각할 수 없는 것과 같은 방식으로만 일어 난다.[34] 말하자면, 이것은 사유가 의도한 존재인, 완전히 존재하 는 것으로는 알려지지 않았지만 사유가 대상에 부여한 존재를 말한다.[35] 가우닐로는 다음과 같은 근거로 이러한 주장을 한다. 우리는 제한된 인식 혹은 제한된 인식과 유사한 것의 토대 위 에서 하나님이라 명명한 존재와 더 이상 큰 것을 생각할 수 없

---

*intellectu esse, etiam antequam certum esset re ipsa illud existere* (*ib.*, I 136, 17ff.).

[33] [편주] A: 첨부된

[34] 적어도 특정한 사물의 진리에 따라 생각할 수 없는 것이 지성 안에 존재한다 고 말해야 한다면, 내 안에 이것이 그런 방식으로 있다는 것을 부정하지는 않는다. *Si 'esse' dicendum est in intellectu, quod secundum veritatem cuiusquam rei nequit saltem cogitari, et hoc in meo sic 'esse' non denego* (*Pro insip. 5*, I 127, 29f.).

[35] 나는 어떻든 실제로 그것이 가장 큰 것이라고 말하지도 않았고, 심지어 부정 하거나 의심하기까지 했었다. 만일 그것이 존재한다고 말해야 한다면, 내가 전혀 알지 못하는 어떤 사물을 단지 청취한 단어에 따라 마음속에 그려보려고 노력할 때 떠오르는 그런 존재 이외에 다른 존재를 인정하지 않는다. *Ego enim nondum dico, immo etiam nego vel dubito, ulla re vera esse maius illud, nec aliud ei 'esse' concedo quam illud, si dicendum est 'esse', cum secundum vocem tantum auditam rem prorsus ignotam sibi conatur animus effingere* (*ib.*, I 128, 4ff.).

는 존재로 명명한 그 대상을 거의 알지 못한다.[36] 안셀무스가 유일무이한 것이라고 묘사한 것과 동일한(따라서 간접적으로 는 유추조차 할 수 없는) 이 대상을 직간접적으로 우리가 알 수 없다.[37] 우리는 존재하는 것으로 잘못 기술된 한 사람을 최소 한 존재한다고 상상할 수는 있다. 왜냐하면 최소한 우리는 일반 적으로 인간 존재가 의미하는 바를 알기 때문이다. 그러나 하나 님의 존재는 상상할 수는 없고 다만 하나님에 대하여 들은 말 을 토대로 상상할 수밖에 없다. 여기에 가우닐로는 말을 가지고 서 진실인 것을 생각하는 것은[38] '대단히 드물거나 결코 kaum

---

[36] 생각할 수 있는 것보다 큰 것 … 내가 그것을 들을 때, 그것을 종이나 유로 인식되는 사물이라고 말한다면, 그것을 생각하지 않거나 지성 속에 가지지 않을 수도 있듯이 하나님에게도 그렇게 할 수 있다. *… illud omnibus quae cogitari possint maius … tam ego secundum rem vel ex specie mihi vel ex genere notam, cogitare auditum vel in intellectu habere non possum, quam nec ipsum Deum (ib., 4, I 126, 30~127, 2).*

[37] 왜냐하면 나는 그 자체를 몰랐을 뿐 아니라, 당신도 그에 대해서 비슷한 것이 있을 수 없다는 식으로 주장했던 것처럼, 비슷한 다른 것에서 유추할 수도 없기 때문이다. *Neque enim aut rem ipsam novi aut ex alia possum conicere simili, quandoquidem et tu talem asseris illam, ut esse non possit simile quicquam (ib., I 127, 3f.).* 가우닐로는 여기서 프로슬로기온 5~26장 전체 내용을 생각하고 있다.

[38] 하나님이나 모든 것보다 큰 것이라는 말을 들을 때 그것을 내 생각이나 지성에 가지는 것은 거짓된 것(존재하지 않는 이의 존재)을 가지는 것과는 물론 다르다. 하지만 그것을 내가 알게 된 참된 사물에 따라서 생각할 수 있을 때 이 생각은 전적으로 소리를 따라서 이루어진 것일 뿐이다. 곧 그 어떤 참된 것을 생각함이 거의 또는 전적으로 불가능한 방법으로 이루어진 것이다. *Nec sic igitur ut haberem falsum istud in cogitatione vel in intellectu, habere*

je order niemals' 상상할 수 없을 것이라는 불확실함을 더한다. 이것은 존재한다고 생각해야만 하는 어떤 것으로 문자들의 소리와 (당연히 존재하는) 들려진 단어의 음절들뿐만이 아니라, 그 단어의 의미까지도[39] 이해하는 것이다. 하나님의 존재에 대한 사유는 다른 것이 아니라[40], 자신이 들은 말로써 어떠한 지식도 없는 이가 하나님의 현존을 사유하는 것에서 기인하는 것이다. 이러한 반박에 대한 안셀무스의 반응을 이해하려면 다음

---

*possum illud, cum audio dici 'Deus' aut 'aliquid omnibus maius' cum, quando illud secundum rem veram mihique notam cogitare possem, istud omnino nequeam nisi tantum secundum vocem, secundum quam solam aut vix aut numquam potest ullum cogitari verum (ib., I 127, 11ff.).*

[39] 만일에 생각이 그렇게 소리에 따라 이루어진다면, 어쨌든 그 일은 참된 일 자체인 소리, 그것은 곧 문자나 음절의 울림인데, 그 들린 소리의 의미를 생각하는 방식을 말하는 것이 아니다. *Siquidem cum ita cogitatur, non tam vox ipsa quae res est utique vera, hoc est litterarum sonus vel syllabarum, quam vocis auditae significatio cogitetur (ib., I 127, 15ff.).*

[40] 소리의 의미는 모르지만 소리를 들음으로써 자기 영혼에 일어난 동요, 곧 파악된 소리의 영향과 의미를 자기에게 그려 보이려는 것이 바로 소리에 따라 이루어지는 생각이다. 한 번이라도 대상의 참됨에 따라 이루어진다면 그야말로 놀라운 일이다. 따라서 생각할 수 있는 어떤 것보다도 큰 것이 존재한다고 말하는 것을 듣고 또 생각할 때 그것은 다른 식으로는 지성 속에 있을 수 없다. ... *ita ut (sc. cogitatur) ab eo qui illud non novit et solummodo cogitat secundum animi motum illius auditu vocis effectum significationemque perceptae vocis conantem effingere sibi. Quod mirum est, si umquam rei veritate potuerit. Ita ergo, nec prosus aliter, adhuc in intellectu meo constat illud haberi, cum audio intelligoque dicentem esse aliquid maius omnibus quae valeant cogitari (ib., I 127, 18ff.).*

의 세 가지를 염두에 두어야만 한다.

a) 이미 앞에서 한 번 이상 인용했던 구문의 서두에서, 안셀무스는 가우닐로와 같은 기독교인이 더 큰 것을 생각할 수 없는 이*quo maius cogitari nequit*가 묘사하는 이에 대해서 아무것도 모르는 것처럼 행동하는 것은 불가능하다고 단언한다. 아마도 우둔한 이*insipiens*는 - 그는 심지어 하나님의 이름이 그에게 선포된 이후에도 우둔한 이로 남아있을 것이다 - 우둔한 이의 대변인으로서 가우닐로는 최소한 하나님은 이해 안에 존재한다*esse Dei in intellectus*를 안셀무스와 동일하게 이해한다. 기독교인으로서 그는 이해함*intellectus*이라는 사건에 참여하고, 이해하다*intelligere*라는 행위의 주체이므로, 그는 하나님은 존재한다*esse Dei*라는 사건이 실제라는 것의 증인이 될 수 있다.[41] 하나님은 최소한 모든 이해*in ullo intellectu*[42] 속에서, 단순히 공허한 것이 아니라 앎의 대상이 되신다.

---

[41] 나는 이렇게 말한다. 만일 더 이상 큰 것을 생각할 수 없는 것이 이해되거나 생각할 수 없으며 지성 속에나 생각 속에 없다면, 분명히 하나님은 … 지성 안에나 생각 안에 존재하지 않는다. 이것이 틀리다는 것을 말하기 위해 … 당신의 믿음과 양심을 이용한다. 따라서 더 이상 큰 것을 생각할 수 없는 것은 참으로 이해되기도 하며 생각되기도 하고 또 지성과 사고 안에 존재한다. *Ego vero dico: Si 'quo maius cogitari non potest' non intelligitur vel cogitatur nec est in intellectu vel cogitatione: profecto Deus… non est in intellectu vel cogitatione. Quod quam falsum sit… conscientia tua pro firmissimo utor argumento. Ergo 'quo maius cogitari non potest' vere intelligitur et cogitatur et est in intellectu et cogitatione (C. Gaun. 1,* I 130, 12ff.).

[42] 172쪽, 각주 24 참조.

b) 이 대상에 대하여 다시 언급하자면[43], 하나님을 상상할 수 없음에 대한 지식은 그의 (내적) 현존에 대한 지식과 대립할 수 없다. 그 이유는 하나님에 대한 지식과 믿음에 대한 지식이 그러하듯, 하나님을 상상할 수 없음에 대한 지식은 그의 현존에 대한 지식을 전제하기 때문이다. 만일 가우닐로가 정말로 하나님을 생각할 수 없음을 생각했더라면, 그는 분명 하나님의 현존에 대한 지식에 대하여 **대상의 진리를 따라** *secundum veritatem cuiusquam rei*[44] (예를 들어, 인간의 존재에 대한 지식에 상응하는) 어떠한 질문도 하지 않았을 것이고, 그 질문의 불가능성 때문에 하나님의 존재에 대한 지식에 반하는 주장을 할 수 없었을 것이다. 그러나 그에게 더 큰 것을 생각할 수 없는 이 *quo maius cogitari nequit*는 단지 그가 인식한 말 *percepta vox* 중에 하나이며, 역동적 말이 아니라는 사실은 그의 지식에 있는 치명적 결함과 연관된다. 계시되고 믿어진 것은 하나님의 이름이 아니다. 하나님을 생각할 수 없음을 이해하는 것에 실패했다는 것은 문자와 음절을 넘어선 말 *voces*을 이해하지 못했다는 것을 보여준다. 따라서 이것 역시 의미가 없다. a)에서 보았듯 그리스도인으로서 가우닐로는 이러한 말 *voces*과 **구체적으로** *in concreto* '더 큰 것을 생각할 수 없다는' 말 *vox 'quo maius cogitari nequit'*을 안셀무스와 같은 방식으로 다룰 수는 없었다. 그렇게 함으로써 그는 그 말들을 대면할 필연성을 피하였다기보다 오히려 그 가능성을 부

---

[43] 158쪽 참조.
[44] 177쪽, 각주 34 참조.

정하였다. 다시 말해 이 이름을 이해하고 듣는 것은 듣고 이해하는 사람이 결코 단순한 단어(신*Deus*과 같은 단어)가 아니라, 하나님의 존재를 표현하거나 포함하지 않음에도 하나님의 개념에 대한 분명한 한계를 제시하여 이해 속에서의*in intellectu* 존재를 기술하는 것을 금지함을 통하여 그의 존재를 어느 정도 이해함*aliquatenus intelligere*을 의미한다. 이러한 점에서 우리는 최소한 하나님의 존재를 깨닫기 위한 질문을 하면서 신조의 내용에 대한 희미한 빛을 볼 수 있고 그 금지를(단순히 X의 존재와는 다른) 만든 하나님의 존재를 깨닫지 못하고서는 그것을 들을 수 없는 것이다. 생각할 수 있는 무언가가 하나님을 생각할 수 없음에 대한 진술에 따라 말해진다. 따라서 하나님을 생각할 수 있는 양적인 것으로 계산하여 보지 않더라도 기술할 수 있듯이, 하나님의 이름은 단순한 정의로 보자면, 그 이름이 어느 정도*aliquatenus*인 하나님을 묘사한다. 그럼에도 불구하고 그것은 하나님을 묘사하는 것이다.[45] 가우닐로가 모든 말*voces*

---

[45] 말하자면, 파악할 수 없는 것을 언급할 수 없다고 할지라도 '파악할 수 없음' 이라 말하는 것은 금지되지 않는다. '생각할 수 없다'는 것을 생각할 수 없다고 할지라도 '생각할 수 없음'을 생각할 수 있다. 이와 같이 '더 이상 큰 것을 생각할 수 없는 그 사물'은 생각하거나 이해할 수 없다고 할지라도 들은 것을 생각하고 이해할 수 있다. *Sicut enim nil prohibet dici 'ineffabile', licet illud dici non possit quod 'ineffabile' dicitur; et quemadmodum cogitari potest 'non cogitabile', quamvis illud cogitari non possit cui convenit 'non cogitabile' dici : ita cum dicitur 'quo nil maius valet cogitari', procul dubio quod auditur cogitari et intelligi potest, etiam si res illa cogitari non valeat aut intelligi, qua maius cogitari nequit* (C. Gaun. 9, I 138, 6ff.).

의 지적 힘을 부정하면서 주저하는 듯한 '거의 혹은 전혀 아닌 kaum je oder niemals'[46] 이라는 말은 논쟁을 하고 있는 그 자신이 문제에 대하여 잘 모르고 있다는 것을 의미한다. 어떻게 그럴 수 있는가?

c)  가우닐로의 반론은(하나님의 이름을 들은 것을 토대로 한 지식 속에서의 하나님의 현존은 아직 완전히 알려지지 않은 어떤 존재라는 사실에 대한 반박) 하나님의 이름과 여기서 증명되는 그의 존재에 따라 하나님의 본질 역시 계시된다는 사실을 고려하지 않은 것이다. 만일 그것을 합리적으로 고려했더라면, 이에 대한 반론은 분명히 불가능했을 것이다. 안셀무스의 관점은 하나님의 본질에 대한 기술에서 하나님이 존재한다는 명제를 증명하며 이것에는 어떠한 의문이 없다.[47] 하나님의 이름을 듣는 사람은 — 그 사람이 정말로 그것을 들었는가는 다른 문제이지만 들을 수 있다고 할 때 — 누구나 무엇인가를 상상할 수 있다 etwas dabei denken. 왜냐하면 만일 그 사람이 진실로 들었다면, 하나님의 본성을 계시받지 않고서는 그것을 듣는 것이 불가능하기 때문이다. 나아가 그 사람이 하나님의 이름은 공허한 개념

---

[46] 178쪽, 각주 38 참조

[47] 여기서 제시되는 모든 것은 존재의 문제는 예외로 한다. 존재의 문제는 다른 곳에서 다루어져야 한다.
… 자기가 생각한 것이 있다는 것을 믿지는 않는다 할지라도 … 이러한 것은 실제로 있기도 하고 없기도 한 것이다. … *etiam si non credat in re esse quod cogitat … sive sit in re aliquid huiusmodi sive non sit* (C. Gaun. 8, I 137, 19 u. 23f.).

이라는 것을 근거로 하여 하나님의 현존을 논의하는 것은 불가능한 일이다. 안셀무스는 가우닐로를 반박하며 쓴 글의 두 문단에서 다른 관점으로 이를 언급한다. 첫 번째 인용에서, 가우닐로가 프로슬로기온 13장과 18~22장을 읽은 것을 요약하면서, 안셀무스는 더 큰 것을 생각할 수 없는 이*quo maius cogitari nequit*라는 공식의 토대 위에서 하나님의 편재와 분할할 수 없는 무한성Unteilbaren Ewigkeit을 이해할 수 있음을 보여주었다. 즉 무한하지 않고 편재하지 않는 유한한 것은 존재하지 않는다고 생각할 수 있다. 존재한다고 생각하는 하나님을 존재하지 않는 것으로 생각할 수 없다. 존재하지 않는 것으로 여기는 어떠한 것은 설령 그것이 존재한다 할지라도 하나님일 수 없고, 더 큰 것을 생각할 수 없는 이*quo maius cogitari nequit*일 수 없다. 따라서 하나님은 홀로 무한히 편재하시는 유일자이시다. 하나님의 속성이 완전히 상상을 넘어 있는 것, 즉 하나님의 속성이 완전히 가려져 있는 것을 전제하더라도, 하나님이 자신의 드러내심 속에서 영원하고 편재하신[48] 존재로 우리에게 생각될 수 있음을 전제하는 것이다. ─ 하나님의 영원성과 편재성이 더 큰 것을 상상할 수 없는 이*quo maius cogitari nequit*라는 공식의 토대 위에서 이해될 수 있음─ 이것이 비록 지적으로는 제한되고 오직 외부에서 오는 실제적 대상을 가리킬지라도 더 큰 것을 상상할 수 없는 이*quo maius cogitari nequit*라는 공식에 대한 지식이 있을 수 있다. 결국 그 존재는 언제나 어디서나 지식의 주체가 되는 현존성을

---

[48] [편주] A: 영원하며 편재하는

지닌다.[49] 이러한 점에서 안셀무스는 두 번째 관점을 상기시킨
다. 가우닐로의 두 번째 명제인 나는 그 자체나 유사한 것도 유추
할 수 없었다 *neque enim aut rem ipsam novi aut ex alia possum conicere*

---

[49] 이 때문에 그 어느 곳, 어느 때에나 전체로 있지 않는 것은 아무리 있다고
해도 없다고 생각할 수 있다. 이와 반대로, "더 이상 큰 것을 생각할 수 없는
없는 것"이 있다면 없다고 생각을 할 수 없다. 만일 그것이 있다면 그것은
"더 이상 큰 것을 생각할 수 없는 것"이 아니다. 이것은 있을 수 없다. 그러므
로 그것은 어느 곳 어느 때에나 전체로서 존재하고, 어느 곳에서나 온전하게
존재한다. 이러한 이해의 대상을 생각할 수 있고 이해하면 생각과 지성 속에
존재한다는 것을 당신도 어느 정도는 생각할 수 있지 않은가? "더 이상 큰
것을 생각할 수 없는 것"은 분명히 지금까지 말한 것을 이해한 것만큼 이해한
것이며 지성 속에 존재하고 있다. *Quare quidquid alicubi aut aliquando*
*totum non est, etiam si est, potest cogitari non esse. At 'quo maius nequit*
*cogitari': si est*(!), *non potest cogitari non esse; alioquin si est, non est quo*
*maius cogitari non possit, quod non convenit. Nullatenus ergo alicubi aut*
*aliquando totum non est, sed semper et ubique totum est. Putasne*
*aliquatenus posse cogitari vel intelligi aut esse in cogitatione vel intellectu,*
*de quo haec intelliguntur? … Certe vel hactenus intelligitur et est in*
*intellectu 'quo maius cogitari nequit', ut haec de eo intelligantur* (C. Gaun.
*1*, I 131, 31~132, 9). C. Gaun.(가우닐로를 반박하며) 1장은 잘 조직된 글이
아닌데, 그 이유는 무엇보다도 안셀무스가 가우닐로의 반론을 되새기고 있기
때문이다(I 130, 20ff.). 당신은 생각하기를 1. 더 이상 큰 것을 생각할 수 없는
것이 이해되었다는 사실에서 그것이 지성 안에 있는 것도 아니고, 2. 설사
이해 안에 있다고 해도 실제로 있는 것이 아니라고 한다. *Putas 1. ex eo quia*
*intelligitur aliquid quo maius cogitari nequit, non consequi illud esse in*
*intellectu, 2. nec si est in intellectu, ideo esse in re.* 그러나 답변에서 그는
프로슬로기온 3장에서 증명의 세 가지 관점으로 1에 대하여 다루고 2를 이해
안에 존재함으로 다룬다(I 131, 18~132, 9).

*simil*[50]는 이 절대형*Absolutheit*은 타당하지 않다. 교회 밖에 있는 이, 믿음과 계시를 모르는 이는 교회가 자신의 존재와 선한 존재함을 위하여 모든 것을 요청하는 유일한 최고의 선*summum bonum nullo alio indigens et quo omnia indigent*[51]으로 고백하는 더 큰 것을 생각할 수 없는 이*quo maius cogitari nequit*에 대한 어떠한 것도 실제로는 알지 못한다. 교회 밖에서 하나님에 대한 유추*conicere Deum*를 할 수는 없다. 이 세계에는 스스로*per se* 필연적이며 완전히 독립적이고 하나님에 대한 지식을 중계하는 인간 이성과 유사한*simile* 것은 없다. 그러한 중계자는 교회와 계시, 믿음의 존재를 요구받는다. 교회를 떠난 인간을 가정하는 한, 하나님은 직간접적으로도 인간이 알 수 있는 대상이 되지 않는다. 그러나 이것은 인간의 세계 내에서 인간이 하나님을 알 수 없거나 이 세계의 사물들이 하나님과의 유사함*similia*을 가질 수 없다는 것을 의미하지는 않는다. 앞에서 본 대로, 심지어 교회의 지식과 믿음의 지식도 비유를 통한*per similitudinem* 지식이다. 교회 안에서는 유추*conicere*, 즉 교회 밖에서는 일어날 수 없는 하나님의 본질에 대한 세계 경험에서 추론이 일어난다. 여기서 관계적이고 제한적이며 물질적인 것을 넘어선*aufsteigend conscendendo* 최고의 선이 실제로 다가올 수 있게 된다. 이 계시는 실제로는 그 누구도 알아보지 못할지라도, 하나님의 본질은 그 안에서 사유와, 유사함과 유비를 통하여 *in speculo, per similitudinem, per*

---

[50] *Pro insip. 4*, I 127, 3.
[51] *Prosl. prooem.*, I 93, 8.

*analogiam* (하나님이 자신을 계시하시기를 원하고 실제로 스스로를 계시하시는 한) 나타날 수 있으며 이것이 하나님의 계시이다. 하나님에 대한 이 지식으로 교회는 그 가능성을 인간에게 공포하지만 인간은 죄로 인하여 그것을 성취하지는 못한다.[52] 그러나 이런 이유로 그 가능성의 실재를 교회 안에서 구현해야만 한다. 하나님이라는 단어로 어떠한 것도 추론하지 못하기에

---

[52] 그 가능성은 피조된 자연 그 자체에는 아니지만 하나님의 형상으로 창조되었지만 영원하기에 성부를 아는 성자에 의지하는 피조물에는 미지수로 남아 있다. 왜냐하면 모든 작은 선은 그것이 선인 한에서 더 큰 선을 닮았기에, 합리적인 마음에는 아래의 사실이 분명히 나타난다. 곧 작은 선에서 더 큰 선으로 상승해감에 따라 더 큰 것을 생각할 수 있는 것들에서 더 이상 큰 것을 생각할 수 없는 것을 도출할 수 있다는 사실 말이다. 예를 들어서 자기가 생각한 것이 실제로 있다는 것을 믿지는 않는다고 할지라도 그 누가 이해와 같은 것을 생각할 수 없겠는가. … 따라서 거룩한 권위를 수용하지 않는 어리석은 자가 다른 사물들에서 더 큰 것을 생각할 수 없는 것이 도출될 수 있음을 거부한다면 쉽사리 반박할 수 있는 것이다. 그런데 만일 공교회에 속한 자가 거부한다면 그는 기억하여야 할 것이다. 창세로부터 그의 보이지 않는 것들, 그의 영원하신 능력과 신성이 그가 만드신 만물에 분명히 보여 알게 되나니. *Quoniam namque omne minus bonum in tantum est simile maiori bono inquanum est bonum: patet cuilibet rationabili menti, quia de bonis minoribus ad maiora conscendendo ex iis quibus aliquid maius cogitari potest, multum possumus conicere illud quo nihil potest maius cogitari … Sic itaque facile refelli potest insipiens qui sacram auctoritatem non recipit, si negat, 'quo maius cogitari non valet' ex aliis rebus conici posse. At si quis catholicus hoc neget, meminerit quia 'invisibilia Dei a creatura mundi per ea quae facta sunt intellecta conspiciuntur, sempiterna quoque eius virtus et divinitas* ([역주] 로마서 1장 20절), (*C. Guan. 8*, I 137, 14~138, 3.).

하나님의 존재를 거부하는 **우둔한 이**<sup>insipiens</sup>에 대한 대답은, 그가 **우둔한 사람**<sup>homo insipiens</sup>이 아니라면 하나님을 추론할 수 있을 것이라는 것이다. 반면 보편 교회는 로마서 1장 20절을 상기해야만 하고 그 측면에서 우둔한 이를 두둔해서는 안 된다. '하나님'이라는 단어로 무엇인가를 추론함으로써 이해 안에 하나님께서 계신다<sup>esse Dei in intellectu</sup>라는 것을 추론하려는 시도를 실패해서는 안 된다. 하나님은 보이지 않는 하나님이기 때문이다. 그 하나님은 현존하는 하나님이고, **우둔한 이**<sup>insipiens</sup>의 실제 세계에서 자신을 드러내시는 분이다. 이러한 하나님을 추론할 수 있다. 언제 어디서 그것이 일어날지는 또 다른 질문이다.

> *Aliud enim est rem esse in intellectu, aliud intelligere rem esse. Nam cum pictor praecogitat quae facturus est, habet quidem in intellectu, sed nondum intelligit esse quod nondum fecit. Cum vero iam pinxit, et habet in intellectu et intelligit esse quod iam fecit.*
> (I 101, 9ff.)

한 사물이 지성 속에 존재한다는 것과 사물이 존재하는 것을 인식한다는 것은 다른 것이다. 한 화가가 만들고자 하는 것을 미리 생각한다면, 그것은 확실히 지성 속에 있는 것이다. 그렇지만, 만들지 않은 것이 존재한다는 것은 아직 이해하지 못한다. 그가 이미 그림을 그렸다면, 그는 만든 것을 지성 속에 가지고 있을 뿐만 아니라, 그것이 존재한다는 것도 이해한다.

이 설명에서 볼 수 있는 것은 존재의 지식에 대한 안셀무스의 지식 개념이 대단히 발전했다는 것이다. 이것은 인간이 아는 것은 그 존재에 대하여 모를지라도 그 사람의 지식 안에서 존재를 가진 다는 앞의 인용과도 연결된다. 이 역설은 분명 설명할 필요가 있다. 만일 첫째 명제가 그것에 따른 조건 속에서 그것을 따르는 후 명제 와 같이 진리라면, 이해하다*intelligere*라는 존재*esse (existere)*의 개념 과 마찬가지로 서로 다른 의미로 양쪽 모두에서 사용되었음이 분 명하다. 이것은 안셀무스가 분명히 언급한 입장이다. 우리는 어떤 것이 존재하는지 알지 못한 채, 그것이 우리의 지식 속에서만 존재 할지라도 그것이 존재하는 것으로 생각할 수 있다. 지식 속에서 사 물의 존재함에 대한 깨달음과, 지식 속에서의 그것의 존재를 구분 해야만 한다. 더 나아가 사물의 존재, 즉 단순히 상상되거나 의도된 것이 아닌 실재하는 존재와, 그 지식의 한계를 넘어 실재하는 존재 를 아는 지식을 구분해야만 한다. 따라서 지금껏 안셀무스는 첫 번 째 의미로서 하나님은 존재하고, 그 이름이 선포되고 들려지고 이 해되는 곳에서 하나님이 존재하는 것이 알려진다는 것을 보여준 것이다. 그러나 이것과 저것은 다른 것이다!*aliud–aliud!* 그는 존재의 문제를 제기하고 논란의 대상을 기술하고서야 그것을 설명하는데 박차를 가한다. 하나님의 존재 증명에서 다루는 것은 두 번째 의미 로서 존재에 대한 지식과 존재[여부]이다. 첫 번째 의미로서 하나님 의 존재를 분명히 하는 것은 절대적으로 근본적인 것임을 상기해 야 한다. 무엇보다도 안셀무스는 회의*dubium*라는 문제를 분명히 한 다. 그 문제는 어떠한 해결보다도 말[dubium]과 가까이 있다. 회의 *dubium*가 진리인지 아닌지는 이 개념의 두 번째 의미를 명백히 할 때 드러날 것이 분명하다. 사물이 존재하는 것을 인식하는 것, 즉 존재의 증거가 나와야만 한다는 것은 사물이 지성 속에 존재한다는 진리의 여부를 결정한다. 증명에 앞선 이 출발점은 예술가의 생각과 작품 사이의 관계로 묘사된다. [이 둘의] 유사점 *tertium comparationis*은 이것(오직 이것)이다. 여기에서 대상의 내현존intra-mentales만이 아니라, 내외적 현존intramentales und extramentales Dasein이 존재하므로 두 존재에 상응하는 두 가지 지식이 있다. 열매를 맺거나 영원히 메마를지 모를 예술적 개념이 그것이 인정되고 정당화되어 완성된 예술 작품과 관련되듯이, 두 번째[지식]는 첫 번째 [지식]와 연계된 존재의 참된 지식인 진리이다. 언제나, 여기서 구분해야만 하는 것이 이 예비적 구분으로 그 의미가 퇴색한다.[53] 이 론이 먼저 이 예비적 구분 즉 이 모호한 사물[54]이 이해 안에 있음 *esse rei in intellectu*에 대립하고, 이 예비적 구분에 대한 전제를 할 권리와 의무를 가질 때는 존재의 이론이 존재의 실재를 따라야 할 때, 즉 대상의 존재에 대한 사유가 그 존재를 따라야 할 때이다. 가우닐로는 두 가지 점에서 안셀무스의 예술가 유비를 어떻게 이해하면 안 되는지 보여준다.

1. 가우닐로는 사물이 있음을 이해한다의 전제들인 이해 안에 사물

---

[53] [편주] A: 여하튼 선결된 사항보다 나아진 것 없이 결정될 때.
[54] [편주] A: 재판: 존재의 존재를 생각함 [A에 따라 교정]

을 갖는다 *habere rem in intellectu*와 사물이 있음을 이해한다 *intelligere rem esse*는 동시에 일어남에도, 이 유비의 순서상 전자가 후자에 시간적으로 우선한다는 것이 필연적인 것을 암시한다고 문제 제기를 한다.[55] 이 반론은 대단히 심각한 것이어서 안셀무스는 그에 대한 응답에서 이를 중요하게 다루고 있다.[56] 시간상 우선하는 유비에 대한 반론에 대해 결코 반대하지 않지만 안셀무스는 프로슬로기온에서 사물이 존재함을 이해한다 *intelligere rem esse*는 전제하에 이것과 사물을 이해 속에서 갖는다 *habere rem in intellectu*가 동시에 일치하여 일어난다고 다음과 같이 분명하게 말한다. 이미 그린 것을 이해 속에 가지고 있을 뿐만이 아니라, 그것이 존재한다는 것도 이해한다(*cum vero iam pinxit, et habet in intellectu et intelligit esse*). 가우닐로가 이해 속에 사물을 갖는다 *habere rem in intellectu*가 사물이 존재하는 것을 이해한다 *intelligere rem esse*는 것을 앞서는 가능성에 의문을 제기하는 것은 전제부터 결론까지 대단히 세심히 진행된 안셀무스의 증

---

[55] 시간적으로 선행하는 어떤 대상을 지성 속에 가지고 있음과 시간적으로 뒤에 오는 어떤 것이 존재한다는 사실을 이해하는 것의 차이가 구별되지 않을 것이다. 이것은 화가의 마음에 그림이 먼저 존재하고 그 다음에 작품으로 존재하는 것과 유사하다. *Non hic erit iam aliud idemque tempore praecedens, habere rem in intellectu, et aliud idque tempore sequens, intelligere rem esse; ut fit de pictura, quae prius est in animo pictoris, deinde in opere (Pro insip. 2, I 126, 1ff.).*

[56] *C. Gaun. 6*, I 136, 19ff.; *Pro insip. 3*, I 126, 14ff.; *In Joannem, tract. 1, 17* ([편주] A. Augustinus, *In Iohannis evangelium tractatus CXXIV, I, 17, CChr. SL XXXVI*, S. 10, 1-11).

명을 얼마나 어설프게 이해하였는가를 보여준다.

2. 가우닐로는 아우구스티누스가 말한 목수*faber*를 언급하면서, 목수가 상자를 만들 때는 먼저 예술적 감각으로 상자*arca*를 만드는 것을*in arte* 고민하고 예술가의 마음속에는 실재이지만 그림속의 방주는 실재 방주가 아님*arca quae fit in opera non est vita arca quae est in arte vita est, quia vivit anima artifici*을 증명하기 위해 모든 장을 할애한다. 그는 아우구스티누스를 저급하게 이해하며 이렇게 말한다. 저 그림은 실제 그려지기 전에 화가의 재능 속에 있고 … [그것은] 다른 것이 아니라 지혜 혹은 지식이 되는… 이해의 한 부분이다(*Illa pictura antequam fiat, in ipsa pictoris arte habetur et tale quippiam…nihil est aliud quam pars quaedam intelligentiae ipsius,…quam scientia vel intelligentia animae ipsius*). 그러나 진리이며 이해 속에 존재하는 것으로 생각되는 더 큰 것을 생각할 수 없는 이*quo maius cogitari nequit*는 어떠한 경우도 취해진 이해*intellectus, quo capitur*와 동일할 수 없다. 이에 대한 안셀무스의 응답은 대단히 짧고 역설적이기도 하다. 즉 그는 마음속으로 완결된 작품에 대한 사유의 수위, 하나님의 존재에 대한 인간의 창조적 역할에 이 유비를 적용하려 하지 않았다.[57] 가우닐로가 이 부분에서 어떠한 의도와 목적이 있는

---

[57] 당신이 "더 이상 큰 것을 생각할 수 없는 이"가 화가의 이해 안에 있는 아직 완성되지 않은 그림과 같은 것이 아니라고 증명하는 것은 근거를 갖고 있는 것이 아니다. 그 이유는 사전에 인지한 그림을 이끌어 온 것은 지금까지 그런 것을 주장하려고 한 것이 아니라, 없다고 이해한 어떤 것이 이해 속에 있다는 것을 말하기 위함이었다. *Quod vero tam studiose probas 'quo maius cogitari*

지는 알 수 없다. 그는 왜 안셀무스 글의 서문에 그토록 관심을 가진 것일까? 그는 왜 안셀무스가 쉽게 다른 그림을 이용할 수 있었음을 보지 않은 것일까? 그는 왜 여기서 아우구스티누스의 거대한 그림자를 들추어낸 것일까? 그는 포이에르바하주의와 유사한 중립성 때문에, 자신이 반론을 제기해오던 안셀무스의 이해 속에서 사물을 갖는다habere rem in intellectu라는 인식 속에서 창조주로서 하나님의 숭고함을 갑자기 인식한 것인가?[58] 아니면 여기서 더 이상 진척시키지 못하게 된 것을 부끄럽게 여기는 것은 아닌가? 그러나 첫 번째 반대에 대한 논의를 발전시키

---

*nequit' non tale esse qualis nondum facta pictura in intellectu pictoris: sine causa fit. Non enim ad hoc protuli picturam praecogitatam, ut tale illud de quo agebatur vellem asserere, sed tantum ut aliquid esse in intellectu, quod esse non intelligeretur, possem ostendere* (C. Gaun. 8, I 137, 6ff.).

[58] 슈타이넨(W. v. d. Steinen)은 *Vom heiligen Geist des Mittelalters* (1926, S. 38)에서 안셀무스의 예술적 유비를 다음과 같이 해석한다(내 생각은 뒤에 밝히겠다). "예술가는 그림에 대한 아이디어를 가지고 있지만 그것은 실재가 아니다. 그러나 만일 그가 그림을 그리면 실재하게 된다… 동일하게 전지전능한 이는 오직 개념으로만 상상된다. 그러나 꿈꾸는 이가 아니라 사유하는 이는 이것에 만족하지 않는다. 쉽게 생각해 보아도 실재하는 모든 본질을 충족시키는 법이 있고 그 법은 생각으로만 존재하던 것을 완성하기 전까지는 충족되지 않을 것이다. 하나님은 우리로 하여금 하나님에게 의존하도록 했을 뿐만이 아니라… 우리가 하나님을 신뢰하도록 했을 뿐만이 아니라… 살아있는 믿음과 사유 속에서 자신을 창조하도록 촉진하였고… 분별이 있는 이의 사유가 대단히 논리적이라면 하나님을 열망하게끔 하였다." 왜 이 저자는 앞의 각주에서 인용된 안셀무스의 글이 이 독자적인 두 번째 사유와 구분되는 것을 허용하지 않는 것일까? 안셀무스의 찬양에 대하여 이러한 해석을 하려는 이가 왜 자신을 가우닐로의 견해를 계승한 이로 보이는 것인가?

는 것은 거의 생각해 보지 않았을 것이다.

*Convincitur ergo etiam insipiens esse vel*[59] *in intellectu aliquid quo nihil maius cogitari potest, quia hoc cum audit, intelligit, et quidquid intelligitur, in intellectu est. (I 101, 13ff.)*

그러므로 어리석은 자도 그것보다 더 큰 것을 생각할 수 없는 이가 이해 속에 존재한다는 것을 확신하게 된다. 이해된 것은 무엇이든지 이해 안에 존재하기 때문에, 그는 이것을 들을 때 이해하게 된다.

이 명제는 앞의 그러나 확실히 이*Sed certe ipse idem...*[60]로 시작하는 원에 근접한 것이고 위 주장을 증명하고자 했다. 이제 잠시 뒤로 돌아가 보자: 지금까지 우리의 관심은 우리가 하는 탐구의 대상을 정리하는 것이었다. 하나님이 없다는 어리석은 이*insipiens, non est Deus*의 저항은 하나님의 존재에 대한 문제가 자기증명적이지 않다는 믿음의 사상가 gläubigen Denker[61]를 떠올리게 한다. 하나님의 존재는 예비적 의미에서 증명이 되어야만 하고, 어리석은 이*insipiens*는 하나님의 존재에 대하여 자신의 입장을 바꾸지 않고 하나님은 없다는 것을 지속적으로 보여야만 한다. 불신자조차도 부인할 수 없

---

[59] [편주] 바르트의 제2판 저자보존본에서는 *vel*에 밑줄을 그었으며 '이해 속에 (*in intellectu*)' 앞 가장자리 꺾쇠괄호 안에 번역을 넣어 다음과 같이 되어 있다. <*vel* = 수용하라!>
[60] [역주] *Monologion*(모놀로기온) 2장
[61] [역주] 가우닐로를 가리킴

는 이 결론에서 신자 역시 하나님에 대한 자신의 믿음이 지식으로 전달되려면 어디에서 출발하는지 보여야만 한다. 지금까지 이야기한 것은 이 결론과 직결된다. 이 증명의 출발점은 보편적으로 가능하거나 접근 가능한 하나님에 대한 인간의 확신이 아니라, 선포되고 믿어진 하나님의 이름이다. 인간은 이 이름을 들을 수 있고 이해할 수 있다. 이름은 무엇 혹은 누군가를 묘사한다. 따라서 이름을 지닌 그 누군가를 믿건 믿지 않건 그 존재를 거부하건 그렇지 않건, 최소한 사람의 이해 속에 *in intellectu* 존재한다. 여기서 비록 어쩌면 이곳에서만 그럴지는 몰라도 그 사람은 존재를 가진다. 어떤 사람은 그 존재를 생각할 수 없기에 거부하려 한다. 그러나 하나님의 참된 존재에 대한 증거를 제시할 수 있다는 사실로, 그 사람은 최소한 다른 이들에게는 이 가정이 분명하다는 사실을 거부하지는 못할 것이다. 하나님의 이름에 대한 지식이 일어난다는 사실은 하나님의 존재에 대한 문제를 제기하지만 그 이상은 아니다. 이러한 의미에서 하나님의 이름이 어떤 불합리한 것의 존재에 대한 문제를 제기하기에, 이를 반박하는 것은 잘못된 전제 없이 올바른 증거로 입증해야만 한다는 것을 간과한 것이다. 우리는 이해 속에서 *in intellectu* 존재하는 이에 대해 어떠한 것도 생각할 수 없다는 반박은 기독교인에게 허용되지 않으며 하나님이라는 이름은 단순한 단어가 아니라 그 이름으로 기술된 것은 현존한다고 말할 수 있다. 이것과는 별도로 기술된 것의 본질을 가리키는 지표가 많이 있다. 존재에 대한 참된 지식은 모호한 것과는 구분해야 한다. 다시 말해 이것의 참된 관심은 정신 외적 extramentalen이면서 결정적인 증명의 중요한 주제가 되어야만 하며 이것은 하나님의 존재에 대한 지식이 될 것이다. 여기서 찾아볼 수 있는 것은 하나님의 정신 내적 현존 seines intramentalen Daseins에 대한 추측이 가능하다는 것이다. 이것은 하나님을 부정하는 우둔한 이 insipiens의 생각 속에서도 부정할 수 없는 것이다.

> *Et certe id quo maius cogitari nequit, non potest esse in solo intellectu.* (I 101, 15f.)
> 그리고 분명히 더 큰 것을 생각할 수 없는 어떤 것은 단순히 이해 속에서만 존재할 수는 없다.

실제 증명이 (하나님의 일반적 존재 – 하나님과는 다른 것들이 역시 존재하는 제한된 의미에서 – ) 시작되었다. 증명해야 하는 것 (이 전제에서 나온 결과와는 날카롭게 대립되는)은 하나님이 오직 지식 속에서만 존재한다는 것의 불가능성을 선언하는 것, 즉 하나님의 실체적 존재의 필연성과 실재적 존재의 필연성 die Notwendigkeit seines echten Existierens을 위의 명제는 보여준다. 하나님이 인간의 지식 속에(하나님의 이름이 선포되고 들려지고 이해된다는 기반 위에서) 존재한다는 가정은 이미 언급하였고 증명하였다. 이러한 지식 속의 존재는 그 진실성의 차원에서 먼저 검증해야만 하는 문제를 지닌다. 존재하는 사물의 진실에 대한 보편적인 기준은 '지식 속에 존재함'이라는 장벽의 반대편에 있다. 만일 하나님의 존재가 진실이라면 하나님은 단순히 지식 속에 존재할 수는 없다. 진실은 지식 속에 존재하지만 그것으로 종결되는 것은 아니다. 진리는 먼저 그 대상의 진리이고 근원적으로 그것 스스로의 진리이다. 지식 속에만 있는 진리는 부러진 갈대와 같은 것이다. 지식만의 그리고 대상만의 진리 또한 동일하게 말할 수 있다. 그것은 진리 그 자체의 진리가 아니다. 최소한, 진리는 지식뿐만이 아니라 대상의 진리가 되어야만 한다. 이것이 진리의 첫 번째 기준이다. 증명의 대상은 위 명제의 부정적인 첫 번째 부분이다. 즉 지식에 머무르지 않는 것에도 진리는 존재한다는 것이다. 지식에 존재할 수 없는 것도 진리는 존재한다고 할 수 있다. 따라서 하나님의 존재는 (언제나 하나님뿐만이 아니라 다른 존재 역시 증명될 수 있다는 의미에서) 증명된다.

> *Si enim vel*[62] *in solo intellectu est, potest cogitari esse et in re* ⋯ (*I 101, 16f.*)
> 만일 그것이 지식에만 존재한다면 실제로도 존재한다고 이해할 수 있다.

제한된 의미로 이해된 하나님은 지식 속에 존재한다는 문구는 명확히 이해되어야 하는데, 이것은 하나님은 오직 지식 속에만 존

---

[62] [편주] 바르트의 제2판 저자보존본에서는 *vel*에 밑줄을 그었다.

재한다는 것을 의미한다고 안셀무스는 보았다. 만일 그렇다면, 아직 '지식 속에만'이라는 삽입구를 생각에서 없애 버릴 가능성과, 지식뿐만이 아니라 대상성Gegenständlichkeit에도 존재하는 것을 하나님에게 돌릴 가능성은 남아있다. 심지어 이것은 하나님의 현존과 일치하지 않는다는 의식도 우리를 방해하지 못한다. 하나님은 그것보다 더 큰 것을 생각할 수 없는 어떤 것id quo maius cogitari nequit 으로 부른다. 이 이름이 하나님에 대하여 믿을 수 있거나 믿을 수 없는 기준이 되는 한, 이론적으로 정신 내적 존재에 더하여 정신 외적 존재를 하나님에게 돌리는 것을 어느 정도 거부할 수 있을지는 분명하지 않다. 오직 이해 안에서만in solo intellectu 존재하는 하나님에 대한 지식은 본능적이고 거부할 수 없는 것이다. 이러한 실재를 마치 그 지식이 '외적으로도' 존재하는[63] 하나님에 대하여 역설적이면서도 과장된 표현으로 '오직 내적으로' 전제하여 밀어붙인다. 그러나 비유적이고 무책임하게 보이는 **실제적으로 존재함**est et in re은 최소한 언제나 사유할 수 있음을 의미한다. 아마도 그 효력이 오직 정신 내적인 것만을 포함하는 설명은 전혀 없을 것이다. 이러한 이유로 이 조건은 필연적으로 사라져 버릴 것이고 **실제적으로 존재함**esse in re 역시 사유의 가장자리am Rande des Gedankens를 따라 사유해야 할 것이다. 이것은 **실제적으로 생각할 수 있음**potest cogitari et in re을 의미한다.

---

[63] [편주] A: 존재

… *quod maius est.* (I 101, 17)

… 그것은 더 크다.


　위의 세 단어는 이중 가능성을 포함하며 증명에서 다음과 같은 주요한 명제를 소개한다. (1) 만일 하나님이 지식으로만 존재한다면 (2) 하나님이 지식만이 아니라 실제로 존재한다고 생각할 수 있다면 이것은 '하나님'이라고 처음에 가정한 것보다 더 큰 것을 생각할 수 있다는 것을 의미한다. 여기서 보편적 법칙인 지식과 대상으로 실존하는 존재가 지식에만 존재하는 것보다 더 크다는 것은 공리가 아니라, 진리와 지식에 대한 안셀무스의 교리에서 추론한 것이다. 만일 존재가 지식뿐만이 아니라 실제적으로도 존재한다면 이것은 안셀무스에게 지식으로 존재하는 것보다 더 큰 것이다. 왜냐하면 지식의 영역은 실재의 세 번째 그리고 마지막 단계를 형성하고, 실체성의 영역은 진리의 영역인 첫 번째 단계와 직접적으로 관련된 두 번째 영역을 형성하기 때문이다. 왜 지식에만 참으로 존재하는 것은 실체적으로 존재하는 것보다 비교할 수 없을 만큼 '더 작은' 것일까? 왜 후자는 비교할 수 없을 만큼 '더 큰' 것일까? 그것은 지식과는 구분되고 하나님에게서 부여받은 모든 진리의(그것이 하나님과 동일한 것이 아닌 한) 근원이며 양적으로가 아니라 질적으로 탁월한 것이다. 따라서 자명한 이 법칙에서 안셀무스는 사유하였고 지식과 실제로 존재하는 하나님은 오직 지식으로만 존재하는 하나님보다 본질적으로 크다. 그러나 안셀무스의 가정에서 더 큰*maius*은 본질적으로 더 큰*ein prinzipiell grösseres*을 의미하는 높은 단계에 있는 존재이기에, 이 더 큰*maius*이라는 개념은 더 큰*maius*과 더 작음*minus*에서 출발하여 오직 이해 속에*in solo intellectu* 존재하는 하나님을 추론하는 과정을 훼손한다. 하나님을 정신 내외적 존재로 여기는 이는 하나님을 작은 것으로 보는 이와 동일하게 사유하지 않는다. 작은*minus* 하나님과 동일할 수 없고 동시에 더 큰*maius*은 작은*minus*과 구분된 다른 것*aliud*이라는 것을 아직 증명하지 않았다. 어떤 의미에서건 하나님이 정신 내적이면서도 외적으로도 존재하는 것으로 가정할 수 있으므로 우리는 더 큰 것을 상상해왔고, 하나님과 같은 것을 상상해 왔다는것을 분명히 해야만 한다. 이 가능성을 살피지 않는다 할지라도 이것을 인정해야만 한다면, 이해에서만*in solo intellectu* 실재하는 하나님과는 다른, 이론적으로 더 큰 존재를 가정해야 하는 것을 부정할 수 없다.

> *Si ergo id quo maius cogitari non potest, est in solo intellectu: id ipsum quo maius cogitari non potest, est quo maius cogitari potest. Sed certe hoc esse non potest.* (I 101, 17~102, 2)
> 만일 그것보다 더 큰 것을 생각할 수 없는 것이 단지 지성 속에만 존재한다면, 더 큰 것을 생각할 수 없는 어떤 것보다 더 큰 것을 생각할 수 있을 것이다. 그러나 이것은 확실히 불가능하다.

우리는 오직 이해 속에서만*in solo intellectu* 존재하는 하나님의 실재를 전제하는 것을 넘어 이해 속에서 그리고 실제로도*in intellectu et* *in re* 존재하는 하나님을 생각하는 것이 가능하다는 것을 보았다. 그럼으로써 동일한 하나님이 아니라 더 크고 더 높은 다른 존재를 생각하는 것이다. 결과는 무엇인가? 그 결과는 오직 이해 속에만*in solo intellectu* 존재하는 이와 하나님을 동일시하는 것은 완전히 불가능하다는 것이다. 하나님은 더 큰 것을 생각할 수 없는 어떤 것*id quo maius cogitari nequit*이다. 그러나 봐온 대로 이 존재는 사유 속의 그와 다르며, 그보다 더 큰 존재의 자리에 놓는 것이 가능하다. 이 첫 번째 존재는 하나님의 이름이 명시적으로 금지한 하나님보다 더 큰 것을 생각하는 것에 반하는 하나님이다. 이것은 더 큰 것을 생각할 수 없는 이*quo maius cogitari non potest*로 불리지만 여전히 더 큰 것을 생각할 수 있는 이*quo maius cogitari potest*이다. 이 역설은 참기 어려운 것이다. 그럼에도 이것은 확실히 불가능한 것이다*certe hoc esse non potest*[64] 하나님의 이름은 이 존재에 적용할 수 없다.[65] 여기서 하나님이 아닌 가짜 하나님*Psedo-Gott und Nicht-Gott*과 혼돈할 수 있을 것이다. 그러나 잘못 이름을 붙인 가짜 하나님조차도 하나님을 드러낸다. 만일 오직 지식에만 존재하는 이에게 하나님이라는 이름

---

[64] [역주] *Proslogion*, I 102, 2

[65] 안셀무스는 *C. Gaun.*(가우닐로를 반박하며) 2장에서(I 132, 14~133, 2) 여기서 발전한 사유의 고리를 완전하면서도 자세하게 반복하여 제시한다. 프로슬로기온에서 증거로 제시한 문구인 '그것보다 더 큰 것을 생각할 수 있는 것'은 어떤 지성에게도 '그것보다 더 큰 것을 생각할 수 없는 어떤 것'이 아니다. *utique 'quo maius cogitari potest' in nullo intellectu est 'quo maius cogitari non possti'* (I 132, 29f.). 이에 대한 해석을 여기서 제시할 필요는 없다.

을 붙인다면, 그것은 모순된 것이며 결국 아무것도 아닌 것으로 드러날 것이다. 지식에만 존재하는 '하나님'은 진지하게 하나님이 되려 하지 않고 또 너무나 큰 하나님의 이름을 붙이지 않을 때 그는 실재가 될 수 있을 것이다. 고귀한 정신의 소산으로서 '하나님'은 오직 이해에서만 *in solo intellectu* 존재할 것이다. 그러나 하나님과 동일화되기 위해서 그가 지니어야 하는 최소한의 것은 심지어 창조된 세계에서 현존 Dasein 한다는 것이다; 이해 속에 그리고 실제로도 존재함 *esse in intellectu et in re*.

> *Existit ergo procul dubio aliquid quo maius cogitari non valet, et in intellectu et in re.* (I 102 2f.)
> 그러므로 아무 의심 없이 그것보다 더 큰 것을 생각할 수 없는 어떤 것은 지성 속뿐만 아니라 실제로도 존재한다.

이 결과를 이해하기 위하여 다음과 같은 독일어 번역에 집착할 필요는 없다. "그러므로 의심할 바 없이 무엇인가 존재한다 (Es existiert also ohne Zweifel etwas⋯)."[66] 존재하다 *existit* 가 비록 제일

---

[66] 따라서 브린크트린(J. Brinktrine)이 독일어 프로슬로기온에서 그렇게 번역하였지만 그리 중요하지는 않다(Ferdinand Schöninghs, *Sammlung philosophischer Lesestoffe,* Paderborn o. J. [1924, Vgl. S. 13]). 부시테(H. Bouchitté)의 다음과 같은 번역은 완전히 모호하고 잘못되었다.*(Le rationalisme chrétien à la fin du XI^e siècle,* Paris 1842, 247쪽). "이해 속에서도 아니고 실제도 아닌 다른 어떤 것을 생각할 수 없는 더 나은 존재가 확실히

앞에 위치할지라도, 이 문장이 강조하는 것은 뜻이 모호한 **존재하다** *existit*가 아니라, **지성뿐만이 아니라 실제로도***et in intellectu et in re*라는 것으로, 모든 장에 걸쳐서 나오는 것이다. 안셀무스가 증명하였다고 여긴 것은 **그것보다 더 큰 것을 생각할 수 없는 어떤 것***aliquid quo maius cogitari non valet*이 지식 속에만 존재하는 것이 아니라 실재적으로 존재한다는 것이다. 그것은 얼마나 많이 증명 되었는가? 지금까지 하나님에 대해 설교받고 이해하고 들을 때 청자의 지식 속에 하나님이 존재한다는 것을 증명하였다. 그러나 하나님은 단순히 청자의 지식 속에만 존재할 수 없는데 그 이유는 지식속에만 존재하는 하나님은 계시되고 믿어진 자신의 이름과 모순되기 때문이다. 즉, 그 하나님을 하나님이라 부를 수 있지만 하나님이 아닐 것이다. 따라서 하나님은 단순히 지식 속에만 존재하는 이와 같이 지식 속에만 존재할 수 없다.[67] 이 부정을 넘어서는 어떠한 것도 증명되지

---

존재한다." *Il existe donc certainement un être au-dessus duquel on ne peut rien imaginer, ni dans la pensée, ni dans le fait.* 이것보다는 낮지만 분명하지는 않은 코이레 (A. Koyré)의 번역이 있다 [*Saint Anselme de Cantorbéry*, S. 13]. "이해 속에서 그리고 실제로 다른 어떤 것도 생각해 볼 수 없는 가장 큰 것이 존재한다는 것은 의심할 여지가 없다." *Par conséquent il n'y a aucun doute que quelque chose dont on ne peut rien concevoir de plus grand existe et dans l'intelligence et dans la réalité.*

\* [편주] A: 브린크트린은 대단히 모호하게 말한다 ... 브린크트린 글의 제목과 바르트의 판단은 <원문비평> 초판에 나온다.

[67] 이와 동일하게 *C. Gaun.*(가우닐로를 반박하며) 2장(I. 132, 30ff.)의 결론에서 다음과 같이 본문의 내용을 확인할 수 있다.

않았다는 것에 주의를 기울여야 한다. 하나님은 지성에만 존재하지는 않는다*Deus non potest esse in solo intellectu*와 같이 마지막 단어가 부정적으로만 묘사된 바와 같이 이것은 불가능한 것이다*hoc esse non potest*.[68] 하나님의 참된, 정신 외적 존재('존재'에 대한 일반적 개념)에 대한 긍정적 명제는 증명에서 유래하지도 그것에서 분기되지도 않지만, 하나님의 단순한 정신 내적 존재에 대한 반대 명제가 불합리하다는 하나님의 참된 존재는 증명에 의해 증명된다. 그렇다면 이 긍정적 명제는 어디에서 비롯되는가? 그것은 가설적인 [명제인] 실제로도 존재한다고 이해할 수 있다*potest cogitari esse et in re*[69]와 함께 계획되었고, 그렇게 남아 있는데 그 이유는 반대 명제가 불합리하다는 것이 입증되었기 때문이다. 만일 그것이 '증명'이라면 그것은 다른 증명 없이도 신조를 견고히 하는 증명이다.[70] 긍정 명제는 그것이

---

그러므로 '더 이상 큰 것을 생각할 수 없는 것'이 지성 속에 있다면 결코 지성 속에만 있지 않다는 결론이 난다. 왜냐하면 지성 속에만 있다면 그것은 더 큰 것을 생각할 수 있는 것이기 때문이다. 이것은 있을 수 없다. *An ergo non consequitur, 'quo maius cogitari nequit', si est in ullo intellectu, non esse in solo intellectu? Si enim est in solo intellectu, est quo maius cogitari potest; quod non convenit.*

[68] 196쪽 참조
[69] 197쪽 참조
[70] 이것이 안셀무스가 의미하는 것이다. 이것은 프로슬로기온 3장에 나오는 다음의 문장에서 좀 더 명확해진다. 나의 하나님 당신은 참으로 존재하십니다. *Et hoc es tu Domine, Deus noster* 왜 여기 [2장]에서는 아닌가? 그 이유는 프로슬로기온 3장까지는 증명이 적절하게 전개되지 않기 때문이다.

계시에 근거하고 있는 한 그 이전의 근거를 모두 찾을 수는 없다. 그리고 그것과 반대되는 명제는 하나님은 더 이상 큰 것을 생각할 수 없는 이*quo maius cogitari nequit*라는 계시를 근거로 오직 불합리한 *ad absurdum* 것으로만 인도될 수 있다. 그러나 그것은 일어날 수 있다. 어느 정도는 하나님의 참된 존재를 (존재에 대한 일반적 개념에서) 증명할 수 있고 지금까지 증명하고자 했다.

어리석은 자를 위하여*Pro insipiente*라는 글에서 지금까지 분석하였고 그[가우닐로]의 많은 후예들이 그러했던 것처럼 안셀무스의 신 존재 증명을[71] 다루는 프로슬로기온 2장에서 가우닐로가 사유의 과정*Gedankengang*만을 다루고 있다는 사실은 매우 중요하다. 더 나아가 (그가 칭송했던) 프로슬로기온 나머지 부분에서 신론의 중요성을 간과함으로써 그는 안셀무스에게는 중요한 프로슬로기온 3장의 설명을 피해갔다. 그가 안셀무스의 첫 번째 의미를 결정적이며 유일한 것으로 여기고[72] 안셀무스의 두 번째 의미는 첫 번째의 반복으로 여기며 두 번째 의미를 그저 쉽게 처리해 버린다는 사실을

---

[71] 안셀무스가 보기에는 이것은 분명하다. *Aux yeux d'Anselme, la preuve est faite. Dictionnaire de Théologie catholique* (Bd. 1, Sp. 1351)에서도 프로슬로기온 2장에 대한 논평의 결론을 보게 된다.

[72] 가장 큰 것은 없다고 생각할 수 없으며, 이 사실은 단지 그렇지 않으면 그는 만물보다 더 클 수 없다는 사실만으로 증명되는 것이라고 주장했다. ...*cum deinceps asseritur, tale esse maius illud, ut nec sola cogitatione valeat non esse, et hoc rursus non aliunde probatur, quam eo ipso, quod aliter non erit omnibus maius*...(*Pro. insip.* 7, I 129, 1ff.).

통하여, 가우닐로는 안셀무스의 유일한 관심사인 절대적으로 특수한 존재인 하나님der schlechterdings eigentümlichen Existenz Gottes에 대해서는 관심이 없고 하나님은 피조물과 같은 방식으로 존재한다는 매우 근시안적인 주장을 하였다. 우리는 안셀무스가 이것을 부정하는 것이 아니라 프로슬로기온 2장에서 증명하는 것을 보았다. 참된 존재vere est란 다음과 같은 의미를 지닌다. 하나님은 생각 속에서만이im 아니라 생각 앞에 대면하여gegenüber 존재한다. 참된 존재라는 이 표식은 하나님뿐만 아니라 모든 피조물에도 해당하는 것이 아닌가? 그러나 하나님은 완전히 다른 방식으로 존재한다. 이것이 아직까지 프로슬로기온에서 분명하게 밝히지 않은 부분이다. 하나님은 다른 존재와 동일한 같은 방식으로 존재한다는 사실에 (가우닐로와는 달리) 안셀무스가 제기하는 하나님의 존재에 대한 물음은 여전히 물음으로 남는다. 하나님은 외재하고Gott ist draußen, 창조주가 피조물의 생각을 대면하는 것과 같은 특별한 방식으로 생각과 대면한다. 이것이 하나님의 존재에 대한 신조의 특별한 힘이다. 이것이 프로슬로기온 3장에서 증명하고자 하는 것이다. 만일 가우닐로가 이러한 배경과 안셀무스의 탐구의 목적에 관심이 없었더라면, 어떻게 그는 프로슬로기온 2장을 자신의 방식대로 이해했던 것일까? 우리는 이미 가우닐로의 프로슬로기온 2장에 대한 (하나님은 지성 속에 존재한다esse Dei in intellectu와 예술가 유비에 대한) 반박을 알고 있다. 그가 예술에 대한 논의를 멀리하고 이 주제에 대한 또 다른 언급은, 그의 글 6장에 나오는 유명한 섬 유비에 분명히 제시되어 있다. 우린 이미 이것을 자세히 살펴보았고[73] 이렇게 반복할 수 있을 뿐이다. 가우닐로는 더 큰 것을 생각할 수 없는 이*qup maius cogitari nequit*라는 표현과 이것을 듣고 이해하는 것에 기반을 두어 증명하는 것을 거부했다. 따라서 오직 지성 속에만*in intellectu* 존재하는 하나님에 대해 **지성과 실제로도** *in intellectu et in re* 존재하는 이는 더 '큰' 존재이다. 이것의 전제가 되는 하나님의 이름과 오직 지성 속에만*in solo intellectu* 존재하는 하나님 사이에는 너무나 큰 모순이 성립한다는 안셀무스의 결론의 옳고 그름을 그는 논의하지 않는다. 그가 반박하는 것은 안셀무스가 제시한 결론의 조건과 그 결과의 현실성Gegebensein이다. 이 표현이 기술하는 것 혹은 기술하는 이 는 우리에게는 완전히 알려지지 않았다.[74] 이것은 우리에게 어떻게 든 계시되었어야만 하지만, 오직 지성 속에만*in intellectu* 존재하는 어떤 것에 반대되는 그 실재를 증명하기 위하여 이 표현으로 [지성 속에만*in intellectu*] 계시되지는 않을 것이다.[75] 안셀무스의 더 큰 것을 생각할 수 없는 분*quo maius cogitari nequit* [이라는 기술]은 그를 매료

---

[73] 123쪽, 146쪽 이하 참조

[74] [편주] A: 분명한 그 단어

[75] 먼저 모든 것보다 더 큰 이것이 어디엔가 실제로 존재한다는 것이 반드시 분 명해져야 한다. 그렇게 된 경우에만, 모든 것보다 더 크다는 사실에서 그것이 실존한다는 사실은 분명해질 것이다. *Prius enim certum mihi necesse est fiat re vera esse alicubi maius ipsum, et tum demum ex eo quod maius est omnibus, in seipso quoque subsistere non erit ambiguum (Pro. insip. 5, I 128, 11ff.).*

시켰지만 가우닐로는 그 누구의 소유도 아니며, 아무도 살지 않는, 존재하지 않는 것을 찾는 것이 어렵기에 *ex difficultate vel potius impossibilitate inveniendi quod non est*[76] 그것을 잃어버린 섬이라 부르며 비교할 수 없이 충만한 바다 위의 섬이라고 기술하여, 그 섬의 탁월함으로 섬의 존재를 증명할 수 없다는 것을 알고 있었다.[77] 우리는 이것이 완전히 오해라는 것을 이미 보았다. 안셀무스의 전제는 분명 가우닐로가 생각한 공허한 말이 아니라 하나님의 말씀이고, 가우닐로가 고립된 채로 주어진 것을 이해한 표현이 아닌, 하나님의 존재에 대한 계시 속에 나타난 하나님의 말씀이다. 이것은 가우닐로가 말한 것과 같이 하나님의 존재는 유도해 낼 수 없는 것이 아니라, 하나님의 비존재의 불가능성 die Unmöglichkeit seiner Nicht-Existenz을 (가우닐로가 무시해 버린 창조주로서의 계시된 존재라는 전제) 인식하고, 생각 속에서 믿어지는 하나님의 존재를 인식하게 하는 그의 이름을 말하는 것이다. 이 결과는 가우닐로를 충

---

[76] [역주] *Pro. insip. 6*: 1.
[77] 의심의 여지없이 그 섬은 필히 존재해야만 한다. 이러한 논리로 그 섬이 실제로 존재한다는 것은 더 이상 의심해서는 안 된다는 결론을 들이댄다면 나는 그가 농담을 한다고 믿을 것이다. 아니면 둘 중 누구를 더 어리석은 자로 생각해야할지 모르겠다. *... si, inquam, per haec ille mihi velit astruere de insula illa, quod vere sit, ambigendum ultra non esse: aut iocari illum credam, aut nescio quem stultiorem debeam reputare, utrum me, si ei concedam, an illum, si se putet aliqua certitudine insulae illius essentiam astruxisse* (*Pro. insip. 6*, I 128, 26ff.).

족시키지 않는다. 왜냐하면 그 자신이 분명히 어떠한 경험, 즉 안셀무스의 신앙의 이해 *intellectus fidei*와는 아무런 관계가 없고 안셀무스가 하나님 개념[78]에서 배제한 증거에서 그 증거를 찾고 있기 때문이다. 이렇게 가우닐로는 프로슬로기온 2장을 해석함으로써 안셀무스와는 서로 다른 이야기를 하는 것이다.

---

[78] 모든 것을 가장 완전하게 깨닫는 방식인 감각적 인식을 말하는 것이지, 동물이 육체적인 감각으로 깨닫는 방식을 의미하는 것이 아니다. *Eo modo summe sensibilis es, quo summe omnia cognoscis, non quo animal corporeo sensu cognoscit (Prosl. 6, I 105 5f.).*

## 2. 하나님의 특별한 존재 프로슬로기온 3장

*Quod non possit cogitari non esse.* (I 102, 5)
하나님은 존재하지 않는 것으로 인식할 수 없다.

이 표제는 진실로 존재한다*vere sit*의 더욱 특별한 두 번째 의미를 지시한다. 즉, 하나님은 그가 존재하지 않는다고 생각하는 것은 불가능한(오직 그에게만 해당하는) 방식으로 존재한다.

*Quod utique sic vere est, ut nec cogitari possit non esse.* (I 102, 6)
참으로 존재하는 것은 존재하지 않는다고 생각할 수조차 없다.

여기서 잠시 보편적 존재인 하나님에 대한 협의狹義를 살펴보아야 한다. 물론 이 협의적 정의에서 하나님의 존재는 더 큰 것을 생각할 수 없는 이*quo maius cogitari nequit*로 기술된다. 프로슬로기온 2장에서 보았듯이 이 기술만이 유일한 것은 아니지만 이것은 하나님에게만 해당되는 정의이다. 이 두 번째 정의는 [참으로 존재하는 것은 존재하지 않는 것으로 생각할 수조차 없다] 하나님을 존재하는 것뿐만이 아니라 존재하지 않는 것으로 생각할 가능성이 없다고 기술한다. 아마도 지금 증명되어야만 할 이 두 번째 명제를 증명된 것으로 받아들이는 한, 프로슬로기온 2장에서 증명한 첫 번째 명제와 동일하다는 것을 반박할(그리고 프로슬로기온 3장이 자주 간과되었거나 가볍게 여겨진 이유는 아마도 이 반박에 근거한 것일 것이다) 것이다. 만일 여기서 하나님의 존재를 증명한다면, 사유 속에만 존재하는 하나님과 사유만이 아닌[1] 실제로도(따라서 참으로) 존재하는 하나님이 대립될 때, 사유 속에만 존재하는 이는 하나님이 아니라는 것을 보여준다. 따라서 우리가 진정한 하나님을 존재하지 않는 것으로 생각하는 것은 불가능하다. 프로슬로기온 2장의 이 결론을 3장은 반복이나 강조를 얼마만큼 넘어서 있는가?

답: 프로슬로기온 2장에서 존재라는 개념은 명백히 사유와 실재 속에서의 보편적 존재이다. 만일 사유와 실재 속에서의 하나님의 존재를 부정한다면, 하나님을 생각하는 것이 불가능하다는 것은 위의 것을 토대로 증명하였다. 그러나 그의 현존을 부정하는 것이 불가능함은, 비록 이론적으로는 이 존재자가 존재하지 않는 것이 가능할지라도 이 존재자의 사실적 현존에 대한 부정으로 이해할 수 있다.[2] **지성과 실제로** *in intellectu et in re* 존재하는 것으로 아는 것을 동시에 생각할 수 있다. 그러나 우리는 (실제적 불가능성이 우리를 방해하지 않는다고 가정한다면) 이것 그 자체를 존재하지 않는 것으로 생각할 수 있다. 프로슬로기온 2장은 실제로 하나님은 존재하지 않는 것으로 생각할 수 없다는 것을 보여주었다. 물론 하나님의 존재에 대한 긍정적 지식을

---

[1] [편주] A: 교정 가능성을 보고 비교하였을 때, 1판은 또한 다음과 같이 읽는다. "만일 그가 하나님은 존재할 수도 있었을 것이라고 생각할 때에만"
[2] [편주] A: 격자체로 쓰임

토대로 한 것이 아니다. 하나님의 존재에 대한 지식에는 다른 존재에 어떠한 질문도 존재하지 않고, 계시에서 얻은 하나님의 존재에 대한 지식은 여기서 증거의 토대로는 배제된다. 그러나 지성과 실제 속에*in intellectu et in re* 현존하지 않는 존재자는 [그 이름이] 허용되지 않는 계시된 하나님의 이름의 토대 위에 지성과 실제 속에*in intellectu et in re* 존재하며, 이 이름의 담지자는 오직 계시를 통해 알려질 수 있는 하나님에 대하여 질문을 한다. 이 이름을 듣고 이해하는 이는 누구든지 이 이름을 단순한 사유의 대상이 아니라 계시 속에서 자신의 현존을 알리는 하나님에게만 부여할 수 있다. 참된 하나님을 존재하지 않는 것으로 생각하는 것은 불가능하다는 것은 프로슬로기온 2장에서 이미 어느 정도 증명하였다. 그러나 하나님의 현존에 대한 실제적 부정을 막는 근거가 하나님의 비존재에 대한 개념적 가설조차 금지할 수 있는 것이 진실인지는 아직 증명되지 않았고 이에 대하여 질문을 제기할 수 있다. 이 근거는 다른 존재에 대하여 우리가 가지고 있는 지식을 기반으로 하는 긍정적 앎과 동일한 방식이지 않은가? 이 앎은 분명히 이러한 것들이 존재하지 않는다고 생각하는 것을 불가능하게 할 힘이 있고 그 비존재를 상상할 수 있다는 생각을 버리지 않게 한다. 프로슬로기온 2장에서 존재의 개념은 존재하는 모든 것에 적용할 수 있는 보편적 개념이다. 존재하는 것을 아는 것은 존재하면서 존재하지 않는 것으로 동시에 생각할 수 없다. 그러나 만일 그것이 존재하는 것으로 알려지지 않는다면, 그것은 존재하지 않으면서 존재한다고도 분명히 생각할 수 있다. 이제 질문은 이러하다. 이러한 증명에도 불구하고 하나님의 존재를 앎으로써, 하나님의 비존재 혹은 자신의 존재에 대한 지식에 예외를 만들어서 하나님에 대한 지식이 실제로는 그의 비존재에 대한 사유뿐만이 아니라 그 가능성을 사유하는 것이 불가능한 것인지 최소한의 가설로 고려하는 질문이다. 이 실제적인 불가능성은 하나님의 비존재를 생각하는 것에 대한 절대적인 배제를 의미하는 것인가? 이 장은 이 질문에 대한 답을 할 것이다. 이것은 하나님의 존재 개념을 존재의 일반적 개념으로부터 고양시킨다.[3] 프로슬로기온 2장에서 하나님께 적용되었던 존재의 개념에 대한 제한인 **지성 속에 그리고 실제로도 존재함**_esse in intellectu et in re_은 이제 사라진다. 이 장에서는 다음과 같은 예외 조항을 확인할 수 있다: 계시된 하나님의 이름은 지성 속에 그리고 실재하는 _in intellectu et in re_ 다른 존재에 대한 긍정적 지식보다 더 권위가 있다. 하나님의 이름을 듣고 이해하는 사람에게 하나님은 존재하지 않는다는 생각이 실제적으로 불가능할 뿐 아니라 그러한 생각이 일어난다는 것은 불가능하다. 하나님이 존재한다는 인

---

[3] Vgl. dazu B. Adlhoch, _Der Gottesbeweis des hl. Anselm_ (Philos. Jahrb. der Görresgesellschaft Bd. 8, Heft 1 [S. 52-69, Heft 4, S. 372-389], 1895, S. 380. [이 작품은 다음의 책으로 이어진다. a. a. O., Bd. 9, 1896, S. 280-297; Bd. 10, 1897, S. 261-274·394-416]

K. Heim, Das Gewißheitsproblem, Leipzig, 1911, S. 78f.

R. Seeberg, [Lehrbuch der] Dogmengeschichte, Bd. 3 [Die Dogmengeschichte des Mittelalters, Leipzig], 1913, S. 150f. [Darmstadt 1959[6], S. 157]

A. Koyré: _L'idée de Dieu_ etc., 1923, S. 195ff.

식을 넘어, 들려지고 이해된 하나님의 이름은 그의 비존재를 실제로 생각하는 것이 불가능한 이론이지만, 이 이론상의 비존재는 우리가 거부할 수 없는 모든 것이 존재하는 것과 같은 방식으로 하나님은 존재하지 않는다는 것을 분명히 해야 한다. 그러나 하나님은 비존재의 가능성을 생각하는 것이 불가능한 방식으로 홀로 존재한다. 이것이 프로슬로기온 3장의 주제이다. 이것은 2장의 결론을 반복하는 게 아니라 핵심적인 서술이다.

여기서 어리석은 자를 위하여 *Pro insip.* 7장에[4] 삽입된, 가우닐로의 프로슬로기온 3장에 대한 주석의 핵심을 설명하고, 가우닐로를 반박하며 *C. Gaun* 4장에 나오는 안셀무스의 응답을 살펴보아야 한다. 가우닐로의 반박은 중요하다. 왜냐하면[5] 그는 무엇보다 분명하게 그 반대 입장을 드러내기 때문이다. 그리고 이에 대한 안셀무스의 응답은 지금까지 프로슬로기온 3장에서 시도한 해석이 옳다는 것을 보여주는 최고의 증명임에 분명하다.

모든 것을 젖혀두고 가우닐로의 주된 반박은 이 장이 제기하는 모든 질문의 방식에 대한 것이다. '하나님이 존재하지 않는다[6]는

---

[4] 본질이 아닌 것은 대상의 모사일 뿐이다. 하나님의 참된 존재는 하나님에 대한 단순한 표현이 명시하는, 하나님의 완벽함에서 도출된 하나님의 존재에 대한 어떠한 결론보다도 먼저 알려져야 하고 알려졌어야만 한다.

[5] [편주] A: 왜냐하면

[6] [편주] A: 비실존

것을 생각할 수 없다*cogitari'* 대신에 안셀무스는 자신의 관점을 더 나은 방식으로 다음과 같이 말할 수 있었을 것이다. '우리는 존재하지 않거나 존재하지 않는 것이 가능한 하나님을 알 수 없다*intelligi'* 하나님의 존재를 의심하거나 부정하는 것은 가우닐로가 그래야 한다고 생각했듯이 거짓*falsum*으로 여겨지게 될 것이다. 거짓은 결코 이해할 수 없기에*Falsa nequeunt intelligi* 언제나 진리인 것만이 지식이 된다. 그러나 거짓*falsa*은 분명 우둔한 이의 것이기에 안셀무스는 이것은 논의할 의향이 없었다. 이 점에서 가우닐로의 설명은 불명확해진다. '나는 내가 존재한다는 사실을 매우 확실하게 알고 있지만, 내가 존재하지 않을 수 있다는 사실도 알고 있다. 그러나 저 최고의 것인 하나님은 존재하면서 또 존재하지 않음을 생각할 수 없다는 사실을 확실히 이해하고 있다. 그러나 나는 내가 존재한다는 사실을 매우 확실하게 알고 있는 동안에도 나 자신이 존재하지 않는다고 생각할 수 있을지 모르겠다. 이것이 가능하다면 나 자신의 존재를 알고 있는 것과 같이 확실하게 알고 있는 다른 모든 것이 존재하지 않는다고 생각할 수 있다. 만일 그렇게 할 수 없다면, 존재하는 것을 존재하지 않는 것으로 생각할 수 없다는 사실은 하나님께만 고유한 것이 아닐 것이다.[7] 비록 가우닐로는 하나님에 대한

---

[7] 그러나 이 최고의 것이 존재하지 않는다는 것은 생각할 수조차 없다고 말하려면 도리어 존재할 수밖에 없다거나, 존재하지 않는다고는 이해할 수조차 없다고 말하는 편이 더 나을 것이다. 왜냐하면 이 단어(이해하다)의 고유한 의미에 따르면 거짓된 것은 이해할 수조차 없지만 어리석은 자가 생각한 것처럼 하나

이해를 안셀무스와 다르게 하지만, 여기서 (앞 장에서 제시된 명제와는 별개로, 이것은 그의 글에서만 대단히 분명하게 나타난다.) 심지어 가우닐로마저 하나님의 존재에 대한 이해를 옹호하고 있다는 것을 알 수 있다. 그의 이해*intelligere*는 몇 가지 이유에서 가장 분명히 알다*certissimescire*를 의미하는 알다*scire*와 동의어이다.[8] 하나

---

님이 존재하지 않는다고 생각하는 것은 확실히 가능하기 때문이다. 나는 내가 존재한다는 사실을 매우 확실하게 알고 있지만 내가 존재하지 않을 수 있다는 사실도 알고 있다. 그러나 저 최고의 것, 즉 하나님은 존재하며 또 존재하지 않음을 생각할 수 없다는 사실을 나는 확실히 이해한다. 그러나 나는 내가 존재한다는 사실을 매우 확실하게 알고 있는 동안에 나 자신이 존재하지 않는다고 생각할 수 있는지는 잘 모르겠다. 이것이 가능하면 왜 나는 내 자신의 존재를 알고 있는 것과 같은 정도로 확실하게 알고 있는 다른 모든 것이 존재하지 않는다고 생각할 수 없는 것일까? 반면에 내가 할 수 없다면 이것은 더 이상 하나님께 고유한 것이 아닐 것이다. *Cum autem dicitur, quod summa res ista non esse nequeat cogitari: melius fortasse diceretur, quod non esse aut etiam posse non esse non possit intelligi. Nam secundum proprietatem verbi istius (sc. intelligere) falsa nequeunt intelligi, quae possunt utique eo modo cogitari, quo Deum non esse insipiens cogitavit. Et me quoque esse certissime scio, sed et posse non esse nihilominus scio; summum vero illud, quod est, scilicet Deus, et esse et non esse non posse indubitanter intelligo. Cogitare autem me non esse quamdiu esse certissime scio, nescio utrum possim; sed si possum, cur non et quidquid aliud eadem certitudine scio? Si autem non possum: non erit iam istud proprium Deo* (Pro insip. 7, I 129, 10ff.).

8   이 문구에 대하여 *Pro. Insip. 2* (I 125, 20 - 126, 1) 참조: … 나는 이해함이라는 것이 실재에 따라 존재한다는 사실을, 지식에 따라 파악하는 것과 다르다고 생각할 수 없다. … *quia scilicet non possim hoc aliter cogitare nisi intelligendo id est scientia comprehendendo re ipsa illud existere.*

님이 존재함을 이해한다*intelligere Deum esse*에서 그가 이것으로 기술하려 하는 것은, 안셀무스가 모든 신학에 앞서 세운 신앙의 확실성으로 기술하려 한 것과[9] 동일할 것이다. 그러나 아마도 그는 안셀무스에게서 결여되어 있다고 보는 가장 **분명한 주장** *certissimum argumentum*에 더 익숙할 것이고, 그가 생각하고 있는 것은 후에 토마스 아퀴나스가 많은 이를 확신케 한 방식과 같은, 존재하는 그 무엇인 하나님에 대한 경험적 지식이다.[10] 그는 그의 이해*intelligere*가 모든 순수한 사유와는 구분된 것이고, **역으로** *vice versa* 순수한 사유 역시 이해*intelligere*로 명칭한 것과 독립적인 것임을 분명히 하고자 하였다. 가우닐로는 많은 것을 인식하거나*erkennen* 알고*weiss* 있다: 예를 들어, 그는 자기 스스로가 존재함을 가장 **분명히** *certissime* 안다. 또한 그는 자신의 존재의 제한된 본질을 알기에 비존재의 가능성을 안다. 다른 한편 그가 존재함을 알고 있음에도 자신이 존재하지 않는 것으로 생각할 수 있을지 그는 알지 못한다. 그리고 그는 단순히 '생각함*denken*'으로써 자신의 마음을 결정하려 하지 않았다. 하나님에 대한 그의 입장은 분명히 동일하다. 하나님은 존재하시고 존재하지 않는 것이 불가능한 것을 그는 알고 있다. 그러나 이것을 기술하는 한 문장으로도(아마도 전통상, 경험상 혹

---

[9] 30쪽 이하 참조.

[10] [편주] Vgl. z. B. die *quinque viae*: *Summa theologica I, q. 2, a. 3, crp., Opera Omnia IV*, Rom 1888, S. 31f.

은 둘 다) 그의 주장이 거짓의/*falsum* 우둔한 이*insipiens*와 반대됨을 충분히 알 수 있다. 이러한 부분에서(아마도 어떠한 부분에서도 마찬가지로) 그는 특별한 사유 활동에서는 어떠한 것도 기대하지 않는다. 일반적으로 사유하다*cogitare*는 이해하다*intelligere*의 단순한 재현이고 이해하다*intelligere*는 알다*scire*를 의미한다. 반대로 알려진 사물의 재현과 동일하지 않은(일반적이지 않은) 사유를 그는 모든 측면에서 희망이 없다고 본다. 마치 우둔한 이의 사유는 하나님의 존재를 거부하듯이, 안셀무스의 사유는 하나님의 존재를 확인하는 것과 같다. 나는 존재하는가? 사물은 존재하는가? 하나님은 존재하는가? 어떠한 결정을 여기서 할 수 있겠는가? 나의 지식이 이 모든 점을 분명히 안다면, 나의 순수 사유는 이러한 결정을 하기에 불충분할 만큼 자유롭다. 우리는 하나님을 존재하지 않는다고 생각할 수 있다.[11] 그렇다면 지식을 재생산하는 사유를 지켜내 보자![12] 구

---

[11] 토마스 아퀴나스는 나중에 *Summa Contra* I 11에서 주저 없이 이렇게 말한다. *Nullum inconveniens accidit ponentibus Deum non esse.* 누구도 하나님은 존재하지 않는다고 주장하는 것이 비합리적이라고 말할 수 없다([편쥐] vgl. "... 적합지 않은 *nihil inconviniens*..." Texte zur Forschung 15, Darmstadt 1974, S. 36.).

[12] 부쉬테(Bouchitté)는 *Le rationalisme chrétien* (S. 306)에서 의심의 여지없이 가우닐로에게 다음과 같은 주요한 찬사를 보낸다. "철학적 연구에 익숙한 사람들은 이 단락에 있는 것과 오늘날 실험적이고 감각론적인 철학이 부정하지 않는 것을 확실히 인식할 것이다." *Les hommes accountumés aux études philosophiques reconnaîtront certainement qu'il y a, dans ce passage et dans ce qui suit, quelque chose que ne désavouerait pas la philosophie*

문의 마지막은 특히 중요하다. 가우닐로가 이렇게 말하며 끝맺은 '이것 아니면 저것Entweder–Oder'은 무엇을 의미하는가? 하나님의 존재를 사유하는 것의 필요성에 대하여 논의가 되는데 그 이유는 그는 안셀무스의 하나님의 비존재성에 대한 불가능성 넘어, 궁극적으로 하나님 존재의 필연성에 기반을 둔 보편적 교리가 있다고 보았기 때문이다. 내가 보기에, 안셀무스가 취한 입장을 이후에 데카르트가 취했다고 본다. 그렇게 생각함으로써, 안셀무스는 다음과 같은 대안을 가지고 있다고 본 것이다. '어떤 이의 현존에 대한 사유는 필연적이다'는 틀렸거나 — 여기에 상응하는 모든 명제는 하나님의 현존에 대한 사유는 필연적이기 때문에 붕괴된다 — 옳다. 이때, 하나님의 존재에 대한 명제는 최소한 유례를 가지고 안셀무스가 주장한 하나님의 유일성에 타격을 입힌다. 가우닐로의 마지막 반론은 그의 작품을 통틀어 가장 영적으로 가치가 있고 조금은 안셀무스와도 관련이 있다.

이에 안셀무스는 다음과 같이 답한다. 특히 하나님에 대한 존재의 증거를 주제로 삼기에 우리의 주제는 분명 다음과 같아야 한다. '하나님은 존재하지 않는 것으로 생각될 수 없다.' 하나님은 존재하지 않는 것으로 알려질 수 없다는 것은 분명한 진리이다. 이유는 거짓falsum은 지식의 대상이 될 수 없기 때문이다. 그러나 만일 안셀무스가 이 명제를 내세웠더라면, 가우닐로는 다음의 마무리 문장

---

*expérimentale et sensualiste de nos jours.*

으로 답하지 않았을 것이다. 이 명제는 하나님뿐만이 아니라 모든 존재에 적용될 수 있다.[13] '하나님은 존재하지 않는 것으로 이해할 수 없다'라는 명제는 오직 하나님만을 주어로 한다.[14] 하나님의 본질이 이것을 증명한다.[15] 모든 유한하고 분할 가능한 것은(오직 이러한 것만이) 존재하지 않는 것으로 생각할 수 있다. 다시 말해 그것들의 공간적 시간적 한계, 그 자신과의 분명한 부분적 불일치를 보건대, 그것의 비존재 가능성을 사유할 수 있다.[16] (오직 홀로) 무한하시고 분할되지 않으시는 하나님은 존재하지 않는다고 생각할 수 없다. 다시 말하자면 존재하는 것으로 생각해야만 한다. 하나님

---

[13] 이것이 존재하지 않는다는 사실은 이해할 수도 없다고 말했다면, … 이 때문에 없다는 것을 하나님께 속한 것으로 보면서 그것이 없다고 하는 것은 이해할 수 없다. *Si enim dixissem, rem ipsam non posse intelligi non esse, fortasse tu ipse … obiceres, nihil quod est posse intelligi non esse … Quare non esse proprium Deo non posse intelligi non esse* (C. Gaun. 4, I 133, 24ff.).

[14] 그러나 이것을 제대로 생각했다면, 생각에서 배제할 수 없다. 그 이유는 존재하는 것은 아무것도 없다고 할 수 없다 하더라도, 최고의 존재를 제외한 모든 것은 없다고 생각할 수 있기 때문이다. *Sed hoc utique non potest obici de cogitatione, si bene consideretur. Nam et si nulla, quae sunt, possint intelligi non esse, omnia tamen possunt cogitari non esse praeter id quod summe est* (ib., I 133, 29~134, 2).

[15] 여기서 주안점은 하나님의 현존에 대한 실제적 질문이 아니라 현존이 무엇을 의미하고 의미할 수 있는지에 대한 질문이다. 이 질문에 대한 답은 하나님의 본질에서 나와야 한다.

[16] 시작과 끝이 있고 부분들로 이루어진 만물은 없다고 생각할 수 있다. *Illa quippe omnia et sola possunt cogitari non esse, quae initium aut finem aut partium habent coniunctionem* (ib., I 134, 2f.).

이 끝이 없고 스스로 동일하신 한(이러한 속성을 가지고 계신 것으로 전제하자면), 하나님의 존재를 부정할 수 없다.[17] 따라서, 만일 하나님의 존재가 증명된다면 하나님은 존재하지 않는 것으로 생각할 수 없다는 것을 증명해야만 한다. 그러나 안셀무스는 이것을 하나님의 존재에 대한 어떠한 유비적 명제와 연관을 지으려 하지 않았다. 인간의 존재와 연계된 어떠한 유비적 명제도 없다(안셀무스는 데카르트가 아니다). 물론 가우닐로는 자신이 존재한다는 것을 알면서도 자신이 존재하지 않는 지의 여부를 알지 못한다고 말할 수 있다. 그는 자신의 존재에 대하여 아는 것을 무시함으로써 가상의 이야기를 만들어낼 수 있는 것만큼 분명히 그렇게 말할 수 있다. 하나님의 본질과 구분된 인간의 본질은 이러한 가상 이야기를 거리낌 없이 할 수 있을 것이다.[18] 따라서 자신이 존재하지 않는 것으

---

[17] 그러나 그 안에 시작도 끝도 부분의 결합도 가지고 있지 않고, 모든 장소에서 항상 온전하다고 생각할 수 있는 저것이야말로 존재하지 않는다고 생각할 수 없는 유일한 것이다. *Illud vero solum non potest cogitari non esse, in quo nec initium nec finem nec partium coniunctionem, et quod non nisi semper et ubique totum ulla invenit cogitatio (ib., I 134, 4ff.).*

[18] 따라서 그대가 매우 확실하게 자신이 존재하는 사실을 알고 있으면서도 당신은 자신이 존재하지 않는다고 생각할 수 있다는 것을 깨달아야 한다. 이 점을 당신이 모르겠다고 말했다니, 나는 놀라울 따름이다. 왜냐하면 우리는 존재한다고 알고 있는 많은 대상을 존재하지 않는다고 생각할 수 있고, 존재하지 않는다고 알고 있는 많은 대상이 존재한다고 생각할 수 있기 때문이다. *Scito igitur, quia potes cogitare te non esse, quamdiu esse certissime scis; quod te miror dixisse nescire. Multa namque cogitamus non esse, quae scimus*

로 생각할 수 있을지 모른다는 가우닐로의 회의적 명제는 실제로
는(자신의 존재에 대한 지식 때문에) 그렇게 할 수 없으나 다만 가
상 이야기라는 가설로서만 제시되어야만 한다.[19] 하나님과 별개인
모든 것에 대해서도 우리의 사유는 동일하게 진실이다. 따라서 프
로슬로기온 3장의 주제를 넘어선 필연적 사유들에 대한 보편적 교
리는 없다. 하나님 이외에 실제로 존재하지 않는 것으로 생각할 수
없는 것이 있다는 것은 또 다른 문제이다.[20] 프로슬로기온 3장에서
안셀무스가 말하는 것은 하나님만을 주제로 삼는다. 심지어 두 번
째 의미의 가설에서조차 하나님은 존재하지 않는 것으로 생각할

---

esse, et multa esse, quae non esse scimus - non existimando sed fingendo
ita esse ut cogitamus (ib., I 134, 7ff.).

[19] 우리는 어떤 대상이 존재하는 것을 알고 있는 동안에 그 대상이 존재하지 않는
다고 생각할 수 있는데, 그 이유는 이것을 생각할 수 있으면서 동시에 저것을
알고 있기 때문이다. 있다는 것을 우리가 알고 있는 것들을 없다고 생각하고
있으며, 없다고 알고 있는 것들을 우리는 있다고 생각하고 있기 때문이다. Et
quidem possumus cogitare aliquid non esse quamdiu scimus esse, quia simul
et illud possumus et istud scimus; et non possumus cogitare non esse
quamdiu scimus esse, quia non possumus cogitare esse simul et non esse
(ib., I 134, 10ff.).

[20] 이 같은 표현의 의미를 두 가지로 구분할 수 있다. 존재한다고 생각하면서
아무 것도 존재하지 않는 것으로 생각할 수 없다는 점과, 그것보다 더 큰 것을
생각할 수 없는 어떤 것을 제외한 모든 것이 존재한다고 알고 있을 때조차
존재하지 않는다고 생각할 수 있다는 점이다. Si quis igitur sic distinguat huius
prolationis has duas sententias, intelliget nihil, quamdiu esse scitur, posse
cogitari non esse, et quidquid est praeter id quo maius cogitari nequit, etiam
cum scitur esse, posse non esse cogitari (ib., I 134, 13ff.).

수 없다.[21] 안셀무스는 프로슬로기온 4장에서 (가우닐로가 대단히 비관적으로 다루는) 하나님의 비존재를 생각할 수 있다는 우둔한 이의 주장을 다루며 매듭짓는다.[22] 여기서 보아야만 하는 것은 프로슬로기온 3장에서 가우닐로가 자신의 자랑스러운 실증주의로는 예상조차 못한 문제에 주의를 기울이고 있다고 안셀무스는 본다. 가우닐로가 최선을 다하는 바로 그 지점에서 자신의 일이 끝나지만, 안셀무스는 거기서 시작하기에 가우닐로와 완전히 빗나가고 있다.

> *Nam potest cogitari esse aliquid, quod non possit cogitari non esse; quod maius est, quam quod non esse cogitari potest. (I 102, 6ff.)*
>
> 그런 실재는 확실히 존재하기 때문에 그 실재는 존재하지 않는다고 생각할 수 없다.

여기서 따라오는 것은 프로슬로기온 2장의 증명의 엄밀성

---

[21] 존재하지 않는다고 생각할 수 없는 점은 하나님께 고유한 특성인데, 그럼에도 존재하면서도 존재하지 않는다고 생각할 수 있는 많은 것이 있다. *Sic igitur et proprium est Deo non posse cogitari non esse, et tamen multa non possunt cogitari, quamdiu sunt, non esse (ib., I 1 134, 16ff.).*

[22] 그럼에도 어떻게 하나님이 존재하지 않는다고 생각할 수 있는가에 대해서는 이 작은 책자[프로슬로기온]에서 충분히 말했다고 생각한다. *Quomodo tamen dicatur cogitari Deus non esse, in ipso libello puto sufficienter esse dictum (ib., I 134, 18f.).*

Präzisierung인데, 이것은 이 장의 주제를 정하는 도입구의 의미를 지닌다. 지성과 실제 속의 존재[23] *esse in intellectu et in re*로서의 하나님의 현존은 증명되고 받아들이게 되며, 하나님에게만 적용되고(바로 참된 존재 *sic vere esse*), 도입구에 의하면 아직은 증명되지 않기에 여전히 미지수로 남아 있으며, 존재하기에 존재하지 않는 것이라 생각할 수 없다. 이것은 두 번째 증명에 속한 것이 아닌(첫 번째 증명의 반복도 아니고) 고유의 유일한 증명을 첨예화하는 것이다. 다른 조화 없이도 이 첨예화는 첫 번째 보편 명제와 결합한다. 이 첨예화는 하나님의 비존재의 불가능성에 대한 두 번째 사유가 그의 비존재를 사유하는 것조차 불가능하게 한다는 것을 제외하고는 이전의 증명과 본질적으로 동일할 수 있고 그래야만 한다.

안셀무스는 존재하지 않는 것으로 생각할 수 없는 현존하는 것 daseindes 그리고 존재하지만 동시에 존재하지 않는 것으로 생각할 수 있는 것의 사유 가능성에서 출발한다. 프로슬로기온 2장에서 지성과 실제 속에 존재 *esse in intellectu et in re* 하는 것은 양자 [지성과 실제]에 모두 적용되지만 이 존재 *esse*의 이론적 부정은 첫 번째 존재는 불가능하지만 두 번째는 가능하다는 의미에서 서로 구분된다. 따라서 도입 명제는 다음과 같다. 이 두 존재와 그 둘이 양립하는 것은 사유 가능하다.

---

[23] [편주] A: 이해 속에 그리고 실제로도 *esse in intellectu et in re,* 격자체로 쓰이지 않음.

서로 양립하는 이 두 가지를 생각해왔다고 가정해 보자. 우리는 더 크고 작은 것, 즉 더 높은 층위와 낮은 층위의 존재를 생각해왔다는 것을 인정해야 한다. 안셀무스가 여기서 전제한 계층질서 Stufenordung는 프로슬로기온 2장의 그것과 동일할 수 있다. 사유 속에만 존재하는 것과 사유와 실제로도 존재하는 것 사이에 대비는 더 이상 존재하지 않는다. 하지만 지성과 실제 속에 분명 존재하지만[24] 존재하지 않는 것으로 생각할 수 있는 한편, 지성과 실제 속에 존재하지만 존재하지 않는 것으로 생각할 수 없는 것이 있다. 보편적인 **참된 존재***vere esse*와 달리, 그 실재가 단순히 주관적인 것이 아니며, 주관적인 토대와 객관적인 토대의 대비를 넘어 그 자체에 토대를 가지는 **참된 존재***vere esse*가 있다. 후자의 의미로서 **참된 존재***vere esse*는 지식과 대상 사이의 대립과는 별개인 **더 큰***maius* 존재이다. 이 존재는 대립의 대상이 되며, 실제로는 존재한다고 할지라도 이론적으로 부정할 수 있는 일반적인 의미의 **참된 존재***vere esse*보다 더 높은 수준의 단계에 속한다. 이 첫 번째 존재는 다른 존재의 현존과 비현존을 사유할 때 그 전제가 되는 현존과 비현존의 기준이며 그 자체로서 실재한다. 결론적으로 이것을 존재하지 않는 것으로 생각할 수 없다. 이 존재는 '더 작은' 것에 대비되는 '더 큰' 존재이다.

---

[24] [편주] A: 비실존적으로

*Quare si id quo maius nequit cogitari, potest cogitari non esse: id ipsum quo maius cogitari nequit non est id quo maius cogitari nequit; quod convenire non potest. (I 102, 8ff.)*

그러므로 그것보다 더 큰 것을 생각할 수 없는 어떤 것이 존재하지 않는다고 생각할 수 있다면 그 실재는 그보다 더 큰 것을 생각할 수 없는 어떤 것이 아니다.

위의 명제에서 하나님은 존재하지만 존재하지 않는 것으로 여겨지는 두 번째 존재와 동일하다. 왜 하나님은 우리가 알고 있는 다른 존재와 같이 이 한계 속에서 존재할 수 없는가? 많은 다른 존재의 꼭대기에 선 우주에서 가장 존귀한 존재로서 존재할 수 없는가? 이교의 신들은 이것의 답을 알고 있는 것처럼 보인다. 그러나 이 신들이 그들의 이름을 정당화할 수 있는지 물음을 제기할 수 있다. 이 질문에 대한 답은 계시된 하나님의 이름으로 구할 수 있다. 계시된 하나님은 더 큰 것을 생각할 수 없는 분*quo maius cogitari nequit*으로 불린다. 이러한 견딜 수 없는 모순에서 존재하지만 존재하지 않는 것으로 생각할 수 있는 하나님은 더 큰 것을 생각할 수 없는 어떤 것*id quo maius cogitari nequit*으로 불리지만, 그러한 존재가 아니라는 모순이 있다. 더 큰*maius* 것을 생각할 수 있다는 것은 지금까지 봐왔다. 있을 수 없는*Quod convenire non potest* 가짜 하나님은 그 모습을 드러내야만 하고 하나님의 이름은 하나님으로 여길 수 없는 존재를 부정해야 한다. 지성과 실제 속에 존재할 수도 그렇지 않을 수도 있는 존재는 하나님으로 존재할 수 없다. 하나님은 단순히 그렇게 존재할 수 없다. 하나님과 동일하고 무엇보다 이러한 방식으로 [더 큰 것을 생각할 수 없는] 존재와 동일해지려면 그것은 생각할 수 있는 이 더 큰*maius* 존재와 동일해야만 한다. 후자와 유사하거나 구분되는 것과는 관계없이 그 존재는 언제나 자신을 하나님이 아닌 것Nicht–Gott으로 드러낸다.

> *Sic ergo vere est aliquid quo maius cogitari non potest, ut nec cogitari possit non esse. (I 103 1f.)*
> 그러므로 그것보다 더 큰 것을 생각할 수 없는 어떤 것은 진실로 존재하기 때문에 존재하지 않는다고 생각할 수 없다.

다시 결론을 내리자면 더 큰 것을 생각할 수 없는 이*aliquid quo maius cogitari non potest*는 존재하지 않는 것으로 생각할 수 없는 방식으로 존재한다. 이 결론은 얼마만큼 설득력을 지니는가? 무엇보다도 현존하지 않는다고 생각하는 '하나님'이 계시된 하나님의 이름과 하나님이라 불리는 존재의 방식 사이의 대립으로 하나님이 아님nicht-Gott을 보이는 한 그 결론은 설득력이 있다고 말할 수 있다. 계시된 하나님은 이러한 방식으로 존재할 수 없다. 그러나 다시 한 번 실제적 결론은 증명될 수 있는 이 부정을 넘어선다. 계시된 하나님이 이렇게 존재한다는 것의 불가능성에서 어떠한 질문도 할 수 없으며 하나님에게만 해당하는 존재에 대한 결론을 도출할 수 있다. 이 마지막 필요 불가결의 긍정 명제가(사유로써 질문한 하나님의 존재에 대한 반대 명제가 비합리적인 것으로 증명된 이후)

전前 사유 과정 vorangehenden Gedankengang의 결론으로 나타난 것이 아니라는 점을 다시 한 번 말해야 한다. 이 명제는 다른 명제와(그 것이 존재한다고 생각할 수 있다 potest cogitari esse aliquid ...) 더불어 사유할 수 있다. 만일 이것이 참으로 존재하는 sic ergo vere est 것이라면, 그 반대 명제가 계시되고 믿어진 하나님의 이름에 대한 명제로 불합리한 ad absurdum 것으로 증명되었을 때 이러한 신조를 이해할 수 있다. 이 신조는 다른 명제와 더불어 사유의 가능성이 있으며, 이 반대 명제가 없어진 후에도 긍정적 결과로 남는다. 신학자가 이 명제에 대한(ratio quomodo sit에 대한) 책임을 져야 하는 것은 아니다. 이해하다 intelligere는 지적 합리성과 존재론적 합리성과 필연성을 토대로 한 명제의 지적 필연성이다. 이것은 오직 신학에서만 일어날 수 있다. 이것은 실제로 여기서 일어난 것이다.

프로슬로기온 3장의 절정에 이르기 전에 다시 한 번 가우닐로를 반박하는 안셀무스의 변증을 보아야만 한다. 이미 앞에서 언급한 대로, 프로슬로기온 2장의 한 문장에 나오는 단순한 증명을 살펴보았다.[25] 또 한편 – 그의 관심을 나타내는 – 뒤이은 문장에서 그는 계속하여 그의 상대에게 프로슬로기온 3장에서 새롭게 변형된 증명기술(記述)을 제시한다. 그것은 다음과 같이 짧게 요약할 수 있다. 1. 프로슬로기온 3장의 주요한 사상은 주어진 형식에 매인 것이 아니라 다양해질 수 있다. 2. 이 문장들이 다루는 것은 프로슬로기

---

[25] C. Gaun. 2, I 132, 22ff.

온 3장에서 기술한 다양한 증명이다.

1. 가우닐로를 반박하며 *C. Gaun.* 9장.[26] 우리는 프로슬로기온 3장
   의 명제 형식에 가장 가까운 이 마지막 문장에서 출발한다. 다
   시 '더 큰' 것으로 생각되는 것은 '더 작은' 것으로 생각되는
   것과 비교된다. 다시 하나님의 이름은 그가 '더 작은' 것과 동일
   할 수 없다는 것을 보여준다. 마지막으로 (신조라 불리는 것에
   근거하여!) 하나님은 '더 작아'질 수 없고 '더 크다'는 것이 나
   온다. 이것과 프로슬로기온 3장의 기본 형식의 차이는 더 큰
   *maius*은 존재하지 않는 것이 될 수 없고 *quod non potest non esse* 그

---

[26] 그 부정의 부분이란 그것보다 더 큰 것을 생각할 수 없는 어떤 것이다. 따라서
이것을 부정하는 사람은 누구든지 더 큰 것을 생각할 수 없는 어떤 것을 이해
하고 생각하는 것이다. 그러나 그것이 존재하지 않을 수 없다는 것을 유사하
게 이해할 수 있다는 점 또한 명백하다. 이 사실을 생각하는 사람은 그것이
존재하지 않을 수 있다고 생각하는 사람보다 더 큰 것을 생각하는 것이다.
그러므로 그것보다 더 큰 것을 생각할 수 없는 어떤 것이 존재하지 않는다는
사실을 생각한다면, 그것은 생각한 것이 아니다. 그가 생각하는 것은 필연적
으로 존재해야만 하는데, 존재하지 않을 수 있는 모든 것은 그가 생각하는
것이 아니기 때문이다. *Palam autem est, quia similiter potest cogitari et
intelligi, quod non potest non esse. Maius vero cogitat qui hoc cogitat, quam
qui cogitat quod possit non esse. Dum ergo cogitatur quo maius non possit
cogitari: si cogitatur quod possit non esse, non cogitatur quo non possit
cogitari maius. Sed nequit idem simul cogitari et non cogitari. Quare qui
cogitat quo maius non possit cogitari: non cogitat quod possit, sed quod
non possit non esse. Quapropter necesse est esse quod cogitat, quia quidquid
non esse potest, non est quod cogitat* (I 138, 19ff.).

결과로 그렇게 생각하는 것이 필연적인 것(더 큰 것을 생각할 수 없는 것을 생각하는 것)*necesse est quod cogitate (sc. Qui cogitate quo maius cogitari nequit)*이라는 점이다.[27] 이 차이는 분명 약어[28]를 포함한다. 여기에서 필연성은 그것과 밀접한 합리성을 의미한다. 즉 증명은 하나님을 존재하지 않는 것으로 생각하는 것이 불가능하다는 것을 보여준다.

2. 가우닐로를 반박하며 *C. Gaun.* 3장.[29] 여기서 안셀무스는 가우닐

---

[27] [편주] 두 번째 판에는 <존재할 수 없는, 더 적은> 이라는 문구가 생략되어 있다. A가 교정함.

[28] [역주] 더 큰 것을 생각할 수 없는 것을 생각하는 것.

[29] 하지만 분명한 것은 더 큰 것을 생각할 수 없다고 해서 없다고 생각할 수 없으며 그것은 참 논리에 따라 분명히 존재한다는 것이다. 그렇지 않으면 그것은 존재하지 않는 것이 된다. 만일 누군가가 그것이 없을 수 있다고 말한다면 나는 이렇게 말한다. 더 이상 큰 것을 생각할 수 없는 어떤 것을 그는 생각하고 있거나, 생각하고 있지 않다고 말이다. 만일 생각하지 않는다면 어떤 것을 생각할 수 없다. 그러나 생각한다면 그는 그 어떤 것을 생각하는 것이다. 왜냐하면 없다고 생각할 수 있는 것은 시작과 끝이 있다고 생각할 수 있기 때문이다. 하지만 이것은 불가능하다. 그러므로 그것을 생각하는 자는 없다고 생각할 수 없는 어떤 것을 생각하는 것이다. 하지만 이것을 생각하는 자는 바로 그것이 없다고 생각하지 않는다. 그렇지 않으면 그는 생각할 수 없는 것을 생각하는 것이다. 그러므로 '그보다 더 큰 것을 생각할 수 없는 어떤 것'은 없다고 생각할 수 없다. *Palam autem iam videtur, 'quo non valet cogitari maius' non posse cogitari non esse, quod tam certa ratione veritatis existit. Aliter enim nullatenus existeret. Denique si quis dicit se cogitare illud non esse, dico quia cum hoc cogitat: aut cogitat aliquid quo maius cogitari non possit, aut non cogitat. Si non cogitat, non cogitat non esse quod non cogitat. Si vero cogitat, utique cogitat aliquid quod nec cogitari possit non esse. Si enim posset cogitari non esse, cogitari posset habere principium*

로의 섬 유비에 다음과 같이 답변한다. 더 큰 것을 생각할 수 없는 이*quo maius cogitari nequit*라 기술되었다고 해서 존재하지 않는다고 할 수 없다. 그것은 진리 그 자체의 합리성 속에(합리성을 기반으로) 존재하기 때문이다(완전히!). 만일 존재하지 않았다면, 그것은 완전히 존재하지 않았을 것이다. 안셀무스가 증명하였듯이, 증명될 수 있는 것은 하나님의 존재일 뿐이라는 (따라서 이 섬의 존재가 아닌) 사실을 간과했기에 섬 유비는 무의미하다. 다음과 같은 주장이 계속된다. 하나님의 존재를 부정하는 이는 더 큰 것을 생각할 수 없는 이*quo maius cogitari nequit*에 대해 참으로 생각하고 있는 것인가, 하는 질문에 분명히 직면한다. 만일 그러한 이를 생각하고 있지 않다면 그는 하나님의 존재를 부정하지 않는 것이다. 만일 그가 하나님을 생각하고 있다면, 그는 부정될 수 없는 존재를 생각하는 것이다. 그 존재가 부정될 수 있다면, 그것은 제한된 존재로 보아야 한다. 그러나 하나님은 제한된 존재로 생각될 수 없다(더 큰 것을 생각할 수 없는 이*quo maius cogitari nequit*라 불리는 이를 생각하는 사람은 유한한 존재자들의 방식으로 존재하지 않는, **합리적 진리** *ratione veritatis*인 존재를 생각한다). 그러므로 하나님을 생각하는 사람은 부정될 수 없는 존재를 생각한다. 따라서 더 큰 것을

---

*et finem. Sed hoc non potest. Qui ergo illud cogitat, aliquid cogitat quod nec cogitari non esse possit. Hoc vero qui cogitat, non cogitat idipsum non esse. Alioquin cogitat, quod cogitari non potest. Non igitur potest cogitari non esse 'quo maius nequit cogitari'* (I 133, 10ff.).

생각할 수 없는 이*quo maius cogitari nequit*라 불리는 존재는 부정될 수 없다. 여기서 또 다시 프로슬로기온 3장에서 나타난 증명의 정수를 본다. 즉 그의 이름이 금하는 것에 의해 존재하지 않는 것으로 생각되는 모든 존재자와 하나님은 근원적으로 구분된다. 심지어 하나님의 존재를 부정할 때조차 하나님을 사유함으로써[30] 무한히 존재하는 그의 유일성을 증명으로써 구현해 내지는 못한다. 이것이 증명하는 모든 것 그리고 증명할 수 있는 모든 것은 실제로 하나님을 생각할 때, 하나님을 필연적으로 현존하는 분으로 생각하고 그렇게 현존하기에 하나님은 존재하지 않는다고 생각할 수 없다는 것이다. 이 하나님의 무한함을 생각하는 것은 하나님의 본질에 대한 계시 중 하나를 암시한다. 그러나 하나님이 무한하다는 사실이 하나님이 존재한다는 것을 증명하지는 않는다. 오히려 하나님은 무한하다는 사실은 (만일 하나님이 존재한다면) 하나님은 무한하지 않은 존재자와 다르게 존재한다는 것을 증명한다. 즉 하나님은 그 존재를 부정할 수 있는 방식으로 존재하지 않는다. 하나님의 본질에 대하여 여기서 인용된 문구를 따르지 않고, 하나님을 더 큰 것을 생각할 수 없는 이*quo maius cogitari nequit*라 부름으로써 그의 존재 역시 신조가 되는 바로 그 지점에 하나님이 존재한다는 긍정적 결론이 남아 있다.

3. 가오닐로를 반박하며*C. Gaun* 1. 여기서 안셀무스는 세 가지 다른 형태의 증거를 연속적으로 제시한다. 우리는 가장 먼저 위의

---

[30] [편주] A: 그를 생각하고

2.에서 역으로 주어진 형태wiedergegebenen Form[31]와 대립하게 된다. 더 큰 것을 생각할 수 없는 이*quo maius cogitari nequit*는 존재한다고 생각할 수 있다. 그러나 생각되는 것은 누구인가? 그 현존이 무한한 존재자이다. 그 존재가 부정될 수 있는 존재는 유한한 존재자이다. 더 큰 것을 생각할 수 없는 이 *quo maius cogitari nequit*라 불리는 이를 유한한 존재자로 생각할 수 없다면 그의 현존을 부정할 수 없다. 만일 그가 존재하는 것으로, 존재해야만 하는 필연성을 생각한다면, 그것은 그가 필연적으로 존재한다고 생각하는 것이 분명하다는 것을 의미한다. 적용된 '약어'에 대하여, 1. 동일한 약어로 말해야만 하고, 2. 하나님의 무한성을 동일하게 말해야 한다. 나머지에 대하여 우리는 다시 기본 형태를 인식한다. 즉 다른 모든 존재자와 구분되는 하나님의 존재. 결과적으로 다른 존재자와 달리 이 존재는 반론의 여지가 있을 수 없다. 결론: (긍정적 신조는 그 자리를 지켜) 하나님은 필연적으로 존재한다.

---

[31] 만일 있다고 생각할 수만 있다면 그것은 필히 존재한다. 그 이유는 다음과 같다. 더 이상 큰 것을 생각할 수 없는 것은 시작이 없어야만 존재한다. 그런데 있다고 생각할 수는 있으나 존재하지 않는 것은 시작을 통해서만 있다고 생각할 수 있다. 따라서 더 이상 큰 것을 생각할 수 없는 것은 있다고 생각할 수는 있지만 실제로는 없는 것이 아니다. 그러므로 있다고 생각할 수만 있다면 그것은 필연적으로 존재한다. ... *si vel cogitari potest esse, necesse est illud esse. Nam 'quo maius cogitari nequit' non potest cogitari esse nisi sine initio. Quidquid autem potest cogitari esse et non est, per initium potest cogitari esse. Non ergo 'quo maius cogitari nequit' cogitari potest esse et non est. Si ergo cogitari potest esse, ex necessitate est* (I 131, 1ff.).

4. 두 번째 문장에서의 가우닐로를 반박하며*C. Gaun* 1[32]: 안셀무스는 더 큰 것을 생각할 수 없는 이*quo maius cogitari nequit*라는 이름으로 표현한 개념은 최소한 실현 가능하다는 가정에서 출발한다. 하나님의 현존을 부정하거나 의심하는 이는 있을 수 있지만 그럼에도 이 이름을 가진 이가 그것에 맞게 존재한다면, 그 사람은 지식*intellectu* 속에서, 존재론적으로, 실제적으로*actu* 존재한다는 것을 부정할 수 없을 것이다. 그의 이름은 단순히 실제로 존재하는 존재이거나, 존재하는 것으로 인식되는 것 중 하나로 추정하게 하지 않는다. 순수한 개념적 존재자와 실제로 존재하지 않는 것은 의무적으로 존재하는 것일 수 없다. 심지어 그것이 존재할 때조차 그것은 분명 존재하거나 존재하지 않을 수 있거나, 존재하거나 존재하지 않는 것으로[33] 알려질 수 있다.

---

[32] 한걸음 더 나아가 보자. 만일 생각할 수만 있다면 그것은 필연적으로 존재한다. 더 이상 큰 것을 생각할 수 없는 것이 존재한다는 것을 의심하는 이는 만일 그것이 있기만 하다면 실제나 지성 안에 없을 수 없다는 것을 누구도 부인하지 않는다. 왜냐하면 그렇지 않으면 그것은 더 이상 큰 것을 생각할 수 없는 것이 아니기 때문이다. 그런데 있다고 생각할 수 있으나 실상 없는 것은 만일 그것이 있다고 한다면 그것은 실제로나 지성에 없을 수 있다. 그러므로 더 이상 큰 것을 생각할 수 없는 것을 있다고 생각한다면 그것은 없을 수 없다. *Amplius. Si utique vel cogitari potest, necesse est illud esse. Nullus enim negans aut dubitans esse aliquid quo maius cogitari non possit, negat vel dubitat quia, si esset, nec actu nec intellectu posset non esse. Aliter namque non esset quo maius cogitari non posset. Sed quidquid cogitari potest et non est: si esset, posset vel actu vel intellectu non esse. Quare si vel cogitari potest, non potest non esse 'quo maius cogitari nequit'* (I 131, 6ff.).

'만일' 이 구문이 실제로는 존재하지 않는 순수한 개념적 존재자에 적용되는 것이 아니라, 생각될 수 있고 실제로도 존재하는 존재자에 적용된다면, 그것이 존재하지 않거나 존재하지 않는 것으로 생각되는 것은 불가능하다. 대단히 복잡해 보이지만, 안셀무스의 사상과 의도에서 중요한 한 가지는 하나님의 보편적 존재(프로슬로기온 2장의 의미에서)에 대한 질문은 분명히 미지수로 남는다는 것이다. 다음의 전제가 소개하는 것은 오직 하나님의 이름뿐이다. **생각할 수 있다**_cogitari potest_. 따라서 하나님의 이름(프로슬로기온 2장의 의미에서)은 만일 이 이름을 가진 이가 존재한다면 필연적으로(프로슬로기온 3장의 의미에서) 그 이름을 가진 이가 존재한다는[34] 사실 또한 도출된다. 여기서 '만일'은 순수한 개념적 존재자는 심지어 그것이 존재할 때조차 필연적으로 존재하지 않을 수 있다는 주장 때문에 약화된다. 그리고 하나님은 단순히 개념적 존재자가 아니라, 프로슬로기온 2장의 의미에서 필연적으로 존재하는 이라는 결론을 맺는다. 그 과정은 다음과 같다. 프로슬로기온 3장의 질문은 가정적으로 답변이 되고 이 가정적 답(!)에 의해 프로슬로기온 2장의 질문과 이어 나오는 프로슬로기온 3장의 질문이 범주별로 답변된다.

5. 가우닐로를 반박하며 1장의 3번째 문단에서[35] 안셀무스는 한

---

[33] [편주] A: 비실존
[34] [편주] 재판: 존재 (A에 의거)
[35] 그러나 있다고 생각만 할 수 있다면 그것은 없다고 결론내릴 수 있다. 있다고 생각할 수는 있지만 실제로 없는 것은, 만일 그것이 있다면 더 이상 큰 것을

발 더 나아간다. 프로슬로기온 2장의 질문은 단순히 미지수로 남을 뿐만이 아니라, 하나님 이름의 본질을 사유할 가능성에서 멀어진 채 부정되기도 한다. 다시 말하자면, 두 가지의 '만일-그렇다면 Wenn–Dann'이라는 유사한 진술들이 나오지만 전에 주어진 형태와는 반대 순서로 다음과 같이 나타난다. 만일 실제로 존재하지 않는 순수한 개념적 존재가 있다면, 그것은(심지어 그것이 존재할 때, 필연적으로 존재하지는 않을 것이다) 하나님과 동일하지 않을 것이다. 그럼으로 앞의 가정은 합리적이지 않다. 따라서 이 이름의 본질적 내용을 생각한다면 전제해야만 하는 것은 그 이름을 가진 자의 존재이다. 하나님의 이름은 그 존재가 심지어 부정될 때에도 단순히 현존한다고만 생각할 수 없고(그 부정이 불가능하게) 필연적으로 존재하는 것으로만 생각할 수 있다.

6. 가우닐로를 반박하며[36]는 동일한 문제를 다룬다. 한편, [이 책

---

생각할 수 없는 어떤 것이 아니다. 그러므로 만일 더 이상 큰 것을 생각할 수 없는 것이 있다면 더 이상 큰 것을 생각할 수 없는 것이 아니라는 것이다. 이것은 모순이다. 곧 만일 있다고 생각할 수만 있다면, 더 이상 큰 것을 생각할 수 없는 것이 없다는 것은 틀렸다. *Sed ponamus non esse, si vel cogitari valet. At quidquid cogitari potest et non est: si esset, non esset 'quo maius cogitari non possit'. Si ergo esset 'quo maius cogitari non possit', non esset quo maius cogitari non possit; quod nimis est absurdum. Falsum est igitur non esse aliquid quo maius cogitari non possit, si vel cogitari potest* (I 131, 12ff.).

[36] 하지만 없다고 할 수 있는 것이 무엇이든 그것이 있다면 그것은 "더 큰 것을 생각할 수 없는 것"이 아니다. 만일 없는데, 그것이 있다고 한다면 그것은

의] 가정은 하나님의 비현존Nicht-Dasein이고 또 한편 그 이름의 사유 가능성이다. 첫 번째 가정에서 하나님의 비현존의 가능성이 나오며 두 번째 가정에서 사유의 가능성이 나온다. 그러나 현존하지 않는 것으로 생각할 수 있는 것은 심지어 그것이 존재할 때에도 더 큰 것을 생각할 수 없는 이quo maius cogitari nequit 라는 이름은 적절하지 않다. 그리고 만일 존재하지 않는다면, 이것은 이 이름의 적절한 담지자가 될 수 없을 것이며, 심지어 그것이 존재한다 한들, 존재하지 않는 것으로 생각할 수 없는 더 큰 존재가 있을 것이다. 이것이 하나님이라는 이름으로 불릴 수 없는 불가능성은 하나님과 존재하지 않는다고 생각할 수 있는 모든 존재 사이의 분명한 차이이다. 따라서 하나님이 현존하지 않는 것으로 생각할 수 있는 존재자이기 위해서는 스스로에게서 분리된 존재가 되어야 할 것이다. 하나님의 비현존성을

---

더 이상 큰 것을 생각할 수 없는 것일 수 없다. 하지만 더 이상 큰 것을 생각할 수 없는 것이 만일 있다면 그것은 더 이상 큰 것을 생각할 수 없는 것이 아니라고 말할 수 없다. 또한 있더라도 더 이상 큰 것을 생각할 수 없는 것이 아니라고 말할 수 없다. 그러므로 그것은 없지 않고, 없을 수 없고, 없다고 생각할 수 없다는 것이 분명하다. 그렇지 않다면 그것은 말했던 것이 아니며, 아무리 있다고 하더라도 그것이 아닐 수 있는 것이다. *Nam quod non est, potest non esse; et quod non esse potest, cogitari potest non esse. Quidquid autem cogitari potest non esse: si est, non est quo maius cogitari non possit. Quod si non est: utique si esset, non esset quo maius non possit cogitari. Sed dici non potest, quia 'quo maius non possit cogitari' si est, non est quo maius cogitari non possit; aut si esset, non esset quo non possit cogitari maius. Patet ergo quia nec non est nec potest non esse aut cogitari non esse. Aliter enim si est, non est quod dicitur; et si esset, non esset* (I 134, 31~135, 7).

생각할 수 없기 때문에 이러한 생각을 할 수 있는 가능성은 붕괴되고 이에 따라 가정이었던 하나님이 비현존한다는 실재성 또한 붕괴된다.

위의 모든 여섯 가지 다양한 증명 가운데, 그 증명의 대상은(프로슬로기온 3장과 동일하게) 하나님은 다른 존재자들과 동일하게 현존하는 게 아니라, 하나님은 모든 일반 존재를 넘어선 유일무이한 참된 존재이다. 네 번째에서 여섯 번째까지의 증명 형태는 부수적으로 일반 존재까지 소급되는 결론에 도달함으로써 프로슬로기온 2장의 증명을 강화한다. 그러나 이것은 오직 부수적인 것일 뿐이다. 뒤의 네 가지 증명 형태 속에서 안셀무스의 근원적이고 주요한 관심은 다름 아닌 **존재하지 않는 것을 생각할 수 없다** *non cogitari potest non esse*이다. 여섯 가지 형태의 증명에서 증명은(다시 프로슬로기온 3장과 동일하게) 다음을 증명하는 것으로 구성된다. 더 큰 것을 **생각할 수 없는 이** *quo maius cogitari nequit*라 불리는 분이 다른 존재자들과 같은 방식으로 존재하고, 그의 비존재를 동일한 방식으로 생각할 수 있다는 것은 불가능하다. 그의[37] 이름과 본질은 이것을 배제한다. 이것을 증명하면서 이 방식은 다음의 긍정 명제를 준비한다. 하나님은 현존하기에 그의 비현존을 생각할 수 없다. 이 명제는 다음과 같이 증명되지는 않는다. 프로슬로기온 2장의 일반 명제와

---

[37] [편주] A: 그

마찬가지로 '하나님이 현존한다'는 신조 그 자체이다. 증명과 그 변형된 형태들에서 신조는 때로 엄격히 증명되고 그 반대의 경우는 증명으로써 엄격히 배제된다. 이것은 계시된 하나님의 이름과 본질에 대한 해석으로써 그렇게 된다. 그것이 안셀무스가 기획한 하나님의 존재에 상응하는 이해이다.

> *Et hoc es tu, Domine Deus noster. Sic ergo vere es, Domine Deus meus, ut nec cogitari possis non esse; et merito. Si enim aliqua mens posset cogitare aliquid melius te, ascenderet creatura super Creatorem et iudicaret de Creatore, quod valde est absurdum. (I 103, 3ff.)*
>
> 나의 하나님이신 주님이여, 당신은 진실로 존재하며 당신이 존재하지 않는다고는 생각조차 할 수 없습니다. 그리고 이 사실은 정당합니다. 왜냐하면 어떤 정신이 당신보다 더욱 큰 실재를 생각할 수 있다면 피조물인 그가 창조주를 초월하고 심판할 것이며, 이와 같은 결론이야말로 가장 불합리하기 때문입니다.

독자들이 안셀무스 글의 이 부분을 이해할 수 있는지에 따라 그의 글 전체를 이해할 수 있는지가 판단된다. 앞의 문장으로 증명을 마무리하였기에 이 장은 이것으로 끝맺을 수도 있었다. 그러나 이 장은 끝을 맺지 않고 이 부분을 주의하지 않은 이들, 즉 안셀무스가 실제 증명만큼 중요하게 다루려는 부분을 이해하지 못한 이들은 증명 그 자체를 분명히 오해할 수 있을 것이다. 먼저 안셀무스는 하나님을 다시 부르기 시작하며 신학적 탐구의 언어를 기도의 언어로 변화시킨다. 다시 한 번[38] 그는 신학적 탐구 전체가 기도를 통하여 행해지고 완성되는 것으로 이해해야 함을 보여준다. 기도 속에서 가장 긍정적인 방식으로 탐구의 대상인 그의 현존과 탐구는 지속적인 관계를 맺는다. 찬양을 받으며 탐구되는 '대상'인 우리의 구주 하나님 = 나의 구주 하나님*Dominus Deus noster=Dominus Deus meus*은 교회의 주인이자 신학자의 하나님이고, 양쪽 모두의 구주이고 오직 경건한 섬김만이 가능한 하나님이다. 신학은 경건한 섬김이다. 안셀무스는 그가 학문을 탐구해온 태도보다 더 분명하게, 그의 탐구의 결과를 주장하는 것보다 더 확실하게, 이해를 추구하는 그의 신앙을 해석할 수 있을까? 이러한 '철학적 의심'과 두려움, 변증론적 두려움을 포함한 모든 의심을 그는 [신에 대한] 앙망仰望과 도발적이며 지적인 냉철함intellektuelle Kühle으로 넘어선다. 신학이 안셀무스에게 그런 것이라면, 즉 신학이 그 대상, 곧 주님에 의해 내려진 결정에 대한 승인이요, '주님'의 자기 드러냄 Selbst-miteilung des Herrn에 대한 인식과 인정이라면, 신학이 달리 무엇일 수 있겠는가? 여기서 안셀무스가 제시한 증거에 대한 사유가 계시에 기초해 있다는 그의 태도를 우리는 분명 받아들일 수 없다. 만일 누군가가 그의 주장을 선험 철학적 체계로 해석한다면 안셀무스는 분명히 이에 동의하지 않을 것이다. 만일 그의 신학이 그렇게 해석된다면, 안셀무스가 말한 것이 대단히 왜곡되고 많이 생략될 것이

---

[38] 프로슬로기온 2장의 서문 참조.

다. 특히 마르무티에Marmoutiers[39]의 가우닐로 이래로 안셀무스 비판자들은 이 문구와 여기에 파생된 모든 것을 사려 깊이 받아들이지 않았다. 우리는 그의 증명을 해석할 수 있다. 안셀무스의 탐구의 전제를 그가 의미하는 바와 동일하게 공유할 때만 우리는 그의 증명을 해석할 수 있다. 즉 탐구의 대상은 '이것Es'이나 '그Er'가 아닌 주님에 대한 직접 호칭인 '당신Du'이다. '당신은 이러한 이 ⋯ Und das bist du .' '이das'는 더 큰 것을 생각할 수 없는 이*aliquid quo maius cogitari non potest*[40]를 의미한다. 이것은 프로슬로기온 2장의 서문에서(우리는 더 큰 것을 생각할 수 없는 당신이 존재함을 믿는다 *Credimus te esse aliquid quo nihil maius cogitari possit*[41]) 만들어진 전제이다. 이것은 탐구의 말미에서 다시 한 번 상기된다. 그분께서는 구주 하나님으로 우리 앞에 직접 나타나시어 자신을 드러내시었기에 우리가 믿는 구주 하나님이시다. 그가 존재한다는 것이 증명되었다는 것은 '진리' 안에서 그가 존재한다는 것이고 '그는 현존하지 않는다고 생각할 수 없는 이'라는 의미이다. 교회 사상가에게 직접 나타나고 찬양받는 그분의 존재를 그 자체로 사유할 수 없을 뿐만이 아니라 그에 대해 자유롭게 사유하는 것은 불가능하다.[42] 하나님은

---

[39] [역주] 372년 마르티노가 투르 주교가 되면서 설치한 수도원.
[40] [편주] *Prol. 3*, I 103, 1
[41] [편주] I 101, 5
[42] [편주] 이것은 1800년 직전에 남독에서 생겨났으며 1810년 스위스로 전승된 <사상은 자유롭네>라는 노래를 암시한다. 그 가장 오래된 형태인 텍스트의

그의 비현존에 대해 사유하는 것을 불가능하게 하여 '더 큰 것을 생각할 수 없는 이'임이 분명하다. 그러나 보편적이고 특수한 형태의 증명에 중요한 이 동일화['하나님'과 '더 큰 것을 생각할 수 없는 이' 사이의]는 타당한 것인가? 하나님은 이 이름을 실제로 담지하고 계시는 것인가? 하나님을 생각하는 모든 이는 이 이름이 실제로 표현된 금지를 생각해야만 하는 것인가? 안셀무스는 이어 (신학을 포함한) 모든 것의 토대를 세운다. 프로슬로기온 2장 전체에는 믿는다*credimus*에 상응하는 이해한다*intelligimus*가 있다. 우리는 어떻게 하나님의 실제 이름이 더 큰 것을 생각할 수 없는 이*quomaius cogitari nequit*라는 것을 알 수 있는가? 하나님은 그 이름을 통하여 스스로를 드러내고, 우리는 하나님이 스스로를 드러내시는 분으로 믿기에 그것을 안다. 이 앎을 다음과 같이 설명할 수 있다. 계시와 믿음의 토대 위에서 우리는 다른 존재자들 앞에 선 존재자가 아니

---

두 번째 연은 다음과 같다.
　　　　사상은 자유롭다네,
　　　　누가 그것을 알아낼 수 있을까?
　　　　그것은 지나쳐 달아나버리네
　　　　밤의 그림자처럼,
　　　　어떤 인간도 그것을 알 수 없고
　　　　어떤 감옥도 가둘 수 없다네.
　　　　사상은 자유롭다네,
　　　　누가 그것을 알아낼 수 있을까?
(L. Erk, F.M. Böhme, Deutscher Liederhort, Bd. III, Leipzig, 1894, S. 575ff.)

라, 창조자 앞에 선 피조물임을 알고 있다. 이렇게 우리 앞에 선 그분을 통해 우리는 하나님의 이름을 듣고, 그것이 표현하는 금지를 망설임 없이 받아들인다. 얼마나 그러한가? 피조물은 절대적으로 창조주 아래 머물기에 창조주를 넘어선 어떠한 것도 생각하지 않는 한 그러하다. 그 피조물은 하나님의 존재와 함께 그에게서 나온 존재이며 존재의 가치와 질서에 대한 생각을 가지고 있다. 그의 생각은 오직 창조주 안에서 진리인 경우에만 진리이다. 창조주를 넘어선 더 나음Besseren이라는 개념은 피조물이 오를 수 없는 본질적 지점, 자신이 가질 수 없는 가치와 진리를 기준으로 한 판단iudicare까지 올라감ascendere을 암시한다. 결국 창조주보다 더 큰 것을 생각하는 것은 문자적 의미가 아닌, 논리적, 도덕적 의미에서 존재할 수 없는 부조리이다. 이러한 의미에서 창조주는 절대적으로 더 큰 것을 생각할 수 없는 이quo maius cogitari nequit이다. 피조물이 하나님의 이 이름과 이름이 포함하는 금지 [더 큰 것을 생각할 수 없는]를 듣지 못한다는 것은 그가 아직도 창조주인 하나님과 피조물인 자기 자신을 이해하지 못했다는 것을 의미한다. 피조물은 믿음 안에서 하나님과 그와의 관계를 통하여 스스로를 이해할 때 하나님의 이름과 그보다 더 큰 것을 생각하는 것에 대한 금지를 듣는다.[43] 따라서 그보다 더 큰 것을 생각할 수 없는 이quo maius cogitari

---

[43] 여기서 우리는 토마스 아퀴나스의 프로슬로기온 3장의 증명을 반박하는 두 가지 주장을 기억해야 한다. 첫 번째는 안셀무스에 대한 해석의 형태를 띤

다.(*Sent. Lib.*, *I Dist. III Qu 1, Art. 1 ad 4*, Daniels S. 65 ([편주] 다음을 참조
페트리 롬바르디 스승의 책 문장에 기록된 *Scriptum super libros sententiarum
Magistri Petri Lombardi, t. I*, ed. R.P. Mandonnet, Paris, 1929, S. 95)).
안셀무스의 논증을 다음과 같이 이해해야 한다. 우리가 하나님을 이해하자마
자, 하나님이 존재하지만 존재하지 않는 것으로 생각할 수 있다는 생각은 없
어진다. 그럼에도 불구하고 하나님이 존재하는 것을 부정할 수 없거나 하나님
이 존재하지 않는다고 생각할 수 없는 것은 아니다. 왜냐하면 더 큰 것을 생각
할 수 없는 것은 없다고 생각할 수 있기 때문이다. 따라서 안셀무스의 논증은
더 큰 것을 생각할 수 없는 것이 존재한다는 것을 전제해야만 한다. … *ratio
Anselmi ita intelligenda est: quod postquam intelligimus Deum, non potest
intelligi quod sit Deus et possit cogitari non esse; sed tamen ex hoc non
sequitur quod aliquis non possit negare vel cogitare Deum non esse; potest
enim cogitare nihil huius modi esse quo maius cogitari non possit; et ideo
ratio sua procedit ex hac suppositione, quod supponatur aliquid esse quo
maius cogitari non potest.* 이 설명은 안셀무스의 주장과 다르고 오히려 그에
대한 비판에 가까운 것이다. 이 설명에 대하여 다음과 같이 말할 수 있다.
하나님은 존재하지 않는 분으로 이해될 수 없다는 안셀무스의 관점은 '하나님
은 창조주이다'라는 신조에서 나온다. 안셀무스가 말한, 더 큰 것을 생각할
수 없는 분이 있다 *aliquid esse quo maius cogitari non potest*는 전제 *suppositio*
가 아니라 이것을 떠나서는 신학이 존립할 수 없는 계시이다. 이것은 하나님
의 이름에 대한 계시이고, 금지를 나타내는 계시이다. 이 금지는 분명 위반될
'수(kann)' 있으므로 우리는 더 큰 것을 생각할 수 없는 이가 있다고 생각할
수 없을 수도 있다. *cogitare nihil huius modi esse quo maius cogitari non
potest.* 안셀무스가 이것을 [더 큰 것] 생각할 수 없다고 말했을 때 하나님
앞에서 그는 금지를 위반할 수 없는 이로서 이것을 말한 것이다. 토마스의
비판에서 '할 수 없음(Nicht-Können)'은 불행하게도 무시되었다.
두 번째는 다음과 같이 공식화하였다(*Summa Contra Gentiles*, I 11 ([편주]
Daniels S. 66; vgl. Texte zur Forschung 15, Darmstadt 1974, S. 36)).
만일 하나님이 존재하지 않는다고 생각할 수 있다면 하나님보다 더 큰 것을

*nequit*가 존재하지 않는 것이 불가능함을 증명해낸 안셀무스는, 신이 존재하지 않는 것이 불가능함을 자신이 증명했다고 떳떳하게 말할 수 있다.

> *Et quidem quidquid est aliud praeter te solum, potest cogitari non esse. Solus igitur verissime omnium et ideo maxime omnium habes esse: quia quidquid aliud est, non sic vere, et idcirco minus habet esse. (I 103, 6ff.)*
>
> 당신 외에 그 어떤 것이든 존재하지 않는다고 생각할 수 있습니다.

---

생각할 수 있다는 것도 필연적이지 않다. 이유는 하나님이 존재하지 않는다고 생각될 수 있다는 것은 명증하기에 하나님의 존재의 불완전과 불확정성에서 도출되지 않기 때문이다. 오히려 이것은 이성을 통하여 우리는 이끄시는 하나님의 도우심이 없이는 하나님을 이해할 수 없는 우리의 이성의 연약함에서 기인한다. *Nec etiam oportet… Deo posse aliquid maius cogitari si potest cogitari non esse. Nam quod possit cogitari non esse, non ex imperfectione sui esse est vel incertitudine, cum suum esse sit secundum se manifestissimum, sed ex debilitate nostri intellectus qui eum intueri non potest per seipsum, sed ex effectibus eius.* 여기서 서로를 향해 개방된 두 세계의 상반된 모습을 보기 위해 위의 말을 프로슬로기온 3장의 마지막 문장과 비교할 수 있다. 안셀무스가 믿음과 계시에 대하여 말할 때, 토마스 아퀴나스는 하나님 자신의 직감 *intuitio Dei per seipsum*의 가능성에 대해 논의한다. 안셀무스가 어리석은 이*stultitia*와 우둔한 이*insipientia*를 신적 영벌의 장에서 보았을 때, 그리고 창조주를 넘어선 피조물에 대한 찬양으로 하나님이 진노하심을 보았을 때, 토마스 아퀴나스가 논의하려 하는 것은 하나는 불가침의 하나님이 '드러나심'을 기억하고 다른 하나는 하나님 자신의 직감 *intuitio Dei ex effectibus eius*을 보게 함으로써 스스로를 위로하게 하는 피조물의 불완전성이다.

그러므로 당신만이 홀로 참으로 존재하시며, 다른 것은 그 어떤 것이라도 그 정도로 참되지는 않습니다. 따라서 그들은 존재하되 가장 최소한의 존재를 가지며[44], 당신은 존재하되 만물의 모든 것을 가지십니다.[45]

안셀무스는 하나님이 존재하지 않는 것은 불가능하다는 것을 증명하였다. 그러나 이것은 그가 오직 하나님이라 증명될 수 있는 것만 증명해 왔다는 것을 의미한다. 이러한 이유에서 안셀무스가 말하려 하는 중요점은 프로슬로기온 3장에서 증명을 기술하기까지 프로슬로기온 2장의 일반증명에서는 아직 나오지 않았다. 물론 프로슬로기온 2장에서 그는 하나님은 사유 속의 실체로서만이 아니라 실제로 현존한다는 것을 증명하였다. 그러나 이 증명이 [2장의 증명] 그가 하려는 의도의 본질을 구성했다고 생각하는 것은 완전히 오해한 것이다! 만일 하나님이 다른 존재자와 같이 보편적으로만 존재했다면, 안셀무스의 설명에 따르면[46] 하나님은 하나님으로서 존재하지 않을 뿐만이 아니라 자신을 창조하지도 못하므로, 그와 같은 존재성을 가지지도 않고 피조물과 같은 존재성을 가지게

---

[44] A. Koyré [*Saint Anselme de Cantorbéry*, S. 15]: *... Tout ce qui n'est pas toi.* 확실한 근거로 확실하게 존재한다. 그렇지 않다면 그것은 전혀 존재하지 않을 것이다.

[45] [편주] A: 이러한 방식으로 또한

[46] *... certa ratione veritatis existit; aliter enim nullatenus existeret* (*C. Gaun. 3*, I 133, 11f.).

되어 하나님은 완전히 존재하지 않았을 것이다. 그의 존재가 다른 존재자와 공유하는 모든 것은 객관적 실재뿐이다. 그러나 하나님과 구분된 모든 존재자의 객관적 실재는 존재하지 않는 것으로 생각할 수 있고, 또한 특별한 의미에서는 존재하지 않는다고 생각해야만 하는 것이다. 하나님과 구분된 모든 것의 존재는 하나님의 현존을 전제하고 하나님의 현존에서 부여된 것이다. 하나님이 있기에 존재하는 것이 있다. 하나님의 현존 때문에 하나님이 아닌 모든 것이 생멸한다. 오직 우둔한 이들과 그들의 신학적, 철학적 지원군인 가우닐로주의자만이 보편 존재의 기준으로 하나님이 존재한다고 생각하고 프로슬로기온 2장이나 그것의 기반이 되는 3장의 변증법에 머무른다. 그러나 이것을 반대로 볼 수 있어야 한다. 즉, 보편 존재의 기준이 되는 것은 하나님의 현존이고 만일 안셀무스 책의 2장과 3장 중 하나가 결정적으로 다른 하나의 기반이라면, 3장이 2장의 기반이 되는 것이지, 거꾸로 성립되지는 않는다. 하나님이 현존하지 않는다고 생각할 수 없다는 것이 증명될 때 하나님의 현존은 증명된다. 따라서 하나님보다 더 큰 것을 생각하는 것을 금지하고 하나님의 비현존을 생각하는 것을 배제함으로써 하나님은 홀로 인간을 대면한다. 따라서 하나님은 홀로 객관적 실재이다. 하나님은 계시된 이름의 담지자로서 생각으로 거부할 수 없는 불가해한 방식으로 존재하기에 객관적 실재가 있고 그것을 사유할 가능성이 있기에, (프로슬로기온 2장의 의미에서)하나님이 보편적으로 현존한다고 생각할 가능성이 있다. 하나님과 별도로 존재하는 모든 것은 하나님의 현존을 부여잡고 in der Klammer seines Daseins 있으므로, 하나님의 현존 개념과의 관계 속에서만 존재하고 이 관계를 떠나서는 존재하지 않는다. 하나님만이 존재하지 않을 수 없으며 따라서 오직 하나님만이 – 안셀무스가 이 모든 것을 2인칭 단수, 당신이라 말하는 것은 굳이 강조할 필요는 없다 – 프로슬로기온 3장의 증명의 대상이 된다. 결국 하나님만이 온전히 참되고 *verissime* 완벽하게 *maxime* 현존한다.

그 현존은 **참된 존재** *Vere est*로 프로슬로기온 2장에서 의미하는 바는 하나님이 최소한 다른 모든 존재자만큼 객관적 실재를 갖는다는 것이다. 그래서 프로슬로기온 3장에서 이 명제를 다음과 같이 더 구체화한다. 그것이 참으로 존재하기에 우리는 그것이 존재하지 않는다고 생각할 수 없다 *quod sic vere est, ut nec cogitari possit non esse*. 그러나 이 구체화한 그것 *sic*은 하나님이 현존한다는 진리가 다른 존재자의 현존과는 다른 것임을 지적한다. [하나님은] 참으로 … 존재해야만 한다 *verissime … habes esse*. 최상급[…최고로 가지십니다]이 올바를 때, 이것은 하나님이 아닌 모든 존재자에게 적용할 수 있는 진리와 구체성을 결합하는 애매한 표현 ein stammelnder Ausdruck이다. 하지만 프로슬로기온 2장에 쓰일 때는 하나님 자신의 현존을 말하며, 3장에서는 해명되지 않았으나 지성 속에서 분명히 현존하는 창조주로서 하나님을 말한다. 현존하는 존재자들이 있고 심지어 하나님 역시 현존하는 존재자이다. 창조주 하나님만이 해명되지 않는 방식으로 존재하며 그것을 부정할 사유의 힘 너머에 존재하고 다른 모든 존재자는 그와의 관계 속에서 참되고 구체적으로 현존할 수 있다. 진리로서, 모든 존재의 기준이 되는 구체성 속에서, 하나님은 홀로 참되고 *verissime* 완벽한 *maxime* 현존성을 갖는다. 존재하지 않는다고 생각할 수 없는 존재 이외의 존재자에도 존재 *esse* 심지어 참된 존재 *vere esse* 가 부정되지 않는 반면, 그 존재 *sic esse* 혹은 그 참된 존재 *sic vere esse*, 즉 존재의 진리와 구체성은 하나님에게서 와서 하나님에게 머문다. 존재자들은 불완전하게만(양적이 아닌 질적으로!) 가졌으나, 하나님은 완전하게(양적이 아닌 질적으로!) 현존하는 객관적 실재를 가졌다. 객관적으로 판단하고 *iudicare* 위로 올라가는 것 *ascendere* 이 불가능하고 유일한 관건은 복종이냐 불복종이냐의 방식으로, 누구도 그 무엇도 당신[하나님]이 하듯 나를 대하지 못한다. 실제로 하나님의 이름에 대한 앞의 사유의 결과가 확정되어 – 하나님은 존재하지 않는다고 생각할 수 없다는 것을 증명하였을 때 하나님의 현존은 증명된다.

> *Cur itaque 'dixit insipiens in corde duo: non est Deus', cum tam in promptu sit rationali menti te maxime omnium esse? Cur, nisi quia stultus et insipiens?* (I 103, 9ff.)
> 왜 우둔한 이는 마음속으로 하나님은 없다고 말하는가, 그가 우둔하고 어리석은 자라는 이유 외에 또 있겠는가?

안셀무스는 그의 연구의 출발점으로 되돌아 왔다. 현존하는 하나님과의 관계와 구체적 한계 안에서 그 한계를 알고 머무는 신자가 있는 동시에, '하나님은 존재하지 않는다*Non est Deus*'고 흔들림 없는 큰 나무와 같이 주장하는 우둔한 이*insipiens*도 있다. 그러한 실재가 있다*Est aliqua talis natura*[47]는 명제의 내적 필연성은 증명되지만, 이 명제는 질문이 아닌 긍정문으로 받아들일 어떠한 필연성도 만들지는 못한다. 비록 이 증명이 자기 폐쇄적일지라도,(안셀무스는 가우닐로가 이에 대해 말할 필요가 있다고 보지 않는다) 이 증명은 자기 폐쇄적인 '하나님은 참된 실재가 아니다'는 주장과 동일하게 충돌한다. 이러한 비신앙적인 주장의 실제적 가능성(안셀무스는 이 문제에 대하여 가우닐로만큼 관심이 있었다)에 대한 분석은 프로슬로기온 4장의 말미에서 특별한 문제로 다룬다. 여기서 안셀무스는 이 가능성을 – 성취된 믿음의 지식에 완전히 반대되는 – 사실로만 다룬다. 안셀무스는 '하나님은 존재하지 않는다*Deus non est*'고 분명 말하며 말할 수 있는 사람을 잊지 않았고, 그것을 무시하고 넘어가려 하지 않았다. 안셀무스는 그와 유사한 입장을 취하고 있고 그가 답하려는 질문에 직면하고 있기에 그를 잊지도 무시하지도 않았다. 우리가 추구하는 것은 동일한 하나이다! *Unum idemque est quod quaerimus!*[48] 그는 상대를 승복시키고 지식을 위한 믿음을 높이기 위하여 그가 주장하는 바를 정확히 알고 그것을 명백히 드러내야 하지 않았을까? 상대의 입장을 신중히 고려하고 자신의 주장을

---

[47] *Prosl. 2*, I 101, 6.
[48] [편주] 68쪽 참조.

드러낸 그 역시 어떻게 보면 **우둔한 이**_insipiens_가 아니었을까? 아니면 최소한 안셀무스와 그의 상대 사이의 결속이 완전히 깨지지는 않아 안셀무스가 언제나 상대를 잘 이해하였을 뿐만 아니라, 자신도 이해한 것이 아닐까? '오직 하나님만이 실제로 존재한다' 라고 말하는 사람과 반대로 '하나님은 없다'라고 말하는 사람은 매우 밀접한 관계에 있다. 그에게 이러한 질문이 생긴다. '왜 그는 그렇게 말하는가? 그는 어디에서 왔는가? 그는 누구인가?' 이 질문은 프로슬로기온 4장[49]에서 우둔한 이는 어떻게 말했는가_quomodo insipiens dixi..._와 같은 질문이 아니다. 이것은 부정 명제의 본질에 대한 질문이다. 여기서 안셀무스가 관심을 가지는 것은(왜_cur_?) 그것의 실재이다. 어떤 이가 '하나님은 존재하지 않는다_Deus non est_'라고 말할 수 있었던 한 가지 가능한 이유는 방금 제시된 증명으로 부정된다. 다시 말해 그는 하나님의 현존에 대한 신조나 다른 신조와의 관계 속에서 그 내용의 필연성을 이해할 수 없다고 더 이상 말할 수 없다. 안셀무스에 의하면, 이러한 이해를 따라 모든 사항을 갖추었을 때 더 나은 결과가 나오는 것이다. 사실, '조화로운 오성_gesunden Menschenverstandes_'은 하나님이 존재하는 것과 모든 존재자 중에 하나님만이 **참되고**_verissime_ **완벽한**_maxime_ 존재임을 말해준다. 안셀무스가 **이성적 정신**_rationalis mens_으로 신학적 가르침을 주려고 하였고, 특히 자신의 신학 사상의 관점에서 하나님 존재를 전적으로 부

---

[49] _Prosl. 2_, I 103, 13.

정이 불가능한, 실현 가능성 unmögliche Möglichkeit 으로 기술했다는 것은 분명 놀라운 일이다. 그리고 이 토대가 붕괴한 이후에도 또 다른 토대가 있다는 것은 더욱 놀라운 일이다. 하나님의 존재를 부정하는 이에 대한 신적 질책. 그러나 만일 잘못된 신학적 자만심이나 신중하지 않은 엄격함으로 하나님의 존재를 진정으로 추구하는 동료[안셀무스]의 주장에 반대한다면 이 역시 안셀무스의 사상에 포함된 주요한 조건을 무시하는 것이 될 것이다. 우리는 [안셀무스가] 계속하여 찬양을 함으로써 이 생각을 성취하는 것을 보았다.[50] - 이것이 그의 사상에 대하여 말할 수 있는 가장 중요한 부분이다-. 여기서 그가 한번 일어나는 것으로 기술하는 이성적 정신mens rationalis의 압도됨은, 즉 그 대상인 우리의 주 하나님Dominus Deus noster에 의한 바르트의 압도됨이며, 바르트 자신이 경험해왔고, 또 그 자신과 더불어 참된 신학을 해온 이들도 마찬가지로 겪으리라고 가정할 수 있고 가정해야만 하는 그런 압도됨이다. 안셀무스에 따르면, 최종적으로 해결된 신학적 문제는 없기에 우리는 기도를 다시 해야 하고 계속해서 기도해야만 한다. 그러나 만일 신학적 사

---

[50] 아마도 *Opus Dei*(하나님의 일)\*의 틀 속에서 대단히 구체화하였음이 분명하다.

\* [편주] '하나님의 일'은 베네딕트 수도회에서 합창기도를 할 때 일반적으로 쓰이는 말이다. (etwa c. *VII, XXII, XLIII, XLIV, XLVII, L, LII,LVIII, LXVII*). Vgl. *opus divinum* (c. *XIX*) und *divina opera* (c. XVI); R. Hanslik, *Benedicti Regula*, CSEL LXXV, Wien 1960.

유를 하는데 사유의 주제에 대하여 완전히 인지하지 못하고 절대적인 요청에 대하여 자신의 지평을 넓혀 나가려 하지 않는다면 기도는 믿음을 결여한 것이 되고 만다(따라서 기도가 아니다). 그리고 이 [믿음을 결여한] 기도는 안셀무스가 하나님은 존재하지 않는다*Deus non est*라는 명제의 유일하게 가능한 토대라고 기술한 것과 정확히 동일하다. 이 전체적인 맥락 속에서 우둔하고 어리석은 이*quia stultus est et insipiens*의 식상한 설명이 완전히 불가능하다는 것은 하나님은 존재하지 않는다*Deus non est*라고 말하는 이는 논리적으로 생각할 수 없기에 증명을 이해할 능력이 없는 바보라는 것을 의미한다. 이것은 완전히 용납할 수 없는 모욕이 될 것이다. 안셀무스는 이것과는 거리가 멀었다. 프로슬로기온 4장에서 안셀무스는 하나님은 존재하지 않는다*Deus non est*라는 명제를 주장하는 이를 지적 관점에서 중요히 다루어야만 한다는 전제 아래 설명한다. 또한 어떠한 도덕적 약점도 어리석고 우둔한 이*stultus et insipiens*가 직접 드러내고 있지는 않다. 이것이 의미하는 바는 [어리석고 우둔한 이]의 지적이고 도덕적인 비합리성이 의심할 바 없이 분명하다는 것이다. 여기서 문제는 물리적인 비합리성이 아닌 기술적인 비합리성이며, 개인적 역할에 있어 비합리성이 아닌 전반적 구조에서의 비합리성이다. 우둔한 이*insipiens*는 도덕적으로나 지적으로나 대단히 정상적으로 행동하는 사람이다. 정상적이건 그렇지 않건 우둔한 이는 물리적으로 불가능한 것이 아닌 금지된 것을 하는 사람이고, 인간으로서 정상적이건 그렇지 않건, 타락할 수 있는 곳으로 자신을 던지는 사람이다.[51](내적 불가능성은 그에게 외적 불가능성이 아니다.) 안셀무스는 자신이 그러한 일을 하는 **우둔한 이**_insipiens_가 아니고, 내적 불가능성이 동시에 외적 불가능성이기도 한 이유를 자신의 능력이 아닌 하나님의 은혜로 돌렸다.[52] 이러한 이유에서, '너는 어리석고

---

[51] 의지하지 않을 것을 의지하였기에 의를 버리고 죄악을 저질렀다. _Volendo aliquid, quod velle tunc non debebat, deseruit iustitiam et sic peccavit_ (_De casu diab. 4_: I 241, 4f.).

[선생] 의지를 가지지 않아야 할 것에 대하여 의지를 가졌기에 그리고 동일한 방식으로 버림받을 것을 의지한 것도 의지이다. [학생] 왜 해서는 안 될 것에 의지하는 것입니까? [선생] 그 무엇이 그의 의지에 선행했기 때문이 아니라 그의 의지 때문이었다. [학생] 혹은 그렇게 될 수도 있을 것을 그가 의지하였던 것입니까? 아니면, 선한 천사와 같이 되기를 원해서 입니까? 아니면, 아직 원하지 않았던 것입니까? 왜 그러한 의지를 하는 것입니까? [선생] 그가 원했기 때문만은 아닌, 말하자면 의지의 원인과 결과도 의지 자체였기 때문이다. [_Magister_] … _ideo illam deseruit, quia voluit quod velle non debuit; et hoc modo, id est volendo quod non debuit illam deseruit._ [_Discipulus_] _Cur voluit quod non debuit?_ [_Magister_] _Nulla causa praecessit hanc voluntatem, nisi quia velle potuit._ [_Discipulus_] _An ideo voluit, quia potuit?_ [_Magister_] _Non; quia similiter potuit velle bonus angelus; nec tamen voluit_ … [_Discipulus_] _Cur ergo voluit?_ [_Magister_] _Non nisi quia voluit. Nam haec voluntas nullam aliam habuit causam … sed ipsa sibi efficiens causa fuit, si dici potest, et effectum_ (_ib._, 27: I 275, 21ff).

안셀무스에게 악의 실체적 근원은 내적, 외적인 필연성의 결여를 의미하는 불가해성이다(F. R. Hasse, Anselm von Canterbury, Bd. 2, [Leipzig] 1825, S. 427.).

[52] 이제 이 옳음을 가지지 않은 이가 스스로 이것을 얻을 수 있는지 알아보자. 분명 그 사람은 자신의 의지와 의지하지 않음으로 그것을 얻을 수 없을 것이다. 만일 어떤 이가 옳음을 가지고 있지 않다면, 그것에 의지할 수 없기에,

누구도 의지로서 스스로의 옳음을 성취할 수 없다. 그리고 어떠한 의미에서도 의지의 옳음을 가지지 않은 자가 그것을 성취할 수 있다고 생각할 수 없을 것이다. 따라서 스스로의 옳음을 가질 수 있는 피조물은 없다. 또한 어떤 피조물도 다른 피조물의 옳음을 성취할 수 없다. 그 이유는 피조물이 다른 피조물을 구원할 수 없기 때문이고 마찬가지로 피조물은 다른 피조물을 구원할 수 있는 무엇인가를 줄 수도 없다. 따라서 … 하나님의 은혜 없이는 어떤 피조물도 의지의 옳음을 가질 수 없다. … 하나님의 은혜만이 자신의 자유의지로는 아무것도 할 수 없는 인간을 구원할 수 있다. … 하나님은 그를 원하는 이에게는 자비를, 그렇지 않은 이에게는 고난을 주시기에 하나님이 모든 이에게 은혜를 베풀지 않을지라도, 하나님은 그 은혜에 앞서기 때문에 은혜를 베풀지 않으신다. "누가 주께 먼저 드려서 갚으심을 받겠느냐?"([역주] 로마서 11장 35절)고 말씀하셨기 때문이다. 만일 의지가 옳은 것을 향하고 선한 의지를 향한 힘이거나 이에 따른 상을 받을 만하다면, 그것은 모두 은혜의 열매이고 은혜를 위한 것이다. 이 모든 것은 은혜로 귀결되어야 한다. 왜냐하면 "원하는 자로 말미암음도 아니요 달음박질하는 자로 말미암음도 아니요 오직 긍휼히 여기시는 하나님으로 말미암음([역주] 로마서 9장 16절)"이기 때문이다. 이 말씀은 오직 하나님에게서만 나온다. "네게 있는 것 중에 받지 않은 것이 무엇이냐([역주] 고린도전서 4장 7절)." *…utrum aliquis hanc rectitudinem non habens eam aliquo modo a se habere possit? Utique a se illam habere nequit, nisi aut volendo aut non volendo. Volendo quidem nullus valet eam per se adipisci, quia nequit eam velle, nisi illam habeat. Quod autem aliquis non habens rectitudinem voluntatis, illam valeat per se non volendo assequi, mens nullius accipit. Nullo igitur modo potest eam creatura habere a se. Sed neque creatura valet eam habere ab alia creatura. Sicut namque creatura nequit creaturam salvare, ita non potest illi dare per quod debeat salvari. Sequitur itaque quia nulla creatura rectitudinem habet… nisi per Dei gratiam … ita ut gratia sola possit hominem salvare, nihil eius libero arbitrio agente … dando voluntati rectitudinem quam servet per liberum arbitrium. Et quamvis non omnibus det, quoniam 'cui vult miseretur, et quem vult*

우둔한 자이다'라는 상대방에 대한 두려운 질책은 [안셀무스가] 직접적으로 질책하는 것이 아니다. 안셀무스와 우둔한 이의 결속이 끝난 것은 오로지 하나님의 은혜 때문이다. 우둔한 이*insipiens*는 하나님의 은혜로 구원을 받지 않은 자로서 생각하고 말한다. 이것이 그가 비합리적인 이유이고 그가 하나님은 존재하지 않는다*Deus non est*고 말하는 이유이다. 질책은 무자비함을 의미하지 않는다. 그의

---

*indurat*': *nulli tamen dat pro aliquo praecedenti merito, quoniam 'quis prior dedit Deo et retribuetur ei?' Si autem voluntas: ... meretur aut augmentum acceptae iustitiae aut etiam potestatem pro bona voluntate aut praemium aliquod: haec omnia fructus sunt primae gratiae et 'gratia pro gratia'; et ideo totum est imputandum gratiae, 'quia neque volentis est' quod vult, 'neque currentis est' quod currit, 'sed miserentis est Dei'. Omnibus enim, excepto solo Deo, dicitur : 'Quid habes quod non accepisti?...' (De Concordia. III, 3, II 266, 8~267, 4). Scio ... quod bona tua sicut fraude nulla tibi arripere aut auferre possum, sic nec ullis meritis obtinere me omnia posse quibus ad te revertar et complaceam. Quid enim meritis meis deberi potest, nisi mortis aeternae supplicium? Scio quod in beneplacito tuo sancto est me disperdere secundum multitudinem flagitiorum ... vel reformare me, vel facere me tibi acceptabilem secundum divitias inaestimabiles misericordiae teae, qui solus es reformator creaturae quam solus formasti (Medit. 7, 4, MPL. 158, 744). ... ad te confugio, sciens quod non est mihi fuga a te nisi ad te. Quis me potest liberare de manibus tuis, nisi tu solus? ... Ad teipsum, obsecro, respice, cui nunquam sine veniae spe supplicatur. In temetipso invenies unde et propter quod misereris secundum abundantiam suavitatis tuae et immensitatem misericodiae tuae. Noli, obserco, ad me respicere, quia nihil in me invenies, nisi unde irasci debeas vel nisi morte aeterna dignissimum (ib., MPL. 158, 744f.).*

언변에 대한 바로 이 질책과 함께, 안셀무스는 행동이 대단히 비지성적인 이 동료와 가능한 한 가깝게 옆에 있었다. 하나님의 존재에 대한 신조를 증명하려는 시도 끝에 그가 [어리석은 이에 대한] 반대 명제를 밝히려 했던 것은 이 질책 때문이다. [안셀무스의 주장에] 대한 반대 명제는 불신앙의 명제이고, 타락한 의지의 명제이고, 화해하지 않은 unversöhnten Menschen 인간의 명제이다.

## 3. 하나님의 존재를 부정할 가능성 프로슬로기온 4장

*Quomodo insipiens dixit in corde, quod cogitari non potest.* (I
103, 13)
어리석은 자는 어떻게 마음속으로 생각할 수 없는 것을 말하는가.

안셀무스가 하나님의 분노를 받는 자리에 있는 이를 우둔한 이
로 지칭한 사실은 무신론자에 대해 문제를 제기하는 것이다. 무신
론자는 위의 증명에 따르면 전혀 생각할 수 없는 것을 진심으로
말한다. 그는 **우둔한 사람**<sup>insipiens</sup>이므로 그렇게 말할 수 있는 것이
다. 따라서 그의 주장은 무의미하고 무의미해야만 하며 진지한 신
학적 논의에서 배제된다. 그러나 프로슬로기온 3장에 나오는 또 다
른 명제인, "우둔한 이는 '하나님은 존재하지 않는다'고 진심으로
말한다"는 지식을 필요로 하는 신조이다. 만일 '하나님은 존재한
다'는 명제의 의미를 정말로 이해하고자 한다면, 그 반대 명제의
무의미성 역시 이해해야만 한다. 안셀무스는 우둔한 이가 어떻게
우둔한 이가 되었는가가 아니라─그것은 하나님과 그 사람의 비밀
이다─, 하나님의 존재를 부인하고 주요한 신학적 논쟁에서 배제
되어야만 하는 그의 명제가 정말로 무의미하며, 그가 어떻게 우둔
하게 행동하는가를 탐구의 마지막 주제로 삼았다.

*Verum quomodo dixit in corde quod cogitare non potuit; aut
quomodo cogitare non potuit quod dixit in corde, cum idem sit*

*dicere in corde et cogitare*? (I 103, 14ff.)

그러나 어떻게 해서 그가 생각할 수도 없던 것을 마음속으로 말하게 되었는가? 또는 왜 그는 자신이 마음속으로 말한 것을 생각할 수 없었는가? 마음속으로 말하는 것과 생각하는 것은 동일한 것인가?

우둔한 이의 우둔함에 대하여 아마도 두 가지로 물을 수 있을 것이다. 첫 번째는 그의 우둔함에서 출발하는 질문이다. 그가 생각할 수 없는 것을 그는 마음으로 말한다. 그 사람은 다음과 같이 말한다. '하나님은 존재하지 않는다.' 프로슬로기온 3장에 따르면, 그것[하나님은 존재하지 않는다]은 그 사람이 생각할 수 없는 것이다. 따라서 그 사람은 불가능한 것을 한 것이다. 분명 '마음으로 말한다'와 '생각한다'는 동일한 것이기 때문이다. 질문은 그 사람은 어떻게 그렇게 할 수 있었는가이다. 그는 어떻게 이 모순된 두 사실을 합치할 수 있었는가? 두 번째 질문은 그 사람이 우둔하다는 사실을 출발점으로 하는 것이다. 그 사람은 자신이 마음으로 말한 것을 생각할 수 없다. 그가 말하는 것은 '하나님은 존재하지 않는다'이다. 그러나 이미 본 바대로, 그 사람은 그것을[하나님은 존재하지 않는다] 생각할 수 없다. 그러나 여전히 그 사람은 그렇게 말하고 있다. 그 사람은 정말 그렇게 생각할 수 없는 것인가? '마음으로 말한다'와 '생각한다'는 어떻게 동일한 것인가? 따라서 그 사람은 그의 우둔함이 우둔한 것이 전혀 아니라고 말할 수 없는 것인가? 결국 1. 그는 생각할 수 없는 것을 얼마나 말할 수 있는가? 2. 그는 말할 수 없는 것을 얼마나 생각할 수 있는가? 만일 하나님을 부정하는 것이 우둔한 것으로 증명된다면, 하나님의 존재의 증명이 완성된다면, 묻고 답해야만 하는 것은 우둔한 이의 우둔함에 대한 질문이다.

> *Quod si vere, immo quia vere et cogitavit quia dixit In corde, et non dixit in corde quia cogitare non potuit: non uno tantum modo dicitur aliquid in corde vel cogitatur.* (I 103, 16ff.)

그가 마음속으로 말한 것이기에 그가 생각한 것이고, 또 그가 생각할 수 없었던 것이기에 마음속으로 이야기하지 않았다는 것이 사실이라면, 오히려 이러한 것 때문에, 어떤 사물을 생각하거나 마음속으로 말하는 방법이 한 가지만은 아닐 것이다.

'마음으로 말한다'와 '생각한다'가 동일하고 하나라는 가정을 할지라도, 다음의 경우를 생각해 볼 수 있다. 그것은 실제로 우둔한 이에게 생각이 일어난 경우이다. 어떤 사람이 어떠한 것을 실제로 생각한 경우가 있다. 즉, 우둔한 이는 그렇게 생각할 수 있었고, 그가 마음으로 말했기에 그것을 말할 수 있었다. 따라서 그는 그것을 생각할 수 있었고 생각하였다. 다른 한편으로, 그 사람이 그것을 마음으로 말하지 않았을 경우가 있다. 그 사람은 그것을 생각할 수 없었다. 따라서 그는 말할 수 없었고 이러한 이유에서 그것을 말하지 않았다. 그래서 그 사람은 어떠한 것을 하였고 동시에 하지 않았다; 그는 어떠한 것을 할 수 있었고 동시에 할 수 없었다. 만일 그가 '마음으로 말함'과 '생각함'이 다른 것이거나, 그가 동일한 것을 말하고 생각할 수 있고 동시에 그럴 수 없다면, 이 기적은 어리석음이라는 기적이 일어날 때만(그것은 틀림없이 그러하다!) 가능하다. 그가 할 수 없고 하지 않는 방식과는 다른 방식으로(다른 경우*non eodem modo -aliter*는 나중에 그렇게 불리게 된다) 그는 할 수 있다고 한다. 하나님의 존재에 대한 부정과 긍정은 동일한 지점에서 결코 일어나지 않는다.[1] – 그 문제에 대하여 우리는 궁극적 해답을 제시할 수 있다. – 우둔한 이가 하나님의 비현존을 주장하는 한, 생각할 수 없는 것을 말할 수 있고 하나님의 비현존을 주장하는 것이 불가능함을 아는 한, 그는 말한 것을 생각할 수 없다. 우둔한 이가 하나님의 비현존을 주장하는 것은 분명히 가능하지만 이러한 입장이 우둔한 짓이라는 것은 그의 근원적 어리석음 때문이다.

> *Aliter enim cogitatur res cumvox eam significans cogitatur, aliter cum id ipsum quod res est intelligitur.* (I 103, 18f.)
>
> 우리는 어떤 것을 뜻하는 단어를 생각함으로써 그 사물을 생각할 수 있고 다른 한편으로 그 사물 자체를 이해함으로써 그것을 생각할 수 있다.[2]

대상에 대한(현존에 대한) 사유 가능한 두 가지 방식의*modi* 특징

---

[1] [편주] A: 부정하다
[2] [편주] 다음과 같은 주석이 바르트의 초판 개인 보관용 책에 나와 있다. "사물이 존재한다는 것을 인식하였을 때?" (Wenn erkannt wird, daß das Ding da ist?)

은 안셀무스가 이미 앞에서 제시하였던 차이를 보여준다. 프로슬로 기온 2장에서[3] 우리는 최소한 하나님이 내적으로 현존한다는[4] 맥락 속에서 존재한다는 것의 다음 증명 사항을 보았다. 한 사물이 지성 속에 존재한다는 것과 사물이 존재한다는 것을 인식하는 것은 다른 것이다(*Aliud est rem esse in intellectu, aliud intelligere rem esse*). 우리는 대상을 기술한 단어를 생각하며, 대상을 생각할 수 있다. 즉, [대상을 기술한]그 단어의 기호법을 습득하고 순종함으로써 관련 대상을 사유할 수 있다는 것이다. 이때 우리는 그 대상이 현존한다고 생각할 수 있고 분명히 그렇게 생각할 것이다. 심지어 그것의 현존을 부정하고 싶어할 때도 그것이 현존한다고[5] 생각해야만 한다.[6] 그리스도의 말씀을 설교하는 이들 *verbum praedicantium Christum*이 우리에게 알려준 것이 하나님의 현존이라면, 가장 먼저 해야만 하는 것은 하나님을 뜻하는 말 *vox significans Deum*을 생각하는 것이다. 그것 자체가 어리석은 것은 아니다. 프로슬로기온 2장에서 안셀무스는 심지어 우둔한 이도 최소한 하나님의 내적 현존을 인정해야만 하기에 어느 정도는 우둔해질 수 없다는 관점에서 다음과 같이 증명의 일반적 형태를 구성한다. 마치 화가가 그림을 그리기 전에

---

[3] I 101, 9f.
[4] 이 명제와 그 증거의 의미에 대하여 언급한 모든 것은 가우닐로를 반박하여 언급한 것이라는 점을 마음속에 간직해야만 한다.
[5] [편주] A: 그것은 실제로 있어야만
[6] [편주] A: 존재하는 것으로 여겨지는

마음속에 그 그림을 가지고 있는 것처럼[7] 이것을 들을 때 이해하고, 이해된 것은 무엇이든지 이해 안에 존재한다*quia hoc cum audit, intelligit; et quidquid intelligitur, in intellectu est*. 그러나 이 생각은 단순히 개념적인 존재 혹은 참된 존재에 대한 지식이나 진리와는 구분된 객관적 실재와는 아무런 관련이 없다. 그 이유는 생각하거나 말하는 것의 진리는 그것의 기호 언어*Zeichensprache*와 그 기호와 별개로 존재하는 것의 관계에 달려있기 때문이다. 사물을 뜻하는 말*vox significans rem*을 생각하는 것은 오직 표시된 사물*res significata*에 대하여 생각함을 포함할 때만이 진리일 수 있다.[8] 사물을 뜻하는 말*vox significans rem*을 생각하는 것은 참으로 현존하는 어떠한 것에서 개념화한 것이며, 다른 것과 반대되는 것으로 기술하는 것은 잘못된 것이다.

---

[7] Vgl. I 101, 7ff. und 14f.

[8] 진리에 참여하지 않는 진리는 없고 진리는 스스로 진리이기에 표현된 것은 참된 것이 아니다. 그러나 사물들은 진리에 의해 드러나야 한다. ... *nihil est verum nisi participando veritatem; et ideo veri veritas in ipso vero est; res vero enuntiata... causa veritatis eius (sc. enuntiationis) dicenda est* (*De verit.* 2, I 177, 16ff.).

따라서 중요한 것은 말*oratio* 그 자체가 아닌, 진리*veritas*이다. 그러나 말은 사물이 무엇인지 뜻하기에 말은 진리 안에 거한다. *cum significat esse quod est, tunc est in ea veritas et est vera.* 옳음의 뜻은 다름 아닌 옳음의 진리이다. *significatio recta est, non est illi aliud veritas quam rectitudo* (*ib.*, I 178, 6f. 16. 25). 우리는 존재하는 것과 존재하지 않는 것을 생각할 수 있기에, 존재하는 것을 존재하는 것으로, 존재하지 않는 것을 존재하지 않는 것으로 생각한다. *Ad hoc namque nobis datum est posse cogitare esse aliquid, ut cogitemus esse quod est non esse quod non est* (*ib.*, 3, I 180, 12ff.).

물론 이것은 [사물을 뜻하는 말*vox significans rem* 그 자체를 생각함]
여전히 가능하며 의미 있는 사건일 수 있다. 이 때 참으로 존재하는
것이 부재하기 때문에 그것이 의미가 결여되었으므로 '잘못된' 것
으로 부르는 것은 옳지 않을 것이다.[9] 이것은 이와 같은 명제가 진
리에 미치지 못하는 것을 말할 때 가변적이고 순간적일 수 있음을
의미한다.[10] 우리는 추상적으로 제시된 말의 의미를 생각함*cogitare*
*vocem significantem*에 대하여 말할 수 없기에, 추상적 차원에서 생각
하는 것은 잘못된 것이다.

---

[9] 안셀무스의 악에 대한 교리에 따르면* 악이라는 것 *res*, 행위 *actio*, 본질
*essentia* 혹은 실체*substantia*는 없고, 정의*iustitia*나 옳음 *rectitudo*이 결여되
었을 뿐이다. 이때 존재하지 않는 것을 가리키는 것은 *significare esse quod*
*non est* 자연적 능력 *cogitare posse*의 진리에 어긋나지는 않지만 잘못된 것이
다. 왜냐하면 그 능력의 의미가 충분하지 않기 때문이다(*De verit. 2~3*, I
177~180).

* *De casu diab.* 19~I 264 und *passim*; *De conc. Virg. 4~5*, II 143~147; *De*
*Concordia. I 7*, II 257~260.

[10] 영속적 의미를 가지는 올바름 이외의 올바름은 없다. 옳다고 생각하는 올바름
은 변하거나, 그 의미가 변하는 것이 아니다. *Nulla igitur significatio est recta*
*alia rectitudine quam illa…, quae permanet pereunte significatione…*
*Rectitudo, qua significatio recta dicitur, non habet esse aut aliquem motum*
*per significationem, quomodocumque ipsa moveatur significatio (De verit.*
*13*, I 198, 8f., 18ff.). 이 정의는 하나님 스스로, 오직 하나님만이 진리이고
홀로 영속적이라는 마지막 분석의 결과이다.
하나님은 홀로 … 스스로의 의지를 가지신다. *Solius … Dei est propriam*
*habere voluntatem (Ep. De incarn. 10*: II 27, 11. vgl. *De casu diab. 4*, I 242,
5f.). 생각하다 *cogitatio*, 가리키다 *significatio*에 대한 그것*res*의 근원적인 우
월함은 모든 창조된 실재에 대한 하나님의 우월함을 반영한다.

*Illo itaque modo potest cogitari Deus non esse, isto vero minime.*
(I 103, 20)

첫 번째 의미로 우리는 하나님이 존재하지 않는다고 생각할 수 있지만, 또 다른 의미로 존재하지 않는다고 생각할 수 없다.

프로슬로기온 2~3장은 하나님이 존재하지 않는 것으로 생각할 수 없음을 증명하였다. 이것이 [하나님이 존재하지 않는다고 생각함] 불가능함을 보여주는 것이 안셀무스의 하나님 존재 증명이다. 우둔한 이는 안셀무스의 증명을 논박하고자 한다. 우둔한 이는 하나님이 존재하지 않는다고 생각할 수 있다.[11] 안셀무스는 이 사실을 부정하지 않는다. 그는 그 이유를 우둔한 이*insipiens*의 지적 능력의 부재나 악의적인 모순으로 돌리지 않고, 그가 우둔한 이*insipiens*일 뿐이고 방향이 잘못될 수 있는 자리에서 ─ 그 자리의 내적 일치성을 훼손함 없이도 ─ 생각하고 있기 때문이라고 본다. 한 사람이 잘못 생각할 때 그리고 우둔한 이와 같이 생각할 때, 즉 그 사물자체 *id ipsum quod res est*[12]를 알지 못한 채 사물을 의미하는 말 *vox*

---

[11] 가우닐로가 안셀무스를 반박하여 이것을 제기한 것이 그렇게 옹색한 일은 아니었다.
만일 이것이 가능하지 않다면, 왜 존재하는 본성을 부정하고 의심하는 사람을 반박하는 이 모든 논의를 행하는 것인가? *... si non potest (sc. cogitari non esse):cur contra negantem aut dubitantem, quod sit aliqua talis natura, tota ista disputatio est assumpta?* (*Pro. insip. 2*, I 126, 6f.).

[12] [편주] 다음과 같은 주석이 바르트의 초판 개인 보관용 책에 나와 있다. "사물이 존재한다는 것을 사물이 보여준다?" *der res significata, des esse rei?*

*significans rem*에 의해 난해한 생각을 올바르게 풀어내는 선행성 Vorangehenden에 따라 잘못 생각할 때, 프로슬로기온 2~3장의 증거에 따라 불가능한 것을 하는 것이 가능해진다. 우둔함이라는 기적 때문에 하나님이 존재하지 않는다고 생각하는 것이 가능해진다. 오직 기적일 때에만. 안셀무스는 이것을 분명 예상하지 못했다. 그의 명제와 그것을 증명하는 '하나님은 현존하지 않는다고 생각할 수 없다'는 그 사물 자체를 이해한다*intelligere id ipsum quod res est*는 전제를 근거로 삼는다. 그의 생각은, 이해를 추구하는 신앙*fides Quaerens intellectum*을 의미한다. 그는 어떻게 오직 '하나님'이라는 단어를 생각하는가? 생각은 하나님의 존재를 알고자 하는 지식에서 시작한다. 이러한 이유로 하나님은 존재하지 않는다고 생각할 수 없다.

> *Nullus quippe intelligens id quod Deus est*[13], *potest cogitare quia Deus non est, licet haec verba dicat in corde, aut sine ulla aut cum aliqua extranea significatione.* (I 103, 20~104, 2)
> 비록 아무런 의미가 없거나 완전히 다른 의미로 마음속으로 그런 말을 할 수는 있을지라도, 하나님을 아는 이는 하나님이 존재하지 않는다고 생각할 수 없다.

이것이 심지어 우둔한 이를 기쁘게 할지라도 이해를 추구하는 신

---

[13] [편쥐] 초판 수기본에는 앞의 네 단어에(*id quod Deus ist*) 밑줄이 그어져 있고 그 구석에는 다음과 같이 쓰여 있다. "하나님은 존재하는가?" daß Gott ist?

양 *fides quaerens intellectum*을 포기하는 것이 아니며 하나님의 비존재에 대한 생각이 불가능하다는 것을 마지막까지 견지해야 하는 전제이다. 이것은 하나님이 존재한다는 사실을 이해하는 것 *intelligere id quod Deus est*을 의미한다. 안셀무스 사유의 전체 행로를 따르면 다음의 사항이 뒤이어 나온다. 하나님은 더 큰 것을 생각할 수 없는 이 *Deus enim est id quo maius cogitari non potest*라는 것은 '하나님의 본질을 아는 것'을 의미하는 것이 아니기에, 하나님의 존재는 그의 본질을 아는 것과 연관한다.[14] 하나님의 본질, 영원성, 편재성, 무한한 성스

---

[14] 게베론 텍스트에 따르면, 다음과 같다.

누구도 '물은 물이고 불은 불이다'라는 것에 대해 생각하는 사람은 없다. 마찬가지로 하나님이 누구인지 이해하는 이 중 하나님이 없다고 생각하는 사람은 없다. *Nullus quippe intelligens id quod sunt ignis et aqua potest cogitare ignem esse aquam secundum rem; licet hoc possit secundum voces. Ita igitur nemo intelligens id quod Deus est, potest cogitare, quia Deus non est…* (MPL. 158, 229). 따라서 물과 불의 본질을 아는 이는 '물이 불이다'라는 무의미한 생각을 초래하는 이에 상응하는 용어들을 연결할 수 있다. 하나님의 본질을 아는 이는 비존재하는 하나님의 실체가 아닌 용어들만을 생각할 수 있다. 왜냐하면 비존재란 하나님의 본질을 아는 것과 모순되기 때문이다. 이것처럼 ([역주] 물과 불의 비유) 안셀무스가 지속적으로 표현한 것보다 더 잘 표현할 수는 없다. 그러나 P. 다니엘스의 본문 비평에 따르면, 물과 불에 대한 묘사는 중간 삽입어구이다. 57쪽에서 이미 언급하였고 지속적으로 이 표현을 연구한 슈타이넨 (w. von den Steinen)은 분명히 이 표현을 고수할 것이다. 안셀무스는 단순히 그에 대한 고전적 해석가 ([역주] 가우닐로)와 그를 따르는 많은 이들이 원하는 방식대로 말하지 않았다. 그에게 물론 하나님과 비존재는 마치 서로를 설명하는 것이 불가능한 물과 불의 관계와 관련이 있다. 그러나 하나님의 비존재의 불가능성을 물과 불의 관계로 설명하기에 이것은 너무나도 특

러움과 자비에 대한 지식 역시 하나님이 있다는 것을 이해함$^{intelligere}$ $^{id\ quod\ Deus\ est}$에 포함된다는 것은 분명한 진리이다. 그러나 이것이 [하나님이 있다는 것을 이해함$^{intelligere\ id\ quod\ Deus\ est}$이라는 지식] 하나님의 존재에 대한 지식이라는 것을 의미하지는 않는다. 생각할 수 있는 모든 물리적이고 도덕적인 속성을 생각할지라도 그것은 순수히 개념적인 존재의 속성을 총합한 것 이상은 아닐 것이다. 하나님이 존재한다는 것$^{id\ quod\ Deus\ est}$이 그분과 동의어라는 사실은 하나님의 실재에 대한 유비적이고 사변적인 이해를 본질에 대한 참된 지식으로 만들고, 하나님에 대한 부재하는 경험적 지식(필연적으로 부재하는)을 완벽히 대체한다. 결국, 이것은 하나님의 존재에 대한 지식인 한에서, 필연적으로 가능하고 실제적이며 부정과 의심을 포함한 다른 지식에 대하여 배타적인 지식이 된다. 하나님 그분을 아는 이는 누구나 '하나님이 존재하지 않는다'고 생각할 수 없

---

별한 문제이다. 후자의 비교 ([역주] 하나님과 비존재)의 불가능성은 양자의 본질에 대한 우리의 지식에서 나온 것이다. 물과 불의 비존재의 불가능성은 그것 자체의 지식에서 비롯되는 것이 아니다. 그 지식([역주] 물과 불의 비존재의 불가능성에 대한 지식)은 양자의 본질에 대한 우리의 지식이 경험적이고 따라서 물과 불의 존재를 전제로 하는 지식일 때에 한하는 우리의 지식에서 비롯되는 것이다. 한편으로 하나님의 본질에 대한 우리의 지식은 하나님의 존재를 실제로 전제하는 경험적 지식이 아니고, 또 한편으로는 하나님의 비존재의 불가능성은 단순히 우리의 경험과 관계된 사실적 불가능성과 같은 종류의 것이 아니다. 따라서 –어떤 해석가가 열정과 진심을 다 했을지라도– 자기 스스로 안셀무스의 제자가 되었다고 생각했을지라도 그는 기본적으로 가우닐로 쪽으로 기울어 있다.

다. 하나님을 아는 이는 누구도 그렇게 생각하지 않았다. 하나님이 알려질 때, 하나님 자신이 이것에 대한 사유를 배제하고, 그는 지속하여 이것을 배제한다. '배제한다'는 것은 그것을[배제한 것] 불가능하고 아무것도 아니며 비어있는 것으로 만들어 버린다는 것을 의미한다. 우리가 종종 그것을 생각하고, 안셀무스가 일부러 그랬듯이, 종종 **우둔한 이**<sup>insipiens</sup>와 같이 마음속으로 '하나님은 존재하지 않는다'라고 말하는 것은 배제가 아니다. 하나님에 대한 지식을 고민하는 바로 그 지점에서, 우리는 불완전하지만 없어지지는 않는 **우둔한 이**<sup>insipiens</sup>와 연대하게 된다. 마음속으로 하나님을 분명히 아는 이는 일반적인 우둔한 이보다 더 열정적으로, 더 완전히, 더 의심을 품은 채 '하나님은 없다'고 울부짖을 것이다. 여기서 단순하게 수사적으로만 여겨져서는 안 되는 안셀무스의 기도를 다시 한 번 생각할 수 있을 것이다. 그러나 그것을 주장하고 생각하는 바로 그 행위 속에서 부정하고자 하는 것은 사라져버릴 것이다. '하나님은 없다'고 말하거나 마음속으로 생각하는 것은 아무런 의미가 없을 것이다. 아니면 그가 존재하는 것으로 아는 하나님이나 그에 대한 지식 혹은 하나님 자신과는 아무런 관계가 없는 이질적인 의미만을 가질 것이다. 그 사람은 자신이 부정하는 것을 알지 못하고 그가 부정하는 것은 허깨비일 뿐이다. 그렇지 않다면 그는 하나님을 떠났음을 고백할 것이다. 왜냐하면 하나님을 아는 이만이 이것을 부정할 이유를 지속해서 가지기 때문이다. 그러나 어떠한 때에도 그 사람은 하나님을 부정하지 않을 것이다. '더 이상 하나님(하나님이 존재한다는 것*id quod Deus est*, 하나님 자신!)은 존재하지 않는다'는 생각을 할 수 없을 것이다. 그가 하나님을 아는 한 그럴 수 없다! 안셀무스는 하나님이 존재한다는 것을 이해한다 *intelligere id quod Deus est*는 지평 위에서 자신의 증명을 발전해나간다. 다른 지평에서 증명을 발전시키는 것은 무의미한 일이 될 것이다. 이러한 이유에서, 이것에 대한 우둔한 이의 열띤 반증은 그에게 별다른 구체적 인상을 남기지 못했다.

우둔한 이*insipiens*가 증명할 수 있는 것은 그가 부정하는 하나님의 존재를 알지 못한다는 것뿐이다. 그리고 그가 어리석은 것은 그가 부정하기 때문이 아니라, 알지 못하기 때문이다.


> *Deus enim est id quo maius cogitari non potest. Quod qui bene*
> *intelligit, utique intelligit id ipsum sic esse, ut nec cogitatione queat*
> *non esse. Qui ergo intelligit sic esse Deum, nequit eum non esse*
> *cogitare.* (104, 2ff.)
> 하나님은 그것보다 더 큰 것을 생각할 수 없는 어떤 것이다. 이것을 잘 이해한 사람은 하나님이 진실로 존재하므로 존재하지 않는다고 생각할 수조차 없다는 것을 이해한다. 그러므로 이런 방식으로 하나님이 존재한다는 것을 이해하는 사람은 하나님이 존재하지 않는다고는 생각할 수 없다.


하나님을 안다 - 인식하는 것 - 는 것은 무엇을 의미하는가? 안셀무스는 자신의 증명*argumentum*으로 다시 돌아간다. 자신을 창조자로 드러낸 하나님은 더 이상 큰 것을 생각할 수 없는 이*quo maius cogitari nequit*로 불린다. 따라서 그는 자신보다 더 큰 것을 생각하는 것을 금하는 이로서 우리와 조우한다. 그것을 아는 것은 하나님은 **존재한다**(*id quod Deus est*)는 것을 아는 것이다. 여기서 하나님 자신은 주님이라는 이름이고, 하나님 존재를 부정하는 것은 불가능하고, 하나님의 존재 증명을 타당한 방식으로 알게 한다. 따라서 [하나님이 존재함을] 잘 **이해한다**(*bene intelligere*)는 것이 선험적으로 **사물이 존재함을 이해한다**(*intelligere id ipsum quod res est*)는 것과 동일할 수 없다. 그러나 본문에서, 잘 **이해한다**(*bene intelligere*)는 것은 대상과의 관계에서 스스로를 참되게 증명하고 이 참된 지식을 성취하는 것이다. 이것은 구체적으로 하나님의 이름으로 금지하는 것을 듣고 인식하고 이에 순종하여 하나님을 하나님 되게 하는 것을 말한다. 이것은 특히 그 사람의 사유의 자유 속에서 그러하다. 모든 도덕성과 경건심이 자유의 가장 중요하고 내적인 곳에 한계로서 주어지지 않는다면, 그것은 가치가 없고 하나님과는 아무런 관계가 없으며 무신론적인 것이 될 수 있다. 잘 **이해하다**(*bene intelligere*)는 다음을 의미한다. 마치 진짜 소가 자신의 주인을 알거나 진짜 당나귀가 자신의 외양간을 알아보듯, 한번 알면 다 안다. 마지막으로 잘 **이해하다**(*bene intelligere*)는 다음을 의미한다. 하나님을 넘어서 생각하는 것이 가능하지 않고, 스스로나 하나님에 대하여 방관자로서 생각하는 것이 가능하지 않다는 것, 하나님에 대한 모든 생각은 하나님을 생각함으로써 시작한다는 것을 깨닫는 것이다. 이것이 바로 우둔한 이와 가우닐로를 따르는 이들이 깨닫지 못한 것이다. 이것을 깨달은 이들은 그렇게 함으로써 하나님의 존재에 대한 지식을 알아야 할 의무가 있다. 다른 존재가 아닌 하나님에게만 속하는 하나님의 존재는 심지어 생각 속에서도 없어지지 않는다. 다시 한 번 분명히 안셀무스는 프로슬로기온 3장에서의 증명에서, 하나님이 존재하지 않는 것으로 생각하는 것이 불가능하다는 그 존재*sic esse*의 증명이 하나님의 존재를 증명과 지식으로써 이해한 것임을 분명히 한다. 하나님의 이름을 잘 이해함으로써*bene intelligere* 존재하지 않는 것으로 생각할 수 있는 하나님은 사라지고, 존재하기에 비존재한다는 생각마저 불가능한 것으로 만드는 믿음과 계시와 하나님을 위한 [사유]공간인 교회가 마련된다. 우둔한 이가 하나님을 모르듯이 그분을 아는 것은 하나님의 존재를 인식해야만 한다는 것을 의미한다. 따라서 하나님을 아는 이들, 즉 하나님이 존재한다는 것을 이해하는*intelligens id quod Deus est* 이들은 하나님을 존재하지 않는다고 생각할 수 없다.

> *Gratias tibi, bone Domine, gratias tibi, quia quod prius credidi te donante, iam sic intelligo te illuminante, ut si te esse nolim credere, non possim non intelligere. (I 104, 5ff.)*
>
> 선하신 주님이시여, 감사합니다. 먼저 믿음을 주셔서 믿게 하시고 깨우치도록 하셔서, 내가 믿지 않으면 이제는 당신께서 계시다는 것을 깨달을 수도 없다는 것도 깨우치게 해주셔서 감사합니다.

안셀무스가 제시해야만 했고 제시했던 증명은 끝났다. 그는 다시 증명으로 이해한 것을 상기시킨다. 그것은 교회의 믿음으로 해결할 수 있고 교회 밖에서 믿음을 세우지 않는 신학에 대한 것이다. 그것은 증명 없이도 이미 성립된 믿음으로써 제시한 증거에 대한 것이다. 안셀무스는 증명된 믿음과 증명하는 믿음 모두를 인간이 성취할 수 있는게 아니라 하나님에 의해 성취된 전제로서 명시적으로 이해하였다. 전자[증명된 믿음]는 하나님의 내어주심*donare*으로, 후자[하나님에 의해 성취됨]는 하나님의 일깨우심*illiminare*으로 보았다. 그는 교회의 신조*Credo*나 믿음*credere*을 가정한[15] 것이 아니라, 기도를 하였고 교회의 신조*Credo*와 그의 믿음*credere*은 전제가 되었다. 하나님이 그에게 자신을 알렸기에 그는 하나님을 알 수 있었다. 어떠한 철학적 전제에도 비할 수 없고 조직신학에서 생각할 수도 없을 이러한 토대 위에서, 그는 하나님의 존재를 알고 증명하였다. 이러한 이유로 그는 하나님에게 감사하다는[16] 마지막 말을 남기었음이 분명하다. 그가 이 작품을 완성하고 이 작품의 주인이 되는 것에 만족하지 않고, 그가 이 작품의 주인이 되지 않은 채

---

[15] 243쪽, 각주 43 참조.
[16] [편주] 프리드리히 쉴러의 '종(鐘)의 노래'(5-8)에 대한 암시
      이마에서 뜨겁게
      땀이 흘러내려야 하네.
      작품으로 장인이 칭송받아야 할 때
      그 축복은 위에서 오는 것이라네.

이것을 완성하게 한 하나님에 대한 감사이다. 하나님은 스스로를 그의 지식의 대상이 되게 하셨고, 그가 하나님을 [지식의]대상으로 알도록 깨우치셨다. 이것과는 별개인 하나님의 존재 증명은 없고 이것이 하나님의 실재이다. 반대로, 이 깨우치심의 권위 속에서 감사함이 마땅한 증명이 존재한다. 진리가 [믿음을] 말해온 것이지 인간이 믿음을 추구해온 것이 아니다. 인간은 믿음을 원하지 않는다. 인간은 언제나 우둔하였다. 우리는 다음과 같이 이해한다. 그가 아니라면 [인간이 믿음을 원하지 않았음에도 믿음을 가지게 된 것은], 그것은 은혜이다. 그러나 심지어 인간이 원할지라도, 당신께서 계시다는 것을 내가 믿지 않으면, *si te esse nolim credere,* 무시되고 거절되거나 잊힐 수 있는 방식이 아니라 [인간이 무엇을 하는 것을] 금지하고, 인간에게는 불가능한, [인간이] 인식할 수 없는 방식으로 진리는 말한다. 신학은 빛을 가지고 있지만, 이것은 신학자의 믿음의 빛이 아니다. 왜냐하면 신학은 믿음에 대한 믿음의 학문이기 때문이다.

사람들이[안셀무스의 주석가들이] 안셀무스의 하나님의 존재 증명이 하나님에 대한 존재론적 증명이라 명명하였다는 것, 그의 존재론적 증명이 데카르트[17]와 라이프니츠[18]의 유명한 가르침과는 다

---

[17] *Discours de la méthode IV* ([편주] übers, und hrsg. von L. Gäbe, Philosophische Bibliothek 261, Hamburg 1960, S. 51-67); *Médit III* und *V* ([편주] a.a.O., S. 60-96, 114-128).

[18] *Monadologie 45* ([편주] G. W. Leibniz, *Les principes de la philosophie on la*

른 책에[다른 사상적 문맥에] 있다는 것을 보지 않았다는 것, [안셀무스의 증명이 존재론적 증명이라 불린 이유가] 이 교리에 반하는 칸트의 주장으로[19] 사람들이 영향을 받았기 때문이라는 것. 이 모든 것은 더 이상 말이 필요 없는 무의미한 것이다.

*monadologie*, Die philosophischen Schriften, hrsg. von C. J. Gerhardt, Bd. 6, Berlin 1885, S. 614).

[19] *Kritik der reinen Vernunft*, 2 Aufl. S. 625f. ([편주] Akademieausgabe Bd. 3, Berlin 1911, S. 400f.)

■ 역자 해제


    카를 바르트의『이해를 추구하는 믿음: 안셀무스의 신학적 체계와 연관한 신 존재 증명(*Fides Quaerens Intellectum: Anselms Beweis der Existenz Gottes im Zusammenhang seines theologischen Programms*)』을 처음 만나게 된 것은 2005년 4월이었다. 학위 논문을 쓰고 있던 어느 날, 별 생각 없이 대학 도서관 구석에서 뽑아 든 책에는 희미한 글자로 *Fides Quaerens Intellectum*이라고 쓰여 있었고 뒷면에는 1931년 출판이라고 새겨져 있었다. 오래된 책이라 바스러질까 조심스레 목차부터 넘겨보았지만 그리 오래지 않아 다시 덮어 버리고 말았다. 중세와 현대를 넘나드는 철학, 신학적 개념어들의 화려한 잔치에 초대될 만큼 준비가 되어 있지도 않았고 또한 한 페이지에 다다를 정도로 지루하게 긴 라틴어와 희랍어 그리고 독일어의 조합 문장에 그만 질려 버리고 말았기 때문이었다. 이름만으로도 더할 바 없는 중량감을 느낄 수밖에 없는 카를 바르트의 저작이었던지라 내심 호기심이 없었던 것은 아니었지만, 그의 책은 준비된 되어있지 않은 이에게는 도도하고 오만하게 입도의 문을 허락하지 않았다.

    『이해를 추구하는 믿음』이 다시 내 손에 들어 온 것은 첫 조우 후 5년이 지난 2010년 1월이었다. 빈곤 프로젝트를 한답시고 동아

프리카 우간다의 조그만 마을에서 지내고 있던 역자에게 기억을 더듬어 찾아온 책이 바로 『이해를 추구하는 믿음』이었다. 10여 년 동안 북부 우간다와 남부 수단 그리고 심지어 동부 콩고 민주 공화국에서까지 잔인한 학살을 자행한 무장 반란세력인 "신의 군대 Lord's Army"가 완전히 진압된 상태가 아니었던 터라 당시 우리 마을에도 괴기한 소문이 여전히 돌고 있었다. 화살과 같이 내리 꽂는 적도의 태양과 부족한 물 그리고 끊임없이 몰려드는 모기와 벌레 떼, 무엇보다도 지병인 신장 결석은 갈수록 큰 짐이 될 수밖에 없었다. 해가 뜰 때면 하나하나 드러나는 우간다의 가난은 익숙해지지도, 일상화되지도 않았기에 홀로 버텨내기에는 한계에 도달했다. 동료가 필요했다. 우간다에 있었지만 우간다를 완전히 잊게 해 줄 동료를 찾았던 것이다. 그러던 중 떠오른 것이 바로 『이해를 추구하는 믿음』이었다. 가장 어렵고 난해한 책이야 말로 현실을 잊게 해주기에는 딱 맞춤이었던 것이기 때문이다.

부탁한 책이 도착한 날부터 번역을 시작하였다. 전기가 없는 날이 더 많았던지라, 촛불에 기대어 매일 밤 몇 문장씩 노트에 옮겨 적었고 그것이 본 역서의 초벌 번역이 되었다. 이후 2011년 학술연구재단의 도움으로 차근히 번역을 시작하게 되었는데 번역이 완료가 된 것은 2012년 7월 아직도 반 내전 중인 필리핀 민다나오 섬에서였다. 그 뒤 교정 작업은 아프리카 방랑과 함께 지루하게 계속되어서 2교 교정은 2013년 2월 D. R. 콩고에서 3교는 5월 우간다에서 하게 되었고 최종 6교는 6월 말 한국에서 이루어졌다.

『이해를 추구하는 믿음: 안셀무스의 신학적 체계와 연관한 신 존재 증명』는 10세기와 20세기 신학사에서 가장 영향력이 있었던 두 사상가인 안셀무스(1033~1109)와 카를 바르트(1886~1968)가 사상적 교감을 이루는 서적이며 이를 통해 현대 신학의 토대를 닦은 현대 고전이다. 원저자인 카를 바르트는 18세기 이후 자유주의 신학의 대두와 함께 시작된 교의학과 초월 신학의 해체를 거부하며 자유주의 신학에 대하여 근본적인 비판을 가하였을 뿐만이 아니라 정통신학의 복원을 추구하여 이른바 신정통주의의 선구자가 되어 20세기 신학 전 영역에 걸쳐 가장 강력한 영향을 미친 스위스 신학자이다. 그는 교회 교의학 Kirchliche Dogmatik 체계를 복원하며 그리스도교는 윤리적 규범과 종교적 체험을 넘어 하나님의 말씀 Deus Dixit 과 인간의 상호 관계를 믿음을 통하여 구현하는 교회 공동체라고 주장하였다.

이러한 그의 사상 체계는 바울, 아우구스티누스, 안셀무스, 칼뱅으로 이어지는 교회 전통을 그 토대로 하고 있는데『이해를 추구하는 믿음』은 어떻게 이러한 전통 신학이 신앙과 이성의 관계를 규정하고 있고 20세기 신학이 어떻게 이를 받아들일 것인가에 대하여 프로슬로기온의 중심 모토인 '이해를 추구하는 믿음' Fides Quaerens Intellectum 을 주석하며 안셀무스의 입을 통해 성찰하고 있다. 그는 본 서적을 통하여 이성 Intellectus 과 믿음 Fides 의 상호 관계에 대한 자신의 신학적 이해를 1000년이라는 시간을 뛰어넘어 안셀무스의 사상 속에 정초시키고 있으며 안셀무스의 신학체계가 자유주의 신학 이후의 20세기 신학에 어떻게 공헌할 수 있는가를 보여주고 있다.

『이해를 추구하는 믿음』에서 바르트가 가장 주된 관심을 두고 있는 것은 신학에서 이성은 어떻게 믿음과 관계를 맺어야만 하는가이다. 신학Theologie이 신Theos에 관한 지식Logos의 체계라면 이 지식은 믿음을 요구한다는 것이 바르트가 이해한 안셀무스 사상의 요체이다. 하나님에 관한 지식은 하나님이 스스로를 세계에 현현하시는 계시를 그 출발점으로 하며 이러한 계시는 인간이 성취하는 것이 아닌 하나님이 스스로 입증하시는 것이기에 이 지식은 세계와 인간에 대한 학문과는 엄연히 구분된다고 바르트는 주장한다. 『이해를 추구하는 믿음』에서 나타난 바르트의 사상적 정향성은 이후 출간되는 그의 주저 『교회 교의학(die Kirchliche Dogmatik)』의 중추를 이루는 사상적 토대가 되며 바르트 신학 사상의 가장 중요한 축이 된다.

안셀무스에 대한 가장 통상적인 독해법은 그가 '하나님이 존재한다는 것을 증명하려probare 했다'에 초점을 맞추고 '증명하다'를 '타당한 증거를 제시하는 것'으로 해석하는 것이다. 이 독해법의 요체는 안셀무스의 신 존재 증명은 신이 없지 않고 있다는 것에 대한 증거를 제시했다는 것이다. 그러나 바르트가 파악한 안셀무스의 '증명하다'는 이와는 거리가 있다. 그에게 '증명하다'는 '증거 제시'가 아닌 '이해하다intelligere'를 의미한다. 바르트에게 '증거 제시'와 '이해' 사이에는 큰 차이가 존재한다. '증거'가 제2, 제3의 외부 인자를 통하여 그 대상의 논리적 타당성을 밝혀내는 것이라면 '이해'는 그 대상을 받아들이고 수용하는 것을 의미한다. 받아들이고 수용하는 것이란, 바르트에 따르면 대상에 대한 믿음을 의미한다. 믿음이란 "실제적이고 본질적인 의지의 활동Bewegung des Willens"이다. 그러나 안셀무스에 따르면 이 의지의 활동은 씨앗과 힘든 경작 없이 열매를 얻을 수 없듯이 *nequaquam sine sui generis semine et laboriosa cultura* 하나님의 말씀을 먼저 받아들임 없이는 존재할 수 없다. *Fides esse nequit sine conceptione.* 다시 말해 믿음은 "단순히 하나님께로 인간적 의지를 관철시켜 나가는 것이 아니라 하나님 안으로 의지적으로 순종해 가는 것이고 하나님의 존재양태로의 제한된 참여이며, 하나님의 자존성과 자기영광 그리고 자존적 영광과 하나님의 충만함에 제한적으로 참여하는 것"이다. 즉 대상에 대한 믿음을 전제해야만 대상에 대한 이해가 될 수 있다는 것이다. 그렇다면, 유한한 인간은 어떻게 무한한 하나님을 향한 참여를 할 수 있는가? 이에 대하여 바르트는 다음과 같이 말한다.

> 선재하는 하나님의 은총으로 말미암아 *gratia Dei praeveniente* 믿음의 확신이 생기는 것이고 또한 그것을 깨닫고 있는 한, 비록 그가 믿는 것이 합리적 근거가 없다고 *nulla ratione* 생각할지라도 그 믿음은 흔들리지 않을 것이다 *ab eius firmitate evellere valeat*. 참된 것 *rei veritas*은 그것을 획득하는 이해 *intellectus ad eam capiendam*와 무관하게 확고히 존재한다.

선재하는 하나님의 은총은 믿음이라는 기초 토대를 가능케 하고 이러한 토대 위에 이해라는 구조물이 세워질 수 있다는 것이다. 요약하자면, 바르트의 안셀무스는 하나님의 존재에 대한 증거들을 제시하거나 밝혀내는 것을 목적으로 하고 있지 않고 오히려 반대로 하나님의 은총으로 비롯된 믿음을 통하여 하나님께로 나아가야 한다고 말한다.

그러나 토대가 되는 믿음은 지성의 희생*sacrificium intellectus*을 의미하지 않고 또한 스스로 자족하지도 않는다. 믿음은 본질적으로 제자리에 머무는 것이 아니라 이성을 향해 나아간다. 그는 이렇게 말한다.

그러므로 안셀무스는 우리가 만일 믿음 안에서 확고히 된 후에, 우리가 믿고 있는 것들을 이해하려 노력하지 않는다면, 그것은 나태함 *negligentia, si postquam confirmati sumus in fide, non studemus, quod credimus, intelligere* 때문이라고 하였다. 결국 우리가 믿음의 확신을 가질 때 우리는 믿음의 근거*fidei ratio*에 굶주리게 될 것이 분명하다.

믿음을 갖게 되었으나 그것으로 자족할 때 인간은 나태함에 빠지게 된다. 여기서 안셀무스의 '나태함'이란 단순한 인간의 기질이나 성격적 태도를 의미하지 않는다. '나태함'이란 믿음의 본질적 정향성을 거부하는 것을 의미한다. 믿음의 '정향성'이란 믿음이 나아가야 할 방향인 이성적 사유를 의미한다. 나태함은 결국 이성을 추구해야만 하는 믿음의 본질적 속성을 거부하고 믿음의 자리에 그대로 머물러 있는 것이다. 그렇다면 믿음은 왜 본질적으로 이성을 추구해야만 하는 것일까? 바르트는 안셀무스를 인용하며 믿음의 대상인 하나님과 믿음 그리고 이성의 상관관계를 설명한다.

> 하나님의 뜻은 절대 비합리적이지 않다. 나는 주님께서 하신 말씀이 모두 진리이며 그분께서 하신 모든 일이 이성적으로 이루어진 것이라는 점에 대하여 어떠한 의심도 하지 않는다.
> *voluntas Dei numquam est irrationabilis. Nec aliquatenus quod dixit esse verum aut quod fecit, rationabiliter esse factum dubito.*

믿음이 하나님께로의 순종을 의미하므로, 합리적인 하나님의 뜻은 믿음의 방향을 정위해 준다는 것이다. 따라서 통설적 속설과는 달리 안셀무스에게 있어서도 **믿는다**<sup>credere</sup>는 것 자체는 비논리적이고 비합리적인 것이 결코 아니다. 반대로 믿음은 그것 자체로 이성적이라고 할 수 있다.

바르트에게 '이성을 추구하는 믿음'은 신학의 출발이 된다. 신학의 대상이 되는 하나님은 우리의 인식적 한계를 초월해 있고 하나님을 기술하는 우리의 언어는 하나님의 존재 양식과는 여전히 다르며 인간의 논리적 한계와는 관계가 없기 때문이다. 이것은 신학의 본질적인 한계가 된다. 인간의 이성은 무로부터 창조된 것이기에 근본적인 한계를 지닐 수밖에 없다는 아우구스티누스의 입장은 안셀무스를 거쳐 바르트에게 계승된 것이다. 그러나 신학은 바로 이러한 한계선 위에서 위태로이 존재한다. 그는 이렇게 말한다.

이 한계에 선 신학의 임무는 이해할 수 없는 것을 그 어떠한 방법보다 더 이성적으로 이해하려는 것… *rationabiliter comprehendre incomprehensible esse, quomodo…* 이다.

인간의 유한성과 신의 무한성은 신의 선재적 은총으로 유발된 믿음을 통하여 맞닿을 수 있게 되고 무한과 유한의 맞닿음 이 지점에 대한 이성적 규범을 우리는 신학이라 부른다는 것이다. 믿음은 신학의 기초 토대가 된다는 것이고 반대로 믿음을 통하지 않은 어떠한 시도도 신의 무한에 다가갈 수 없다. 바르트의 이러한 신학 규정은 초월적 계시와 믿음이 없는 신학, 이른바 자유주의 신학을 유념한 것이다. 그가 이해한 자유주의 신학은 낭만적 이성 이해에 근거하여 이성은 무한히 자기 충족적이고 그 무엇도 아닌 자기 스스로를 통하여 권위를 획득한다는 확신을 토대로 한다. 절대적 가치 중립을 표방한 이성을 기반으로 하여 객관적 논리전개를 미덕으로 삼은 자유주의 신학과는 달리, 진정한 신학이란 하나님의 은총으로 힘입은 인간의 순종이라는 것이 바르트의 이해이다. 그는 전자를 정오의 태양에 대하여 논쟁하는 부엉이와 박쥐들의 신학이라고 말하고 후자를 십자가와 부활에 의한 해방의 신학이라 부른다. 밤에 활동하는 부엉이와 박쥐들이 태양에 대하여 논쟁하는 것만큼이나 하나님의 은총 없이 하나님에 대한 학문을 추구한다는 것은 무의미한 일이라는 것이다. 따라서 신학을 이해하고 신학을 펼칠 수 있는 이들은 오직 자신 안의 희망의 이유, 즉 믿음을 가진 이들뿐이다. 믿음이 없는 이는 신학의 본체인 믿음에 대한 지식 Erkenntnis der Glaubens을 얻을 수 없고 따라서 신학은 무의미할 수밖에 없다는 것이 바르트의 판단이다.

하지만 반대로 하나님의 무한성은 유한한 인간의 어떠한 시도와도 관계없이 불가해하고 따라서 신에 대한 학문인 신학은 성립되지 않는다라는 것이 안셀무스와 논쟁을 벌이고 있는 가우닐로의 주장이다. 자유주의 신학의 도전이 세속적 의미의 가치중립적 학문 체계를 기초로 한 것이었다면, 가우닐로의 도전은 신의 속성인 초월적 무한성을 절대화함으로써 이해와의 질적 차이를 그 기반으로 하고 있다. 질적으로 다른 인간이 신을 이해하는 것은 불가능하다는 것이다. 이미 바르트는 믿음은 본질적으로 이해를 추구한다고 하였다. 그러나 가우닐로의 주장대로 만일 이해와 믿음이 불일치하게 되면 신에 대한 모든 지식은 불가능하게 됨으로써 신학은 본질적으로 그 존재근거를 상실하게 된다.

바르트는 가우닐로에 대한 안셀무스의 대응을 제시하며 이러한 도전을 하고 있는 우둔한 이들은 인간 언어의 상징과 유비를 고려하지 않았기에 결국 신학의 무용성으로 귀결된다고 말한다. 믿음은 인간 언어의 상징과 유비가 지시하고 있는 하나님을 언어뿐만이 아니라 실존하는 존재로서 나타내고 있다고 말한다. 하나님은 여전히 무한하다. 그러나 바르트는 다음과 같이 말하며 무한한 하나님에 대한 지식은 가능하며 신학 또한 무용한 것이 아니라 하나님의 절대성을 가감하지 않은 채 존재 이유를 변증할 수 있다고 말한다.

이 계시는 실제로는 그 누구도 알아보지 못할지라도 자신의 세계, 즉 하나님의 본질이 그 안에서 사유와, 유사함과 유비를 통하여 *in speculo, per similitudinem, per analogiam* (하나님이 자신을 계시하시기를 원하고 실제로 스스로를 계시하시는 한) 나타날 수 있는 하나님의 계시이다.

이해 속에 그리고 실제로도 존재*esse in intellectu et in re*하는 하나님은 믿음 속에서 어느 정도는*aliquatenus* 인간의 언어를 통하여 어느 정도는 유추되고 그 본질이 드러날 수 있기에 언어를 기반으로 한 신학은 가능해진다.

결국 바르트는 이 책을 통하여 불신앙의 신학과 무용 신학이라는 두 도전을 극복하려 하였던 것이다. 사실, 바르트의 이러한 신학 변증은 1, 2차 세계 대전의 혼돈 속에서 구체화된 것이다. 광기로 치달아 가는 독일 사회 속에서 교회와 신학의 죽음은 바르트로 하여금 새로운 신학 체계를 구상하도록 이끌었던 것이고 그를 인도한 스승이 바로 안셀무스였다. 1차 세계 대전과 히틀러 앞에서 무기력하게 무너진 이성을 목도하며 바르트는 하나님의 계시와 믿음 없는 신학의 최후를 보았고 반대로 초월적 무한성을 앞세워 역사 속에서 활동하시는 하나님의 뜻을 감지 못하는 무용한 신학의 비참함 또한 그는 간과할 수 없었던 것이다.

번역이 끝난 2013년. 한국 기독교가 처한 현실 또한 바르트의 시대와 전혀 무관하다고 할 수만은 없다. 하나님의 음성에 귀 기울지 않는 박쥐와 부엉이의 신학이 오늘날 한국에서 재연되고 있다.

남북 분단의 비참한 현실에 대한 하나님의 계시를 한국 신학은 기다리고 있는가? 전 세계 20억의 빈곤한 이들을 향한 하나님의 음성에 신학은 귀 기울이고 있는가? 동아시아의 패권주의적 권력욕에 대하여 신학은 하나님의 샬롬을 외치고 있는가?

또 다른 한편 초월적 하나님을 앞세워 이 세계로부터 하나님을 추방하려하는 한국 교회는 신학의 무용성을 주창하고 있다. 이성을 마비시키고 교회를 사유화하며 정치권력과의 야합을 통해 단물을 사취하기 시작한 한국교회는 결국 자본을 구세주로 삼는 황금의 종교로 타락해 가고 있으며 끝없는 성추문과 세습 스캔들 그리고 보수 정치 세력화의 길을 걷고 있다. 이 참담한 현실 속에서 바르트의 '이해를 추구하는 믿음'은 이 시대의 교회와 신학에게 겨자씨만한 믿음을 촉구하며 이성의 회복을 간구하고 있다.

하나님의 말씀을 등불 삼아 새벽 5시부터 저녁 11시까지 땀과 눈물을 쏟아내며 모든 고역을 감내하고 있는 황정인, 강문수, 이동석, 강영신, 한상엽, Philip Murphy, 서성지, 정한나는 번역을 하고 있는 내내 바르트의 책이 가르치는 믿음을 다시 한 번 나에게 확인해 주었다.

애를 쓰며 번역을 했지만 여전히 있을 책 속의 모든 오역은 모두 나의 책임이다.

2013년 7월

김 장 생

부 록

# 1. 하인리히 숄츠의 '안셀무스 논증을 비평하는 기본 원칙'

안셀무스 논쟁 (안셀무스의 보편논쟁) 비평의 기본원칙은 하인리히 숄츠Heinrich Scholz의 유고, 〈신학 및 심리학적 형이상학에 대하여〉라는 제목의 수기로 쓰인 8절판 노트(20.5×16.3cm) 에서 찾아 볼 수 있다. 후베르트 루테Hubert Luthe의 박사학위 논문 〈하인리히 숄츠의 종교철학〉(1961년, 뮌헨 발행, 481-483쪽) 부록에 숄츠의 최종본이 인쇄되었다. 루테 주교Dr. Luthe가 동의하고, 에르나 숄츠Erna Scholz가 친절히 용인하여 아래의 이전 발행본에도 포함되었다.

검은색 장정 노트 1쪽에 있는 목차는 아래 제목처럼 네 개의 단락으로 나뉜다.

(1) 존재론적 논쟁에 대하여                           2쪽
(2) 진리의 존재에 대한 논증에 대하여                30쪽
(3) 신비신학 *Theologia mystica*                  40쪽
(4) 신학적 단편                                   60쪽

첫 번째 단락에는 존재론적 논쟁에 대한 러셀 B. Russell의 견해 관련 주해와 피힐러H. Pichler의 〈크리스티안 볼프의 존재론Über Christian Wolffs Ontologie〉(1910년, 라이프치히 발행) 발췌 내용을 근거로 하여 아래와 같이 소제목을 분류하였다.

<안셀무스 논증을 비평하는 기본 원칙>            4쪽

| <데카르트와 안셀무스> | 20쪽 |
| <라이프니츠와 안셀무스> | 24쪽 |

청색 잉크와 라틴어 표현을 사용한 독일어 원제로 쓰여진 기본원칙은 4쪽에서 12쪽까지의 연결된 텍스트이며, 4, 6, 8, 9, 10, 12쪽에 서술되어 있다. 13쪽에는 기타 안셀무스 저서 발췌 내용과 볼차노 B. Bolzano의 참조 내용이 있다. 다음 소단락의 첫 부분까지 남은 쪽에는 아무것도 쓰여 있지 않다. 우측 홀수 쪽은 수정 및 보완을 위해 남겨 두었던 것임에 틀림없다. 5쪽과 9쪽에서 숄츠는 동일한 절차를 따랐다. 일부는 만년필로, 일부는 연필 또는 잉크 펜슬로 수정하였다. 우리는 본 텍스트를 쪽수 별로 나타내어, 연속적 쪽수 매김을 기본으로 하여 8쪽과 9쪽 기본원칙 순서를 독자들이 스스로 만들거나 만들 수 있도록 하였다. 각 텍스트 해당 페이지에는 처음부터 연필로 쪽수 매김이 되어 있다. 공백 페이지 역시 고려되어야 하므로, 원칙적으로는 쪽수를 연달아 매겼다. 숄츠가 삭제하거나 수정한 텍스트는 대괄호([ ])로 표시하였기 때문에 기본원칙 형식을 만들거나 최종 편집을 할 때 쉽게 할 수 있었다. 전체 주석은 편집인이 달아놓은 것이다.

날짜표시 문제는 원본이나 수정본 및 최종판에서도 명확한 답변을 줄 수 없는데, 노트 어디에도 날짜가 표시되어 있지 않기 때문이다. 한편 기본원칙이 될 수 있는 모든 가능성은 1930년으로 거슬러 올라간다. 위에서 언급한 루테의 저서 480쪽에서 말한 바와 같이 필사본으로 기록한 소책자 『지적 연감 I』의 6쪽과 12쪽에는 하인리히 숄츠의 다음과 같은 기록이 보인다.

**1930년 여름**

7월 11일 금요일, 6시에서 8시 본에서

바르트 교수의 세미나: "안셀무스의 논증에 관한 강독"

**1931/32년 겨울**

(2) 공개 석상: "존재론적 신 증명"

목요일 7시에서 8시 사이

연대 문제에 관한 기타 다른 참조는 1931년부터 독일어가 아닌 라
틴어로 기록한, 하인리히 숄츠의 필사본 문자의 변화에서 추정할 수
있다. 이 점에 관해서는 위에서 언급한 루테의 저서 480쪽 이하와 비
교할 수 있다.

# 안셀무스의 논증을 비평하는 기본 원칙[1]

(1) 안셀무스의 논증은 다음 두 가지 명제를 증명해야 한다.
   1) 명제 1:[2] 신은 존재한다.
   2) 명제 2:[3] 신은 존재하지 않는다고 생각할 수 없다.
      따라서 신의 존재를 부정하는 어리석은 자는 냉철하게 사고하지 않았다고 주장해도 될 것이다.

(2) 언급한 위의 두 명제가 서로 같아서는 안 된다.

(3) 안셀무스는 두 증명의 어느 것도 표준형 Normalform으로 표현하지 않았다.

(4) 이 소홀함 때문에 명제에 대한 그 어떤 정확한 판단도 이미 문제를 안고 출발한다. 왜냐하면 정확한 판단을 내리기에 앞서 이 표준형으로 재구성되어야 하기 때문이다.[4] [하여 논의가 아예 성립될 수 없거나 아니면 이 재구성을 토대로 가능하다.][5]

(5) 우리는 안셀무스의 증명을 [안셀무스의 증명][6][과 더불어][7][아래][8]

---

[1] [역주] 이하 각주에서 나오는 쪽수와 명제 번호는 하인리히 숄츠의 텍스트, 「안셀무스의 논증을 비평하는 기본 원칙」의 해당 부분을 말한다.
[2] 5쪽에서 "1)"은 연필로 줄을 그어 지운 상태고 연필로 "명제 1"로 교정.
[3] 5쪽에서 "2)"는 연필로 줄을 그었고 마찬가지로 연필로 "명제 2"로 교정.
[4] 마침표는 추가적으로 연필로 첨가.
[5] 연필로 줄을 그었다.

표준형으로 재구성한다.

a) 안셀무스의 개념 규정 방식을 이용함.

신 = 이보다 더 큰 존재로 생각할 수 없는 그것이므로

따라서 이하의 <신>에는 언제나 안셀무스가 규정한 개념으로

대체가 가능해진다.

b) 부정 논법 Modus tollens를 이용함. 왜냐하면 두 증명에서 확정된

유일한 것은 간접 증명으로 분류된다는 점이다.

(6) 명제 1[10]에 대한 안셀무스의 [첫 번째][11] 증명의 표준형

[9]

만약 신이 존재하지 않는다면 존재하는 신을 생각해

볼 수 있다. (A)[12]

만약 존재하는 신에 대한 생각이[13] 가능하다면,

신보다 <더 큰> 어떤 존재를 생각해 볼 수 있다. (B)[14]

만약 신이 존재하지 않는다면[15], 신보다 <더 큰> 어떤 존재를 생각해

볼 수 있다. (A)[16]

---

[6] 잉크 펜으로 줄을 그음.

[7] 잉크 펜으로 줄을 그음.

[8] 잉크 펜으로 줄을 그음.

[9] 각 행은 개별적으로 그리고 전부 연필로 줄을 그음.

[10] "명제 1"은 해당 문장 맨 뒤, 원래의 세미콜론 뒤에 잉크 펜으로 첨가.

[11] 잉크 펜으로 줄을 그어 지움.

[12] "A"는 7쪽에 나오는 이 행과 연결된다.

[13] 이 행 위에 "없다면"을 잉크로 첨가함.

[14] 원래 A에서 잉크로 B로 수정.

[15] 연필로 밑줄을 그어 놓음.

그런 어떤 존재는 생각해 낼 수 없다.

신은 존재한다.

(7) [(B):][17] (A)[18]의 추론에 대한 공리

어떤 존재하는 신은 어떤 존재하지 않는 신보다 <더 크다>.

> 여기서 <결과적으로는>,
> 만약 어떤 존재하는 신을 생각해 볼 수 있다면 존재하지 않
> 는 신보다 <더 큰> 어떤 존재를 생각해 볼 수 있다.[19]

(8) 명제 2[21]에 대한 안셀무스의 [두 번째] 증명의 표준형[22]

> [20]
> 만약 신을 존재하지 않는 것으로 생각할 수 있다면 존재하
> 지 않는 것으로 생각할 수 없는 어떤 존재를 생각해 볼 수
> 있다[.] (A').[23]
> 만약 어떤 그런 존재를 생각해 볼 수 있다면, 신보다 <더
> 큰> 어떤 존재를 생각해 볼 수 있다[.] (B').[24]

---

[16] 추가적으로 연필로 첨가.

[17] 연필로 줄을 그어 지움.

[18] 추가적으로 연필로 첨가.

[19] 각 행은 개별적으로 그리고 전부 연필로 줄을 그음.

[20] 각 행은 개별적으로 그리고 전부 연필로 줄을 그음.

[21] 잉크로 줄을 그음.

[22] "명제 2"는 해당 문장 맨 뒤, 원래의 세미콜론 뒤에 잉크 펜으로 첨가.

[23] 해당 문장 맨 뒤, 원래의 세미콜론 뒤에 잉크 펜으로 첨가.

[24] 해당 문장 맨 뒤, 원래의 세미콜론 뒤에 잉크 펜으로 첨가.

신이 존재하지 않는다고 생각해 볼 수 있다면, 신보다 <더 큰> 어떤 존재를 생각해 볼 수 있다. (A')[25]

그런 존재는 생각해 볼 수 없다.

신은 존재하지 않는다고 생각할 수 없다.

(9) [(B):][26] (A)[27]의 추론에 대한 공리

존재하지 않는 것으로 생각할 수 없는 어떤 존재는 존재하지 않는 것으로 생각할 수 없는 어떤 존재보다 <더 크다>.

[만약][28]

(10)

> 이 표준형을 조악하다 여기는 자는 <올바른> 표준형으로 대신할 것을 촉구 받으리라. 다른 모든 비판이란 감정에 호소하는 것이라 결과적으로 논리상 지엽적이다.[29]

(11) 두 증명에서는 사물의 고유한 성질로서의 존재를 전제로 하고 있다. 하여 두 증명은 존재의 고유한 성질로서 용인될 때 다만 유효할 뿐이다(칸트).

---

[25] 추가적으로 연필로 첨가.

[26] 연필로 줄을 그음.

[27] 추가적으로 연필로 첨가.

[28] 잉크로 줄을 그었는데, 명확히 해독이 되지 않는 단어.

[29] 각 행은 개별적으로 그리고 전부 연필로 줄을 그음.

(12)

> 두 증명의 불충분함은 존재가 고유한 성질이냐 아니냐라
> 는 문제와는 별도로 판단 내릴 수 있다.
> 우리는 다음을 주장한다.
> a) A와 A'의 가제의 무의미성
> b) 안셀무스의 개념 규정 방식(5a)은 어떤 그리고 오직 하
> 나의 이보다 더 큰 존재로 생각할 수 없는 그것이 존재한
> 다는 명제가 증명될 때만 오직 어떤 의미가 있을 뿐이다.

(10) 명제 1과 명제 2의 논리적 [등가] 비등가를 두고 안셀무스[31]와 [논쟁을 하는] 더불어 옹호하는 자는[32] 명제 2가 다음의 주장과 다른 점을 제시해야 한다. 즉 [그][33] 명제 1이 어떤 모순을 포함하고 있음을 반드시 입증해야 한다.[34]

(12) A를 추론하고자 안셀무스가 진술한 공리(7)은 A의 추론에 있어서 충분하지 않다. 안셀무스의 첫 논증에서 결정적인, 지금까지 주의하지 않았던 형식상의 첫 오류.

(13) A'를 추론하고자 안셀무스가 진술한 공리(9)는 A의 추론에 있어서 충분하지 않다. 안셀무스의 두 번째 논증에서 결정적인, 지금까

---

[30] 전체를 연필로 줄을 그음.
[31] "등가" 위 행간에 잉크 펜으로 줄을 그었고, 잉크 펜으로 첨가.
[32] 위 행간에 잉크 펜으로 줄을 그었고 "이의를 제기하는"을 잉크 펜으로 첨가.
[33] 잉크 펜으로 줄을 그음.
[34] 이 명제는 8쪽에 줄을 그은 명제 10 옆에 있다.

지 주의하지 않았던 형식상의 첫 번째 오류.[35]

(13) 안셀무스적 의미의 어리석은 자는 신의 존재를 부정하기 위해 신을 생각할 필요가 전연 없다.[36]

(14) 안셀무스가 분리한 두 주장[(1)]인 명제 1[37]과 명제 2[38][(2)]는 논리상 같다. 안셀무스는 따라서 자신의 두 증명이 오직 논리 정연하다는 전제 아래서만 두 명제가 아닌 하나의 명제로 증명하였다.[39]

(14) 안셀무스의 개념 규정 방식(5a)은 어떤 그리고 단 하나의 이보다 더 큰 존재를 생각할 수 없는 그것이 존재한다는 명제를 증명할 때만 오직 의미가 있을 뿐이다. 안셀무스의 논증들에서 결정적인, 지금까지 주의하지 않았던 형식상의 두 번째 오류.

(15) 안셀무스적 의미의 어리석은 자는 신의 존재를 부정하기 위하여 생각할 필요가 전연 없다. 안셀무스의 논증들에서 (결정적인?), 지금까지 주의하지 않았던 형식상의 세 번째 오류.

(16) 두 증명의 불충분함은 존재가 어떤 고유한 성질이냐 아니냐 하는 문제와는 상관없이 별도로 판단 내릴 수 있다.

---

[35] 명제 12와 13은 8쪽에 줄을 그은 명제 12 옆에 있다.
[36] 전체를 연필로 줄을 그음.
[37] 연필로 줄을 그은 "(1)" 위 행간에 연필로 첨가.
[38] 연필로 줄을 그은 "(2)"의 행간 앞에 첨가.
[39] 전체를 연필로 줄을 그음.

(17) 안셀무스의 이성을 추구하는 신앙*fides Quaerens intellectum*이 목표에 다다를 경우. 이럴 때 [필연으로][40] [각][41] 계시의 필연성으로 [여하튼 (필연성의) 영역에서][42] 이성을 추구하는 신앙에 대한 신앙의 필연성도 사라지고 따라서 무릇 신앙의 필연성 자체마저도 사라진다. 아니면 이성을 추구하는 신앙은 신앙*fides*으로 보존된다. 이 때 이성을 추구하는 신앙은 안셀무스가 말하는 의미로 해석할 수 없다.

(18) 오늘날까지 얻은 인식에서 신앙*fides*과 관련하여 이성을 구하는 신앙에 관한, 유일하게 모순이 없고 명징하면서도 엄격하게 보수적인 해석으로는 슐라이어마허Schleiermacher의 해석이다.

(19) 그리고 슐라이어마허 역시, 또 오늘날까지 누구도 아닌 그의 비평자들이 통찰을 구하는 신앙이라는 슐라이어마허의 의미에서 정의 내린 신학이 슐라이어마허의 신학과는 결코 동일할 [수][43] [필요가][44] 없다고 보았다.

(20) 이성을 추구하는 신앙을 안셀무스적 의미에서 해석하지 않을 때 발생할 수 있는 가장 큰 비운은, 증명할 수 있는 날카로운 지성의 사고력을 견디지 못하고 그로 말미암은 증명을 용납하지 않는 신학으로 인한 이성을 추구하는 신앙의 타락이다.

---

[40] 잉크 펜으로 줄을 그음.
[41] 잉크 펜으로 줄을 그음.
[42] 잉크 펜으로 줄을 그음.
[43] 잉크 펜으로 줄을 그음.
[44] 잉크 펜으로 줄을 그음.

## 2. 바르트의 1959년 여름학기 세미나 준비

바르트의 1959년 여름학기 세미나 준비는 다음과 같이 팩스로 통지되었다. A5용지 12장, A4 1장 분량인데, 바르트의 안셀무스 저서 제2차 발행본 개인 소장본에 포함되어 있다. 괄호 표시된 페이지가 발행본 관련 부분이다. 바르트가 *f.* 로만 표시한 페이지에도 나타나 있다 (예를 들어 311쪽 12번째 장과 비교) 301쪽 2번째 장의 수기 메모, 엠. 가이거!M. Geiger!는 바르트가 쓴 것이다. 그 의미는 더 이상 중요하지 않다.

Anselms Beweis der Existenz Gottes
SS 1959

Studium an Hand d.Buchs v.1931/1958.Erfüllg.von 2 Postu-
laten gegenüber hist.Interpretation d.Beweises (S.8)Er-
gebnis: Entdeckg.best.Method.Erkenntnisse für eig.theol.
Denken(KD!) Verdächtig?!(S.8)
Nicht Prosl.direkt,weil Text schwer erreichbar - weil
Kontext von A.'s Programm dann fehlte.
System.Seminar.Frage ob historisch getreu kann offen
bleiben.Frage: ob Buch als solches verständl.u.ein-
leuchtend.Gespräch mit "meinem" Anselm!- Weil Programm
für "Beweis" entscheidend,Untersuchg auch d.1.Teils
(ges.Schrifttum A! s) .im 2.Teil Kontrolle leichter.

Aufgabe: 9 Sitzungen. 2 für Programm: 6.5. S.14-39
13.5 S.39-68
Lo.

_____

1033 geb.in Aosta.Wird Benediktiner.,1063 Prior 1078
Abt von Bec(Norm.).1093(wie Lanfranc) Erzbisch.v.Cant.
Konflikt m.Wilh.II.1097 verbannt,1106 Vergleich,
1108 Reichsverweser, 1109 +
Schriften: Frühzeit in Bec: De Grammatico,Monol.,
De Veritate,Prosl.( Replik des Gaunilo v.Marmoutiers,
A.antwortet. Später:(1078) De lib.arb,~e fide Trin.
(geg.Roszellin) In Verbannung!Cur Deus homo(1098)
de Proc.Sp.s.((1100) In Canterbury: De conc.

_____

1033-1109. "Hochmittelalter"beginnt.Saec.Obs.liegt
dahinten.Cluny wird wirksam.Verstärkter chr.u.kirchl.
Bewusstsein in Auseinandersetzg mit neuen Problemen.
Alle im 11.Jahr.erst angefasst - aber energisch! Ort
für d."Vater d.Scholastik Scholastik"! Aber neue Th.
nur ein Problem!

I Kirche u.Staat.Streit um Investitur(+Simonie?)auf
d,Kontinent Heinr.IV - Gregor VII). in England(Wilh.I
u.II - Lanfranc,Anselm)
   Konkordate ( 1122 Worms,1107 England: Trenng
   zwischen Wahl,Belehnung,Weihe
   Unabhängigkeit d.Papstwahl 1059

II Abwehr d.östlichen Gefahr.Die Seldschukken.1076
Jerusalem gefallen. 1095 Urban II in Clermont. Erster
Kreuzzug. 1099 Jerusalem erobert

III Definit.Bruch mit d.Ostkirche 1054

IV Glauben u.Wissen.Teilweise Wiederentdeckg der
Antiken Denkweise ("Dialektik")
   Kirchl.geg.autonome Wissenschaft vom Dogma.Lan-
franc geg.Berengar v.Tours in Sachen Abendmahl(verurt.
1050) - Anselm geg.Roszellin in S.Trinität.Inspientes
"Scholastik": Vernunft in posit.Anwendg d.Vernunft
auf Schrft,Glaube,Dogma
   Hier Anselm(beteiligt auch an I u.III) Wesen u.
Existenz Gottes.Versöhng.Veritas!

———————

*M. Gezu*

Was will A.im Prosl.?(S.12) Erk.,dass u. was G.ist. **3**

Warum will A.erk.?(S.14) Auch im Blick auf d.pulchritu
do u.utilitas des intell.fidei
Entscheid end,weil d.quaerere
intell.der fides eigentümlich ist

Bedarf d.Gl.der Erk.? (S.15) Nein - als Ausrichtg.auf
den bedürfnislosen G. weder z.s.Be-
gründg.,noch z.s.Bestärkg,noch z.s.
Sicherg.geg.Zweifel.Gl.fordert Erk.

Inwiefern fordert Gl.Erk.? 4 Gründe s.20

1.Inwief.v.s.Gegenstd her?(S.19) Weil G.als veritas u.
causa veritatis veram cogitationem
verlangt

2.Inwiefern v.s.Struktur her? (S.18) Weil er Liebe,im Geh
orsm unterscheidendes Wählen ist

3.Inwief.v.d.menschl.Natur her? (S.18f)Weil imago Dei
\vest.trin.!) auch Erk.in sich
schliesst

4.Inwief.in s.eschat.Ausrichtg?(S.19) Im Bl.auf "Schauen"

Wie wird Erk.d.Gl.sachlich möglich?(S.21)Als Kenntnis-
nahme u.Bejahg des Wortes Christi in
schrift u.Kirche

Wie technisch?(S.23) Als rationales Begehn der Mittel-
strecke zw.jen.beiden rationalen
Termini

*Welche sind ihr Bedingungen? (S.8)* *8 Elemente!*

1.Ist sie ambivalente Erk.? (S.25)Nein,weil im Vollzug des
credere Nachdenken des vorgesagten
u.vorbejahten Credo,posit.Erk.

2.Wieso ist sie begrenzte Erk.?(S.27) Weil sie unter Vorau
setzg d.unbegreifl."Dass" auf das
"Inwiefern" zielt : *immer Vorbehalte*

3.Was kann sie leisten?(S.28)Inadäquate,gleichnishafte,
bildliche Aussagen

4.Welche Gewissheit kann ihr eignen?(S.29) Abgesehen vom
direkten Citat d.Schrift etc nur vor-
läufige,relative Gewissheit

5.Kennt sie endgiltige Ergebnisse? (S.30) Nein,sie ge-
schieht im Fortschritt z.besseren
Ergebnissen(rationes)

6.

7.Welches credere hat d.Verheissg.d.intelligere?(S.32)
das rechte,gehorsame,Gott liebende
credere

*6. Giebt es ... Kriterien ihre richtige Abfolge? (S.31) Nur das aufzeigen: Her Vorschlag und ... der Sache der Schrift etc*

§. Was ist die condit.sine qua non der Erk.d.Gl.?(S.34)
Das &Gebet a) um das rechte Suchen
b)um d.Gnade d.~egenwart Gottes.

Der Akt des intelligere?(S.39)Nach innen,in d.Tiefe
gehendes legere,Nachdenken,Verstehen,Versuch d.Ein-
sicht in d,innern Text.Investigare,perspicere.
Sein Vollzug?(S.41) Nicht Citat,sondern ratione ratio-
nem quaerere /
Struktur der ratio?(2) (S.42) Unsre(noet.)unterwegs
z.der des Glbsgst.- beide bedingt dch.ratio veritatis
(=Dei)
Vera ratio?(S.44) Ereignis d.Übereinstimmg unsrer
ratio mit Ratio des Glbsgsts als Werk d.Veritas.
Darum &nade,Gebet,Autorität,Offenb.
Rationalität u.Nezessität?(S.47)
1.Glgst hat Grund
2.S.Erk.ist Begründg
   5.Ont.geht noet.Nez.voran
3.Glgst. ist folgerichtig ( = *uc**l** )
4.Erk. vernimmt *the that of solder* ( = *vernfs* )
   6.Ont.geht noet.Rat.voran
{7.Glgst.hat Vernunftgrund
{8.S.Erk.geschieht vernunftmässig
9.Vernunftmäss.Erk.ist Anerkenng v.dessen Vernunftgru*
10.         "     "    "   "  v.dessen Vernunftgrund
11.Veritas schafft Grund u.Vernünftigk.d.Glsgst.
12.Nezessität geht Rationalität voran
13.*Also folgt Erk.d.Glgstd - letzlich d.Veritas=Gott
14.Erk.= Noet.Rationalität zielt(via Rat.u.Nez.des
   Glgsts auf noet.Nez. - im Vetrauen auf mögl.Ent-
   sprechg
Absolute noet.ratio?(S.51) Nach Allem: Nein.Aber Medi-
tation d.Einzelnen im Zusammenhg zur Entdeckg von
dessen Rat.u.Nez.
Anseims Verfahren?(S.52) Frage nach x unter Voraussetz
ung von a,b,c,d,...

Necessitas rationabilis? In innerer Folgerichtig.
            beruhende <u>Stetigkeit</u>
Ratio necessaria? in inn.&Stetigk.beruhende <u>Folge-
            richtigkeit</u>
Ursprung beider? <u>in Veritas</u>(=Gott)
Obj.ont.Gestalt beider? Das dch.die Veritas vorgebe-
            ne(Offenbarte,im Gl.z.erk)Credoin
            s.Ganzheit
Subj.noet.Gestalt beider? das dch.die Veritas z.er-
            möglichende <u>Erk.d.Credo</u>
Rangordng dieser 2 Gestalten? Im Rahmen d.Werks der
            Veritas: <u>1.Credo 2.Erk.</u>

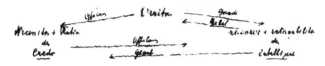

<u>Gestalt d.Erk.?</u>  Betätigung d.dch.Gnade geschenkten,
            im Gebet z.gewinnenden Freiheit d.<u>Suchens</u> u.
            <u>Findens</u> einer subj.noet.Entsprechg .d.
            obj.ont.Stetigk.u.Folgerichtigk.d.Credo
<u>Vollzug der Erk.?</u>  Aufdeckg.d.Stetigk.u.Folgerich-
            tigk.eines Einzelsatzes im Zushg.des Credo

S.57 Inwiefern Erk.= Beweis?  Im Blick auf missver-
            stehenden Unterredner,zweifelnden,leugenden
            Unterredner ausserhalb - fragenden innerhalb
            d.Kirche
S.58 <u>Diskussionsgrundlage?</u> Die dch.Veritas garantierte
            <u>Nec.+ Ratio des Credo</u>
S.59 <u>Ziel</u> d.Beweises ? Nicht dass,sd,<u>inwiefern</u> Satz des
            Credo <u>wahr</u> dh.nec.+ rat.
S.60 Der Unterredner? <u>Chr.Theologe als Maske</u> des vernei-
            nenden Geistes
S.61 Problem: Ob,da Ordng credo ut intell.unumkehrbar,
            Unterredner nicht <u>insipiens</u> ,Disk.n.aus-
            sichtslos sein u.bleiben könnte?
S.62 Auflösg? Gl.u.Nichtglaubender solidarisch,sofern bei-
            de nach <u>nec.</u>+ rat. des <u>Credo</u> fragen
            credo kann n.dch.Disk.geschaffen,wohl ber
            Anstoss am Credo beseitigt werden
            Ungl.in d.Raum dxKirrkexxxd.Gls.versetzt
            im Vertrauen auf Macht d.Veritas

Ob G.wirklich gedacht? ob denkbar? bleibt offen.Wenn
aber,dann nur als unüberbietbar zu denken.Noetische
Definition.Ex.u.Wesen Gottes als geglaubt vorausgesetzt
- giebt Formel z.Beweis beider(69-71)
Name Gottes ist Glgegstd,bekannt dch.Erleuchtg:Ge-
schöpf erk.sich gegenüber Schöpfer unter Verbot,ein
Grösseres als er z.denken(also kein notum per se!)
Von da aus Ex.G.einsichtig z.machen(71-74)

Zwei Missverständnisse(74-84)
I Kein menschl.Wort dient der Erk.G.(74-79)
  1.Auch Unbegreiflichk.G.ist GlSatz (74)
  2.Ex.G.ist(als noch unverstanden) im Gl.vorausges.
                                              (76)

  3.quo majus bezeichnet G.in s.Offenbarsein(77)
  4.quo majus wirkt kritisch in der noet.Sphäre(78)

II Wesen(aliquid quod est majus) beweist n.Ex.G.
quo majus beschreibt nicht Gottes Wesen,sd. wie er in
ihm angemessener Weise z.erk.ist(79f)
quod est majus könnte als Nichtexistent gedacht wer-
den(ebenso ein "Grösseres!)(81f)
                Ist nicht selbstgenügsam,.erlaubt nur
Vermutg d.Ex.G.(82f)

quo majus besagt: Wenn G.gedacht werden sollte u.könnt
könnte,dann ohne ein Grösseres über ihm.Denken üb.
Gott wird unter d.Namen G.gestellt mit d.Folge,dass
wie Nicht-Vollk.so auch Nicht-Ex.ausgeschl.sind(83f)

Nomen=significatio = Selbstanzeige des(in göttl.7
Wesen) göttlich Existierenden
                    = Feststellg d.Bedingung,unter
der s.Existenz(wie s.Wesen) z.erkennen ist
                    = noetische Definition Gottes
GegGaunilo I  ( *Gyde be lyretlod bd* )
1. Bezeichnet Gs Existenz n.perproprietatem,sd.per
   similitudinem,aber wehr u.giltig(74)
2. Erhellt den vorausges.Glauben an s.Existenz(76)
3. Tut das,indem sie s.off.Wort ist(77)
4. Ist im Unterschied z.d.Vokabel Deus aliquatenus
   intelligibilis(78)

~eg.Gaunilo II ( *ynod maj'n esl maxln !* )              seine
Ist k.omtische Def.Gottes,an Hand derer **die** Existen:
Ex.gewissh.z.beweisen wäre!


        Die Frage nach d.Exist.Gottes(85-95)
Wird im Pposl.z.bes.Problem neben(vor) dem des
Wesens Gs(85)
Wesen Gs: lux = Potentialität = Mächtigkeit
          lucere = Aktualität = Wirklichkeit
Aber Luceres = Dasein? Nicht nur Inhalt(in intellec-
tu) sd.Gegenstd(in re) der Erk.? (85f)
Beantwortg d.Frage n.d.Dasein Gs ist n.der nach d.
Frage s.Wesens z.entnehmen(88)
Zu beweisen ist: G.kann nicht als nur in intellectu
seiend gedacht werden
                ßßßßßßßß
Doch ist Fr.n.seiner Ex.n.nur 28Spezialfall d.allg.
Fr. n.d.Ex.eines gedachten Gegenstds
Im Unterschied z.allem andern **Gegenständen** Gedachte:
muss sie(weil off.u.geglaubt) erkannt werden(90F)
Ex.Gs = die **alles** Ex.der alles existere begr.Wahrh.
      = die Ex.des primär u.eigentl.allein Existier
        enden(92f)
Fr.nach ihr ist d.Fr.n.d.Existenz selber(94)

Vorl. 2 8

( Einleitung: allg. - bes. - die Leugnung )

Ergo Domine... Wahrheitsfrage f. d. Gl. beantwortet, für das Denken aufgegeben. Anhalt im Gebet.

Et quidem..(98) Erfahrung des Namens Gottes als Verbot (Bildverbot = Verbot dieses Gegenstandes

---

An ergo non est... (98) Einspruch des Ungläubigen [illegible] Aufruf der Sache: dixit insipiens... in corde suo: non est

Deus [illegible]. - [illegible] Stellung z. Gott, aber [illegible] Fragen

Sed certe... (101) dicere - audire - intelligere - in intellectu esse

Dicere: den Namen Gottes ( d. Anspruch z. Glauben! ) aussprechen

Audire: hören, [illegible]

Intelligere: [illegible] ( im [illegible] des Namens Gottes = d. [illegible] Laut,

et quod intelligit... (103)

in intellectu esse: [illegible] Gedanke sein. [illegible] [illegible] - [illegible]

in die Gedanke [illegible] Dasein [illegible]? Gott [illegible] für den [illegible] Mensch. In [illegible]

[illegible] der Gedanke. [illegible] Dasein /

( Gott für [illegible] als Bild: [illegible] - [illegible] [illegible] Gedanke

[illegible] esse in intellectu, [illegible] [illegible]. [illegible] Gottes

[illegible] Problem in Licht: Gott und [illegible] | [illegible] Gottes [illegible] Namen Gottes [illegible]

[illegible]. In der Kirche [illegible] Dasein: [illegible] Gottes in [illegible], [illegible]

[illegible] „Gott" [illegible] ( = esse Dei in intellectu | [illegible] )

S. 114 unten: [ Esse Dei in intellectu ist genau problematisch - aber ( [illegible] Gott [illegible], [illegible] ) [illegible] Intelligere [illegible] esse in intellectu [illegible] möglich. ( Aber: Dasein! ( [illegible] ) [illegible] esse? ]

Prosl. 3

Proxl ... ( 126 ) : *den gezeigte Schran der neue Teil*

Proxl allgem 2i. ... ( 126 ) : *Leben Möglichkeit G d. woll. exist. u. denken*

[ *In sofern kann klare Blass Wirklichkeit die Exystenz m. Prosl II.? d'experten der Prosl. 2 Beweis Beweis Gottes Worde - woll Bekant, als Begen Klarheit-möglich Wörterb. OB Name Gottes auch ein hypothelt. Werte s. Natt-Beweis erkentet?* ]

[ *Prosl. 3 hält Begriff d. Exz. Gottes an die Werte d. allgem. Exist. Begriff. Reason : Ohne Gottes existiert und wirklich in d. Unterschied der Gedanken d. Natt-Exist. Gottes. Also : Überweisung die Exystenz m. Prosl 2* ]

[ *Quaestio : Statt cogitare intelligo . Negation ein denklose, als woll überhaupt folgens? für G. cogoltesse id while exrein ) OB d'experten die wiz. Grösses denkbar, dann et Unterschieded die Exz. Gottes bei präper die Dar. (Id van denkbar, dan und dan die Exz. Gottes.)* ]

[ *Quaestio : wer cogitare povoil an eine Kanne aus m G. gezeigt wird - an G. d. de Unlegreunden , Unkel-Clare. Begen Exist. dann Hypothelt. versucht auch, so auf die alle oder Sächelt.* ]

---

*Non potest cogitare ... ( S. 134 ) Nicht woher Beweis, woh Wirklichkeit, die Überweisung die auch Beweis : - in die Unmöglichkeit die Natt-Beweis zu Unmögl. die Denkbar die Natt-Beweis Gottes.*

*Ever Beweis soll eine in Wirklichkeit soll is es : 1 ) ein Bewersocht i die woll-bewersochd woll denklose → mojisu*

2 ) *ein Bewersochd , als die woll-den wird denkbar → voi au*

[ *1 ) Sehr Wahrheit > solgolden > solgolles = a X , Wahlhet d. Beweis solls , Kerlheim , Bewermehren* ]

*Beweis nicht is die geno ... ( S. 136 ) id gen mojisu og. von potest 'wirklichkeit : 2 ) at , Statt bewersd , woll Gottes*

*Die euge vera opl ... ( S. 136 ) der wir neue eine Gottes folgt woll an die Beweis , wird als ( die Glaubensach ) sind die Erfahren die Unmöglichkeit eine d woll - Au wird Gottes erwoblt : erklärt Reah . Beweis . m Folgst die bewoblorden .*

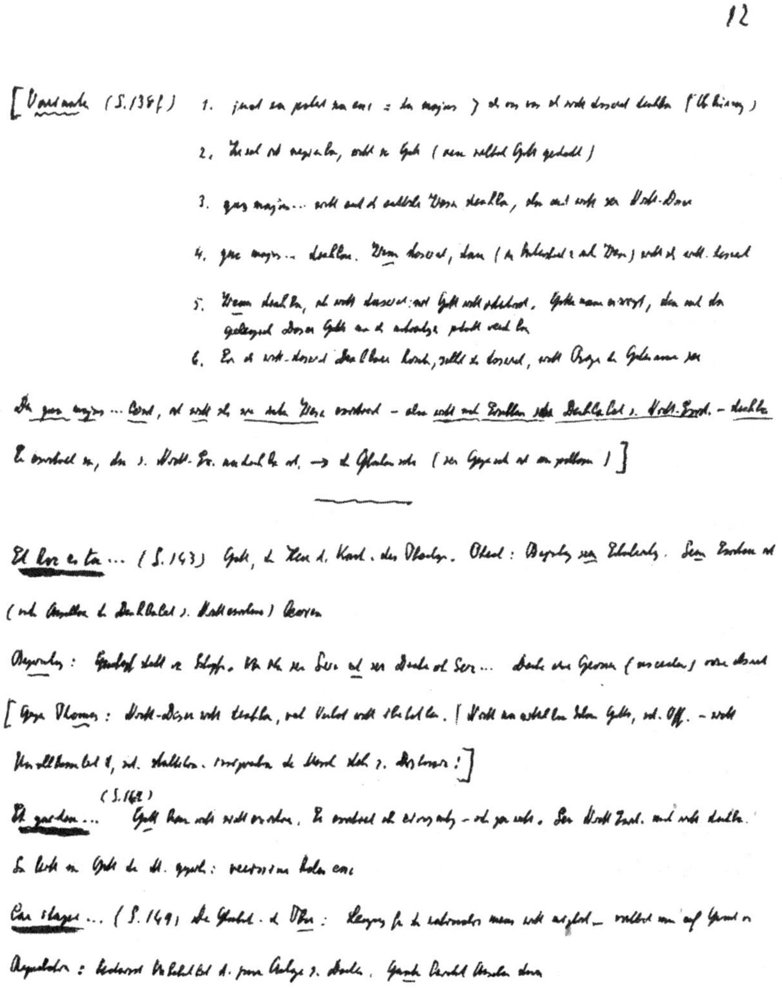

[ *Vorrede* (S. 138 f.)   1.   *...*

2.   *...*

3.   *...*

4.   *...*

5.   *...*

6.   *...* ]

*...*

---

*...* ( S. 143 ) *...*

*...*

[ *...* ]

( S. 162 )
*...*

*...* ( S. 149 ) *...*

## 3. 1959년 여름 학기,
## 한 세미나 참가자의 질의와 바르트의 답변

1959년 여름학기 하우크 Hauck 라는 이름의 한 세미나 참가자는 바르트의 제2차 발행본 49쪽의 수정과 관련하여 질문하였다(같은 책, 50쪽과 비교). 이 질문과 관련된 바르트의 논쟁은 A4용지 2쪽 분량이며, 하우크의 요청으로 팩스로 보내졌다.

Zu "Fides quaerens intellectum"  Seite 48/49

```
1=Ont. Nec.(Grund) ========┐--5= 1 vor 2 ┐                        (Vernünft.)
2=Noęt.Nec.(Begründung)====┘------------ ├-7=Ont. Nec.(Grund)zus.mit Ont.Rat
                                         │                         (Vernunft)
3=Ont. Rat.(Vernünftigkeit)=┐--6= 3 vor 4┘
4=Noet.Rat.(Vernunft)-------┘            ---8=Noet.Nec.(Begründ)zus m.NoetRat.
```

S. 49,oben, steht: Aus.5 und 7 folgt:Ont.Nec. geht auch Noet. Rat. voraus.

Das will mir nicht einleuchten,                                also: 1 vor 4

denn aus 5 und 7 ergibt sich :    5= 1 vor 2

                                  7= 1 zus.3

                       also auch  3 vor 2

Daß 1 vor 4 geht(was Sie ja zeigen wollen)  ergibt sich aber auf zwei
anderen Wegen, nämlich:  a) aus 5 und 8

                              5= 1 vor 2

                              8= 2 zus.4

                   also auch  1 vor 4


                         b) aus 6 und 7

                              6= 3 vor 4

                              7= 1 zus.3

                   also auch  1 vor 4


Die eigentliche Frage lautet daher: Kann aus 5 und 7 wirklich folgen,
daß 1 vor 4 d.h. daß die Ont. Nec, der Noet. Rat. voran geht ?

                                                             Hauck


314 │ 이해를 추구하는 믿음

6. Ont. Nec. > noet. Nec.
7. Ont. Nec. = Bont. Ont.  } Ont. Nec. > noet. Ont.

| Ont. Nec. > ont. Ont.
| ont. Nec. = ont. Ont. |  ?
|   ↓
| Ont. Ont. > noet. Nec. |

---

5. Ont. Nec. > noet. Nec.       ① . Ont. Nec. > ont. Ont. (5)
8. Noet. Nec. = noet. Ont.         Noet. Nec. = noet. Ont (8)
                                        ↓
                                   Ont. Nec. > noet. Ont.

6.                              ② Ont. Ont. > noet. Ont. (6)
7.                                 Ont. Nec. = ont. Ont. (7)
                                        ↓
                                   Ont. Nec. = noet. Ont.

---

5. Ont. Nec. > noet. Nec.       6 Ont. Ont. > noet. Nec.
7. Ont. Nec. = ont. Ont.        8 Noet. Nec. = noet. Ont.
        ↓                                ↓
   Ont. Ont. > noet. Ont.          Ont. Ont. > noet. Nec.

Zu Satz 9

Dass ont. Nec. und noet. Rationalität voraus geht, daß folgt in der Ont. nicht aus 5 und 7

(aus 5 und 7 folgt, dass ont. Rat. und noet. Nec. vorausgeht, ist wie 10 zu zeigen!)

sondern aus 5 + 8 und 6 + 7

———

Der Satz 10 folgt nicht nur aus 6 + 8, sondern auch aus 5 + 7!

■ **참고문헌**

## 1. 안셀무스 저서의 키워드

바르트가 적용한 안셀무스 저서의 전체 편집은 슈미트<sup>F. S. Schmitt</sup>
판에서 (7쪽 윗부분 비교) 확인할 수 있는데, 우선 제목 (경우에 따라
책 또는 질문<sup>Quaestio</sup>)과 해당 저서의 장<sup>capitel</sup>을 이탤릭체로 표기하
고, 그 다음에 슈미트 판 배치(편집)에서는 로마자 발행 호수<sup>volume</sup>
<sup>number</sup>, 쪽 번호, 행 번호를 표기했다. 바르트는 - ib<sup>ibidim</sup>(같은 책·
장·절에)의 약어를 -ebd<sup>ebenda</sup> (같은 곳에) 또는 a.a.O.<sup>am angeführten</sup>
Ort(인용한 대목에서)로 사용하였고, 안셀무스의 저서 후반부에서 언
급한 위치 또는 저서를 참고하고 있다. 바르트는 두 가지 예외사항
(S. 169 Anm. 8. 이외에도 S. 51 Anm. 42., 또는 S. 55 Anm. 57.) 즉, 슈
미트가 사용한 텍스트는 진실성이 의심되었고, 그가 다룬 판본들이
수용되지 않았다는 바로 그 이유 때문에 미뉴라틴교부전집<sup>Migne PL</sup>
158을 언급하였다.

슈미트와 미뉴의 경우, 전체 제목과 정확한 위치를 각각 표시할 수
있도록, 바르트가 원용한 안셀무스 저서의 약어를 풀이해 놓았다.

**모놀로기온**

Monol.          Schmitt: *Monologion*, 1 1-87.

                Migne: *De divinitatis essentia monologium*, Sp. 141-224.

**프로슬로기온**

Prosl.          Schmitt: *Proslogion*, I 89-124.

                Migne: *Proslogion seu Atloqutum de dei existentia*, Sp. 223-242.

**(가우닐로의) 어리석은 자를 위하여**

Pro insip.      Schmitt: *Quid ad haec respondeat quidam pro instpiente*, I 125-129.

                Migne: *Liber pro insipiente adversus S. Anselmi in Proslogio ratiocinationem (Auctore Gaunitone Majoris Monasterii monacho)*, Sp. 241-248.

**가우닐로를 반박하며**

C. Gaun         Schmitt: *Quid ad haec respondeat editor ipsius libelli*, I 130-139.

                Migne: *Liber apologeticus contra Gaunilonem respondentem pro insipiente*, Sp. 247-260.

**문법학자에 대하여**

De grammatico   Schmitt: *De grammatico*, I 141-168.

                Migne: *Dialogus de grammatica*, Sp. 561-582

**진리론**

De verit.       Schmitt: *De veritate*, 1169-199.

                Migne: *Dialogus de veritate*, Sp. 467-486.

**자유의지에 대하여**

De lib. arb.    Schmitt: *De libertate arbitrii*, I 201-226.

                Migne: *Dialogus de libero arbitrio*, Sp. 489-506.

**사탄의 타락에 대하여**

*De casu diab.*    Schmitt: *De casu diaboli*, I 227-276

                   Migne: *Dialogus de casu diaboli*, Sp. 325-360.

**말씀의 성육신에 대한 편지**

*Ep. de incarn.*    Schmitt: *Epistolae de incarnatione verbi prior recensio*,
*Rec. prior*(초판)         I 277-290.

                   Migne: -

*Ep. de incarn.*    Schmitt: *Epistola de incarnatione verbi*, II 1-35.

                   Migne: *Liber de fide trinitatis et de incarnatione verbi*, Sp.
                   261-284.

**인간이 되신 하나님**

*C. D. h.*          Schmitt: *Cur deus homo*, II 37-135.

                   Migne: *Libri duo Cur deus homo*, Sp. 359-452.

**교황 우르바누스 2세에게 바치는 헌사**

*C. D. h. comm.*    Schmitt: *Commendatio operis ad Urbanum Papam II*, II *op.*
                   39-41.

                   Migne: *Liber de fide trinitatis et cte incamatione verbi.
                   Praefatio*, Sp. 259-261.

**동정녀 탄생과 원죄에 대하여**

*De conc. virg.*    Schmitt: *De conceptu vireinali et de originali peccato*, II
                   135-I73.

                   Migne: *Liber de conceptu virginali et originali peccato*, Sp.
                   432-468.

**성령의 발출에 대하여**

*De proc. Spir. s.*   Schmitt: *De processione spiritus sancti*, II 175-219.

                   Migne: *De processione spiritus sancti contra graecos liber*,
                   Sp. 285-326.

**예자예정 및 신의 은총과 자유의지의 일치에 대하여**

*De concordia*      Schmitt: *De concordia praescientiae et praedestinationis et* gratiae dei cum libero arbitrio, II 243-288.

Migne: *Tractatus de concordia praescientiae et prae-
destinationis nec non gratiae dei cum libero
arbitrio*, Sp. 507-542.

**성찰록 3**

*Medit. 3*    Schmitt: [*Meditatio*] *III. Meditatio redemptionis humanae*,
III 84-91.

Migne: *Liber meditatmnum et orationum, Meditatio XI.
De redemptione humana*, Sp. 762-769.

**말씀의 성육신에 대한 편지**

*Ep. 2*(편)    Schmitt: [*Epistola*] *2. Ad ODONEM et LANZONEM*, III
98-101.

Migne: *Epistolarum liber I, Epistola II. Ad Odonem et
Lanzonem*, Sp. 1063-1066.

*Ep. 49*(편)    Schmitt: [*Epistola*] *49. Ad LAWRANCVM archiepiscopum
Cantuariensem*, III 162f.

Migne: *Epistolarum liber I, Epistola XLI. Acd Lanfran-cum*,
Sp. 1112.

*Ep.77*(편)    Schmitt: [*Epistola*] *77. Ad LANFRANCUM archiepiscopum
Cantuariensem*, III 199f.

Migne: *Epistolarum liber I, Epistola LXVIII. Ad Lanfrancum*,
Sp. 1138f.

*Ep. 136*(편)    Schmitt: [*Epistola*] *136. Ad FULCONEM episcopum Bel-
vacensem*, III 279-281.

Migne: *Epistolarum liber II, Epistola XLl: Ad Falconem*
[sic], Sp. 1192-1194.

**성 안셀무스의 생애**

*Vita S. Anselmi*    Migne: *Vita sancttAnsetmi auctore Eadmero Cantu-
ariensimonacho, auctore Eadmero sancti An-
selmi disctpitto et comit.e indi-viduo*, Sp.49-i18.

**가까운 혈연 간의 결혼에 대하여**

*De nuptiis*             Migne: *De nuptiis consanguineorum*, Sp. 557-560.
*consang.*

**설교집**

*Hom. 2*              Migne: *Homiliae et exhortationes, Homilia II*, Sp. 595-597.
*Hom. 7*              Migne: *Homiliae et exhortationes, Homilia VII*, Sp. 627-630.

**성찰록**

*Medit.*               Migne: *Liber meditationum et orationum*, Sp. 709-820.

# 2. 안셀무스 참고문헌

**모놀로기온**

**성찰록**

# 3. 성서 참조

# ■ 찾아보기

지은이 **카를 바르트 (Karl Barth)**

20세기 가장 위대한 신학자 중 한명인 카를 바르트(1886~1968)는 베를린, 튀빙겐, 마르부르크 대학에서 수학하며 당시 주류 신학인 자유주의 신학과 헤르만(Johann Wilhelm Herrmann)과 하르낙(Adolf von harnack)과 같은 신칸트학파의 영향을 받았다. 그는 스위스에서 목회를 하며 종교 사회주의 운동에 깊이 관여하였고 독일 사회 민주당 소속으로 현실 문제에 대한 신학적 성찰을 멈추지 않았다. 궤팅엔, 뮌스터, 본 대학에서 강의를 하였지만 나치에 의해 해직이 되고 스위스 바젤에서 1962년까지 교수를 지냈다.

수학 시절 자유주의 신학의 한 가운데 서 있었지만 이후 그는 18세기 이후 자유주의 신학의 대두와 함께 시작된 교의학과 초월 신학의 해체를 거부하며 자유주의 신학에 대하여 근본적인 비판을 가하였을 뿐만이 아니라 정통신학의 복원을 추구하여 이른바 신정통주의의 선구자가 되어 윤리적 규범과 종교적 체험을 넘어 하나님의 말씀 (*Deus Dixit*)과 인간의 상호 관계를 믿음을 통하여 구현하는 교회 교의학(Kirchliche Dogmatik) 체계의 복원을 주장하며 신학 전 영역에 걸쳐 강력한 영향을 미치었다.

그의 주저서로 『교회 교의학』, 『이해를 추구하는 믿음』, 『로마서 강해』 등이 있다.

옮긴이 **김장생**

감리교신학대학에서 종교철학을 공부하였고 미국 에모리 대학에서 석사학위를 그리고 독일 프랑크푸르트 대학에서 박사학위를 취득하였다. 현재 연세대학교 조교수로 있으며 국제 빈곤 문제와 기독교를 강의하고 있다. 역서로는 『신과 인간 그리고 악의 종교철학적 이해』, 『위대한 민족의 지도자 그룬트비』 등이 있고 공저로 『적정기술』, 『제3세대 토착화 신학』 등이 있다.

한국연구재단 명저번역사업 총서 서양편 · 709

이해를 추구하는 믿음:
안셀무스의 신학적 체계와 연관한 신 존재 증명
_____

발 행 일   2013년 7월 15일  초판 인쇄
          2013년 7월 30일  초판 발행

원     제  Fides Quaerens Intellectum:
          Anselms Beweis der Existenz Gottes im Zusammenhang
          seines theologischen Programms
지 은 이  Karl Barth
옮 긴 이  김 장 생
책임편집  조 소 연
표     지  허 미 양
펴 낸 이  김 진 수
펴 낸 곳  **한국문화사**
등     록  1991년 11월 9일 제2-1276호
주     소  서울특별시 성동구 아차산로 3(성수동 1가) 502호
전     화  (02)464-7708 / 3409-4488
전     송  (02)499-0846
이 메 일  hkm77@korea.com
홈페이지  www.hankookmunhwasa.co.kr

책값은 22,000원입니다.

잘못된 책은 바꾸어 드립니다.
이 책의 내용은 저작권법에 따라 보호받고 있습니다.

ISBN 978-89-6817-055-3   93230

이 도서의 국립중앙도서관 출판시도서목록(CIP)은 e-CIP
홈페이지 (http://www.nl.go.kr/cip.php)에서 이용하실 수
있습니다. (CIP제어번호: CIP2013011688)

'한국연구재단 학술명저번역총서'는 우리 시대 기초학문의 부흥을 위해
한국연구재단과 한국문화사가 공동으로 펼치는 서양고전 번역간행사업
입니다.